Josef Chavanne

Afrikas Ströme und Flüsse

Josef Chavanne

Afrikas Ströme und Flüsse

ISBN/EAN: 9783743312876

Hergestellt in Europa, USA, Kanada, Australien, Japan

Cover: Foto ©ninafisch / pixelio.de

Manufactured and distributed by brebook publishing software
(www.brebook.com)

Josef Chavanne

Afrikas Ströme und Flüsse

Afrikas
Ströme und Flüsse.

Ein Beitrag

zur

Hydrographie des dunkeln Erdtheils

von

Josef Chavanne.

Mit einer hydrographischen Uebersichtskarte Afrikas.

Wien. Pest. Leipzig.
A. Hartleben's Verlag.
1883.

Vorwort.

Die freundliche Aufnahme und Beurtheilung, welche meiner im verflossenen Jahre veröffentlichten Schrift: „Afrika im Lichte unserer Tage. Bodengestalt und geologischer Bau", seitens aller Freunde der Erdkunde zu Theil wurde, hat mich ermuntert, in den vorliegenden Blättern eine Darstellung der interessanten hydrographischen Verhältnisse Afrikas zu versuchen, wodurch das geographische Bild dieses räthselvollen Erdtheiles wesentlich vervollständigt wird.

Angesichts der im vollen Gange befindlichen, von Monat zu Monat sich mehrenden Forschungen eines kleinen Heeres von Forschungsreisenden, deren Erfahrungen und Entdeckungen das kartographische Bild Afrikas stetig verändern, habe ich mich diesmal auf jene Partien beschränken zu müssen geglaubt, welche entweder durch ihre Bedeutung für die gegenwärtig so intensiven Bestrebungen der Internationalen Association zur Erforschung und Civilisirung Afrikas hervorragen, oder deren Erforschung in gewissem Sinne in großen Zügen einigermaßen abgeschlossen ist. Die fehlenden

Abschnitte, namentlich die abflußlosen Gebiete Afrikas, sollen in nächster geeigneter Zeit behandelt werden. Indem ich in der vorliegenden Arbeit es mir angelegen sein ließ, alle leichter zugänglichen und die Orientirung fördernden Quellenschriften an entsprechender Stelle nachzuweisen, glaube ich einem mehrfach ausgesprochenen Wunsche der Kritik meiner ersten vorgenannten Schrift nachgekommen zu sein.

Wien, im November 1882.

J. Chavanne.

Inhalt.

Eine der interessantesten Partien der physikalischen Geographie Afrikas ist dessen Hydrographie; die Vertheilung der fließenden und stehenden Gewässer, in inniger Wechselbeziehung zu dem eigenthümlichen Aufbau des Continents stehend, ist mit ein Hauptcharakterzug in der geographischen Individualität des dunklen Erdtheils. Der Umstand, daß an einem der ersten Ströme des Erdtheils, dem heiligen Strom, „Vater Nil", eine der ältesten oder selbst die älteste Culturstätte der Menschheit zu suchen ist, verleiht dem Gegenstande ein besonderes Interesse, wie denn auch andererseits dieser Strom und sein Regime die Veranlassung gab, daß die Hydrographie Afrikas in erster Linie der Gegenstand eifrigster Studien und kühnster Conjecturen der Geographen seit Herodot war. Lange bevor die verticale Gliederung Afrikas auch nur in den rohesten Umrissen den Geographen des Alterthums und des Mittelalters bekannt wurde, finden wir auf den Weltkarten des Ptolemäus*) und seiner Nachfolger, die sich mehr oder minder engherzig

*) Siehe die Ausgaben von Ptolemäus in griechischer Bearbeitung aus dem 14. Jahrhundert (Nationalbibliothek in Paris), jene von Rom 1478 (Vaticanische Bibliothek), Straßburg 1513, Lyon 1535.

an das Vorbild anschlossen,*) die Hydrographie des Welttheils
in üppigster Phantasie dargestellt. Der Schwerpunkt aller
dieser Darstellungen liegt in der Adoption der Ptolemäischen
Auffassung des Nilsystems, und unterscheiden sich die einzelnen
Kartenbilder Afrikas, respective des Nilsystems aus der Zeit
von 1154 (Tabula Rotunda Rogeriana) bis 1540
(Weltkarte des P. Apianus) nur durch die Anzahl der
verzeichneten Quellseen und Quellflüsse des Nil. Die
Eroberer Nord-Afrikas, die Araber, wußten zu Ptolemäus
in dieser Richtung wenig mehr hinzuzufügen, im Gegentheil,
die Darstellung auf der Karte des Mohammed-Ebn — Aly-Ebn
— Ahmed el Charsy von Sfax ist ein Rückschritt zu nennen.

Aus der Neuzeit verdienen zunächst die Bemühungen
der Portugiesen, namentlich ihrer Missionäre, für die Bereicherung der hydrographischen Kenntnisse Afrikas hervorgehoben zu werden. Die Karten Afrikas aus dem 17. und
18. Jahrhundert bis auf d'Anville zeigen geradezu eine
Ueberfülle von hydrographischem Material, der Phantasie
war der weiteste Spielraum eingeräumt. Durch die Natur
der afrikanischen Flüsse und den Aufbau des Continents
bedingt, mußten längere Zeit hindurch der Mittel- und
Oberlauf der Flüsse, das Innere überhaupt, der Kenntniß
verschlossen bleiben. Dem 19. Jahrhundert und seinen
Pionnieren wird für immer der Ruhm gebühren, die Hydrographie Afrikas der Wissenschaft erschlossen zu haben. An

---

*) So Marinus Sannto 1321, Andrea Bianco 1436, Diego
Ribeiro 1529, Martin Behaim 1492, Mercator (Bearbeitung
des Ptolemäus) Köln 1584. Eine überraschende Ausnahme macht
die Weltkarte von Ruysch 1508, auf welcher die Stromsysteme Nord-
Afrikas in einer für den Stand der damaligen Kenntnisse Afrikas
auffallenden Klarheit dargestellt sind.

die zwei Namen Livingstone und Stanley knüpft sich
die Lösung der wichtigsten hydrographischen Probleme des
räthselvollen Erdtheils, der Nilquellenfrage und des Congo-
laufes. Heute, wo wir es versuchen wollen, ein Bild der
Vertheilung der Gewässer auf dem afrikanischen Continente
zu entwerfen, gibt es nur noch ein größeres Problem, die
Frage nach der Zugehörigkeit des Uölle, zu lösen; jedes
Jahr beschert uns eine interessante Bereicherung unserer
Kenntnisse der Hydrographie, die Zahl der zweifelhaften
abflußlosen Seen des Hochlandes u. s. w. schrumpft immer
mehr zusammen. Wohl bleibt noch immer genug für die
Detailforschung zu thun übrig, namentlich in Bezug auf die
Wasserscheiden der einzelnen Stromgebiete, hydrometrische
Messungen und Untersuchungen fließen noch bisher spärlich,
doch in den Hauptzügen besitzen wir heute ein ziemlich klares Bild des hydrographischen Charakters Afrikas
und haben erkannt, daß eben dieser im Zusammenhange mit
der verticalen Gliederung den Welttheil von allen übrigen
scharf unterscheidet und seine Individualität begründet.

Der Bau Afrikas als mächtigstes Massenhochland der
Erde bedingt den überwiegend unfertigen Charakter der Thal-
wege, welche das fließende Wasser sich im Laufe der Zeit
ausgenagt und ausgewaschen hat. Während die großen Ströme
Asiens, Europas und Amerikas nach ihrem Austritte aus
dem Berglande, in dem sie ihren Oberlauf und theilweise
den Mittellauf vollenden, in den Tiefländern ihres Unterlaufes sich frei entfalten können und nahezu ausnahmslos
natürliche Verkehrsadern ersten Ranges bilden, sind Afrikas
Ströme ausnahmslos genöthigt, in ihrem Unterlaufe den
Rand des Hochlandes, auf dem sie hauptsächlich allein im
Mittellaufe den Raum zu freier und ruhiger Entwicklung

1*

und Ausbildung finden, zu durchbrechen, und in tief ein-
geschnittenen, von Steilufern begrenzten Felsenbetten die oft
300 Meter übersteigende Niveaudifferenz bis zum schmalen
Saum des Küstentieflandes auf einem verhältnißmäßig kurzen
Laufe zu überwinden. Die Folge dieser eigenthümlichen
Entwicklungsabschnitte der afrikanischen Flüsse ist, daß sie
der zahlreichen Fälle, Katarakte und Stromschnellen halber,
die sich gerade im Unterlaufe häufen, als Verkehrsadern und
Wege zur Erschließung des Innern bis in die allerjüngste
Zeit fast ganz außer Betracht kamen und der Schifffahrt
verloren gingen. Dies ist wohl auch mit eine Ursache der
so lange verzögerten Entschleierung des Innern Afrikas.
Die zahlreichen Küstenflüsse, deren Quellen zumeist an der
Binnenseite des Hochlandrandes liegen, den sie in oft großartigen Fällen durchbrechen, haben selbst dort, wo sie, wie
z. B. in Ober-Guinea, schon im Mittellaufe das Küstenflachland erreichen, eine viel zu geringe Entwicklung, um als
Operationslinien der Forschung und des Handelsverkehrs mit
dem Innern große Bedeutung erlangen zu können.

Eine hervorstechende Eigenthümlichkeit in der räumlichen
Vertheilung der Gewässer Afrikas, die in innigem Zusammenhange mit der verticalen Gliederung und zugleich mit
seiner geographischen Lage steht, läßt die Karte des Welttheils sofort klar erkennen. Wir finden nämlich die Quellgebiete von drei der größten Ströme in einer kaum 300 Kilometer breiten unter 10° südl. Br. in einem concaven Bogen
nach Westen bis zu 20° östl. L. v. Gr. reichenden Zone
des Hochlandes und der großen südäquatorialen Wasserscheide. Dadurch wird der Continent in eine größere wasserarme Nordhälfte und wasserreiche kleinere Südhälfte getheilt.
Ebenso finden wir, daß sich zwei Drittel alles strömenden

und stehenden Süßwassers auf der Osthälfte des Continents
vereinigt, während die Westhälfte nur ein einziges großes
Stromgebiet, jenes des Nigir, besitzt. Zu beiden Seiten der
Hauptwasserscheide des Continents, welche nahezu kreisförmig
das Stromgebiet, richtiger gesagt das Becken des Congo-
Mittellaufes, des mächtigsten der afrikanischen Ströme, um-
rahmt, finden wir sowohl im Norden als auch im Süden
ein abflußloses Gebiet, entsprechend den beiden größten
Einsenkungsgebieten der südlichen centralen Sahara und der
Kalahari und in ihnen als Residuum einstiger großer Süß-
wasser-Binnenmeere zwei heute mehr oder minder brackische
Seebecken, den Tsade und den Ngamisee mit dem damit
in Verbindung stehenden großen Salzpfannencomplexe.*)
Nördlich des Tsade stoßen wir auf eine Zone nahezu
absolut wasserloser Flächen der Sahara und periodischer
Flußbetten, welche nur im äußersten Nordwesten am Mittel-
meergestade noch von einer durch kleine Küstenflüsse charakterisirten Zone umsäumt wird. Ebenso im Süden, wo den
periodischen Wasserläufen der Kalahari am äußersten Süd-
ende des südafrikanischen Hochlandes der Gürtel der Küstenflüsse folgt. Es zeigt sich uns also eine Symmetrie in der
räumlichen Anordnung der Gewässer, wie wir sie auf keinem
zweiten Erdtheile beobachten können.

Wir finden die Erklärung für diese Symmetrie in der
geographischen Lage des Continents, dessen Masse durch den
Aequator in zwei wohl nicht räumliche, aber im meridianalen
Abstande der Küsten nahezu gleiche Theile geschieden wird. Nun
ist die durch die beiden Wendekreise begrenzte Tropenregion,

---

*) Siehe: »Afrika im Lichte unserer Tage«. Bodengestalt und
geologischer Bau von J. Chavanne, Seite 1—7. (A. Hartleben's
Verlag.)

innerhalb welcher beiläufig sieben Zehntel des ganzen Erdtheiles zu liegen kommen, zugleich die niederschlagreichste Zone
der Erde, zu beiden Seiten derselben, nördlich sowie südlich,
folgen als Fortsetzung der regenlosen Passatzone des Atlantischen Oceans die beiden regenarmen Wüstengebiete der
Sahara und der Kalahari, während diese selbst wieder an den
Küstengebieten des Mittelmeeres wie des Indischen Oceans
von den Zonen der subtropischen Regen eingesäumt werden.
Und um weiterhin das Regime (die Schwellzeit) der
Flüsse richtig aufzufassen, sei hier bemerkt, daß der geradezu
imponirende Wasserreichthum des central gelegenen Congo-
Stromgebietes sowie die verschiedene Schwellperiode seiner
Zuflüsse sich daraus erklärt, daß die nördlichen ihre größte
Wassermasse zur Sommerszeit der nördlichen Hemisphäre,
die südlichen zur Winterszeit der nördlichen, mithin zur
Sommerszeit der südlichen Hemisphäre führen, während
unmittelbar zu beiden Seiten des Aequators etwa von
3⁰ südl. Br. bis 4⁰ nördl. Br. sich ein Gebiet der äquatorialen Regen ohne deutlich ausgesprochene Trockenzeit
(d. h. Regen in allen Monaten) ausdehnt. Es empfiehlt
sich, diese Thatsache klar im Auge zu behalten, um, wie
wir später sehen werden, die Zugehörigkeit mancher bisher
nicht näher erforschten Flußläufe zu diesem oder jenem
Stromgebiete mit einiger Wahrscheinlichkeit entscheiden zu
können.

Ich muß nochmals auf die Darstellung der verticalen
Gliederung und den geologischen Bau Afrikas verweisen,
um die räumliche Anordnung der großen Süßwasserbecken
Afrikas richtig aufzufassen. Ein Blick auf die Karte Afrikas
zeigt uns, daß acht Zehntel der sämmtlichen Süßwasserbecken
des Welttheils am Ost-, West- oder Nordrande des südost-

afrikanischen Hochlandes und, wenn sich die Erkundigungen
Barth's und Kölle's bestätigen sollten, die übrigen zwei
Zehntel am Nordrande der nordäquatorialen Wasserscheide
liegen. Das ganze übrige Afrika besitzt keine nennenswerthen
Landseen, Hochgebirgsseen im Sinne unserer Alpenseen besitzt
Afrika mit Ausnahme einiger kleinerer Seen im Galla-
hochlande und in Abessinien (z. B. den 2190 Meter hohen
meeraugenähnlichen Ajassatsee) nicht. Hingegen besitzt kein
anderer Continent eine so große Zahl von bedeutenden
Hochlandseen, als eben Afrika in seiner äquatorialen
Osthälfte.

Wenn wir nun die gegenseitige topische Lage der Seen
Nyassa, Mandjara, Samburo im Osten und Tanganjika,
Kivu, Akenjaru, Muta-Nzige und Mwutan im Westen, ferner
auf einer hypsometrischen Karte den Aufbau der ostafrikanischen Hochlandsmasse betrachten, so werden wir sehen, daß
diese beiden Reihen von vorwiegenden Längsseen mit den
beiden hervorragenden Bruchlinien am östlichen und westlichen
Hochlandsrande zusammenfallen, deren Existenz der plötzliche
Wechsel im geologischen Bau und namentlich das Vorkommen
von Eruptivgesteinen am Fuße der Erhebung deutlich erkennen
läßt. In ihrer heutigen Ausdehnung sind diese Seen nur
Reste viel mächtigerer Wasserbecken oder eines einheitlichen
Beckens, welches durch die Hebung des Landes getheilt und
wobei die einzelnen Becken zugleich einen Abfluß erhielten.

Ein Beispiel, wie es nicht schöner gedacht werden kann,
bietet das Congobecken, namentlich im Oberlaufe des Luapula-
Tschambesi einerseits, des Lualaba-Luburi andererseits. Das
ganze Gebiet von den Stanley-Fällen bis an das als Hauptwasserscheide des Continents fungirende Hochland von
Lokinga bildete offenbar in früheren geologischen Perioden

ein ungeheures Süßwasserbecken, das durch die Hebung des genannten Hochlandes in eine Reihe kleiner Wasserbecken zerfiel, indem zugleich die Wassermasse im Lualaba-Luapula einen Abfluß nach Norden fand und den Rand des Hochlandes in den Stanley-Fällen durchbrach. Gleichzeitig, wahrscheinlich aber schon vorher, hatten sich die riesigen Wassermassen des centralen Congobeckens durch den Westrand Afrikas Bahn gebrochen und jenes großartige Rinnsal geschaffen, durch welches der Congo über mehr als 60 Fälle, Katarakte und Schnellen die Höhendifferenz von 327 Meter zwischen dem Stanley-Pool, dem minimen Ueberreste des einstigen großen Binnenmeeres, und dem Atlantischen Ocean überwindet. Im oberen Congobecken folgen sich heute in südwestlicher Richtung der Kamolondo- oder Luadschi-See,*) der Bembe-, Ahimbe-, Kahando-, Kowamba-, Kassali- und Lohemba-See, alle vom Lualaba durchströmt, in südlicher Richtung die beiden größern Wasserbecken des Moero- und Bangweolo-Sees.

Ebenso lehrreich ist der Oberlauf des Nil von seinem Austritte aus dem Mwutan bis zu den Quellflüssen des Akenjaru- oder Alexandra-Sees; die Reihenfolge Akenjaru-, Windermere-, Nijanja-, Codscha- und Mwutan-See verdankt ihre Entstehung demselben Hebungsvorgange. Das Thal des obern Tschambesi, die Barotse, war desgleichen in früheren geologischen Epochen ein großes Süßwasserbecken, das durch die Hebung des Landes zum Abflusse gebracht wurde und dabei den östlichen Hochlandsrand in den Victoriafällen, einer der großartigsten Wirkungen der mit vulkanischer Spaltenbildung vereinigten Erosion auf der Erdoberfläche, durchbrach.

---

*) Die Existenz desselben ist wohl fraglich, da nach neueren Erkundigungen sich der Lualaba an der durch diesen See bezeichneten Stelle einfach auf 1—2 Kilometer Breite erweitern soll.

In ebenso innigem Zusammenhange mit der Thatsache,
daß die Hebung in ihrer größten Intensität auf gewisse
Linien oder Centren beschränkt war, steht der an allen
großen Strömen und auch an kleinen Flüssen, deren Quellen
auf dem Hochlande liegen, zu beobachtende großartige bogenförmige Lauf. Nigir, Nil, Congo, Tschambesi, Limpopo und
Juba sind typische Beispiele für den Charakter der afrikanischen Flüsse. Der sowohl im oberen Nilgebiete an den
rechtsseitigen Zuflüssen des Bahr el Arab (respective Bahr
el Gebel), als auch an den linksseitigen Zuflüssen des mittleren
Congo und den rechtsseitigen Zuflüssen des oberen und
unteren Tschambesi zu beobachtende auffallende Parallelismus
der einzelnen Wasser-Rinnsale läßt sich gleichfalls aus den
einfachen, in der Gliederung des Hochlandes bedingten
Abdachungs-Verhältnissen der Wasserscheide erklären.

Eine weitere Eigenthümlichkeit der afrikanischen Flüsse ist
im Gebiete der tropischen Regen die Erscheinung, daß sie schon
nach wenigen Kilometern ihres Oberlaufes eine ziemlich
bedeutende Breite und Tiefe erreichen, und auf große Strecken
einen mehr oder minder directen Lauf zeigen. Bei dem
Umstande, daß die Mächtigkeit der jüngeren, und auf große
Strecken auch der älteren Sedimente verhältnißmäßig gering
ist, haben die Flüsse in der Tropenregion, namentlich auf
der süd- und nordäquatorialen Wasserscheide ein tief ein-
geschnittenes Bett, mit zuweilen mehr als 50 bis 100 Meter
hohen Steilufern, und bis auf die krystallinische Unterlage
ausgenagt.

Von den großen Strömen Afrikas, von den Küstenflüssen ganz abgesehen, ist es nur dreien gegönnt, in den
selbstgeschaffenen Alluvialebenen ihres Mittellaufes sich breit
zu entwickeln und zu zahlreicher Inselbildung Veran-

laffung zu geben. So z. B. der Nil in den Alluvialebenen Ostsudans, der Congo im großen centralen Becken zwischen den Stanley-Fällen und Stanley-Pool und der Nigir in der breiten, langgestreckten Alluvialebene vom Nordfuße des Konghochlandes bis zu den Plateauflächen Westsudans. Nur bei dem Congo indessen reicht die Wassermasse des Flusses hin, auf diesem Abschnitte seines Laufes der Schifffahrt freie Entfaltung zu gewähren, der Nil wird infolge seines geringen Gefälles durch Pflanzenbarren periodisch an zahlreichen Stellen versperrt, der Nigir stört selbst im Mittellaufe durch zahl= reiche Sandbänke, Riffe und andere Hindernisse, seine freie und ungehinderte Benützung. Durch die mächtige Ablagerung von Alluvium in ihrem Mittellaufe wird das Flußbett vieler afrikanischen Flüsse von Jahr zu Jahr höher gelegt, daher die enormen Ueberschwemmungen und die eigenthüm= liche Erscheinung, daß die Ufer der Flüsse oft höher sind als das wenige Kilometer entfernte Land; daher sind auch, wie R. Flegel es treffend hervorhebt, häufig die Mündungen kleiner Nebenflüsse verstopft, oder bilden mitten im Lande vielverzweigte Deltas, wie z. B. der Benuë beim Einfluß in den Nigir.

Nicht unerwähnt darf eine weitere Eigenthümlichkeit der großen afrikanischen Ströme bleiben, nämlich die deutlich ausgesprochene, auf bestimmte Strecken beschränkte, einseitige Entwicklung der Zuflüsse. So z. B. bei dem Nil in der Sumpfregion, bei dem Congo auf dem linken Ufer des Mittel= laufes, bei dem Nigir auf dem linken Ufer seines Oberlaufes und rechten Ufer seines Unterlaufes, bei dem Tschambesi am rechten Ufer seines Oberlaufes und dem linken Ufer seines Mittellaufes, bei dem Limpopo u. s. w. Diese Verhältnisse sind in erster Linie durch die geographische Vertheilung des

Niederschlages bedingt, zunächst wirkt aber auch der eigen=
thümliche Aufbau des Continents mit. Ein nahezu gleich=
werthiges und lehrreiches Beispiel bieten nur der Ganges
und Brahmaputra in Vorderindien.

Schließlich sei der unbestimmte Charakter der Wasser=
scheiden hervorgehoben. Wer die Berichte Schweinfurth's
und Junker's über die Wasserscheide zwischen Nil und
Uëlle, jene Livingstone's, Cameron's und Serpa Pinto's
über die Wasserscheiden zwischen Congo und Tschambesi kennt,
wird wiederholt auf die Beobachtung dieser Reisenden gestoßen
sein, daß namentlich zur Regenzeit, infolge der geringen
Niveaudifferenzen und unmerklichen Bodenwellen die Fixirung
der Wasserscheide kaum möglich ist, da aus den überfließenden
sogenannten »Schwämmen« das Wasser nach beiden Strom=
systemen abfließt. Indem wir auf specielle charakteristische
Merkmale der einzelnen großen Ströme bei der Besprechung
ihrer Stromgebiete noch zurückkommen werden, seien hiemit
die allgemein einleitenden Betrachtungen geschlossen, und
mir erlaubt, eine Uebersicht der Hauptstromgebiete Afrikas
hier anzuschließen.

Afrikas sämmtliche Gewässer lassen sich in fünf, respective
acht Abschnitte eintheilen. Wir können unterscheiden: 1. das
Gebiet des Atlantischen Oceans mit der Unterabtheilung der
dem Mittelmeere tributären Gewässer; 2. das Gebiet des
Indischen Oceans mit der Unterabtheilung der dem Rothen
Meere tributären Gewässer; 3. das Binnengebiet des abfluß=
losen Tsade mit der Unterabtheilung der abflußlosen Gebiete
der Sahara (Irharhar, Ued Mssaud, Ennedi Bardai u. s. w.);
4. das abflußlose Gebiet des Ngamisees und der großen süd=
afrikanischen Salzpfannen; 5. das abflußlose Gebiet an der
Danaqilküste. Der Größe nach folgen sich:

Das Gebiet des Atlantischen Oceans
incl. des Mittelmeeres mit . . 15,592.050*) Qu.-Km.
Die abflußlosen Gebiete insgesammt
mit . . . . 7,427.490 „
Das Gebiet des Indischen Oceans mit 6,263.850 „

Summe . 29,283.390 Qu.-Km.

und die einzelnen Stromgebiete:

Atlantischer Ocean:
Mittelmeer.

	Qu.-Km.
Nil mit	2,810.300
Küstenflüsse des Mittelmeeres mit	902.400

Offener Atlantischer Ocean.

Küstenflüsse zwischen der Straße von Gibraltar und dem Senegal	800.000
(darunter der Draa)	167.070
Senegal	440.500
Gambia	182.050
Küstenflüsse zwischen Senegal und Nigir . .	977.150
Nigir	2,630.200
Küstenflüsse zwischen Nigir und Ogowe . .	307.650
Ogowe	304.100
Küstenflüsse zwischen Ogowe und Congo . .	200.100

---

*) Die Areale der einzelnen Stromgebiete sind selbstverständlich approximative, erhalten durch Berechnung der Flächensummen der Grabtrapeze. Bei dem Umstande, daß die Wasserscheiden bei keinem Stromgebiete noch vollkommen genau erforscht sind, sollen die Zahlen nur das gegenseitige Verhältniß der Flächen annähernd richtig kennzeichnen.

Congo*)	3,206.050
Küstenflüsse zwischen Congo und Quanza . .	205.000
Quanza	303.000
Küstenflüsse zwischen Quanza und Cunene . .	281.000
Cunene	272.000
Küstenflüsse zwischen Cunene und Oranje . .	367.150
Oranje	1,083.050
Küstenflüsse zwischen Oranje und Cap Agulhas**)	153.220
Summe .	15,592.050

Indischer Ocean:

Qu.-Km.

Küstenflüsse zwischen Cap Agulhas und Limpopo	460.200
Limpopo	560.000
Küstenflüsse zwischen Limpopo und Tschambesi	305.100
Tschambesi	1,430.000
Küstenflüsse zwischen Tschambesi und Rovuma	433.150
Rovuma	334.000
Lufidschi	298.628
Küstenflüsse zwischen Rovuma und Juba . .	516.872
Juba	612.000
Küstenflüsse zwischen Juba und dem abflußlosen Gebiete der Danaqilküste	931.200
Küstenflüsse des Rothen Meeres	382.700
Summe .	6,263.850

*) In der Voraussetzung, daß der Uëlle dem Congo tributär sei, wofür in der Folge die Nachweise der Wahrscheinlichkeit angeführt werden sollen.

**) Als Grenze des Atlantischen und Indischen Oceans ist der 20. Meridian östlich v. Gr. angenommen.

Abflußlose Gebiete der Sahara und des Sudans:
Tsade.

	Qu.-Km.
Schari	915.000
Die übrigen Zuflüsse des Tsade sammt der Depression des Bahr el Ghasal	905.000
Irharhar	816.500
Ued Mssaud	362.000
Uebriges Gebiet	3,001.590

Abflußloses Gebiet des Ngamisees und der großen
Salzpfannen:

Cubango-Ovambo	785.000
Uebriges abflußloses Gebiet der Kalahari . .	500.000
Abflußloses Gebiet an der Danaqilküste	142.400
Summe .	7,427.490

Was wir schon bei Betrachtung der verticalen Gliederung Afrikas gefunden, bestätigen neuerdings diese Zahlen, nämlich daß das südostafrikanische Hochland in seiner Osthälfte die größte absolute Erhebung erreicht und seine allgemeine Abdachung nach Westen und Norden gerichtet ist. Mehr als die Hälfte der Fläche des Welttheils ist mit ihren Wassermassen dem Atlantischen Ocean tributär. Das Areal der abflußlosen Binnengebiete Afrikas aber wird nur von jenen in Asien um Weniges übertroffen.

———

Zur Besprechung der einzelnen Stromgebiete übergehend, beginne ich mit dem in geophysikalischer und culturhistorischer Hinsicht interessantesten Strome Afrikas, dem Nil. Dank den Leistungen der Forschungsreisenden unseres Jahrhunderts, namentlich eines Speke, Grant, Stanley, Schweinfurth, Junker, Stecker, Cecchi, Chiarini u. A. können wir im großen Ganzen das mehr als zweitausend Jahre alte Problem der Nilquellen als gelöst betrachten. Wohl gibt es noch zahlreiche Detailfragen, welche der Beantwortung harren; im Allgemeinen ist uns aber das Stromgebiet des heiligen Stromes des Alterthums besser bekannt, als irgend ein zweites in Afrika, besonders, nachdem erst in jüngster Zeit die Wasserscheide zwischen Uëlle und Nil durch Junker, zwischen Juba und Nil durch Cecchi und Chiarini näher erforscht wurde. Das Stromgebiet des Nil, in seiner Längenachse 4120, in seiner Breitenachse 1700 Km. messend und den Nordosten Afrikas ausfüllend, bedeckt eine Fläche von 2,810.300 Qu.-Km.*)

Wie die beigegebene Karte zeigt, gewinnt dasselbe erst zwischen 5 und 15° nördl. Br. eine zur Länge des Stromlaufes entsprechende Entwicklung in der Breite, im Oberlaufe sowohl wie namentlich im Unterlaufe ist das Gebiet fast auf den Thalweg des Stromes beschränkt. Diese Gestaltung, welche sowohl durch die verticale Gliederung Nordost-Afrikas, als auch durch den Umstand bedingt wird, daß der Strom vier verschiedene Zonen der Niederschlagsvertheilung durchschneidet, gibt ihm eine specielle Stellung nicht nur unter den Strömen Afrikas, sondern der ganzen Erdoberfläche. Dadurch erklärt es sich auch, daß der Strom, trotzdem er seine beiden Haupt-

---

*) Um einen Maßstab zur Vergleichung zu gewinnen, habe ich die in den verschiedenen Werken und Schriften über die Hydrographie Afrikas sich vorfindenden Angaben über Länge, Breite und Tiefe der Ströme, Stromgeschwindigkeit und Volumen, Areal der Seen und Stromgebiete sämmtlich in metrisches Maß verwandelt.

quellen auf den höchsten Stufen des afrikanischen Hoch=
landes und in den regenreichsten Zonen des Erdtheils hat,
an Wassermenge in seinem Unterlaufe weit hinter dem
Congo und den großen Strömen der alten und neuen Welt
zurücksteht. Damit steht ferner der Umstand im Zusammen=
hange, daß auf einer großen Strecke die Wasserscheide nur
theoretischen Werth hat.

Verfolgen wir nun die Wasserscheide vom linken
Ufer des Delta an, so darf der 29. Grad östl. L. v. Gr.
als Begrenzung des Wadi Mariut, welches durch die
Infiltration des Mariut=Sees (Strandsees südlich von Ale=
xandrien) periodisch bewässert wird, zugleich als äußerster
westlicher Punkt der Wasserscheide im Unterlaufe des Nil
bezeichnet werden, umsomehr, als sich nach Rohlfs die
Existenz des sagenhaften Bahr el bela ma der Libyschen
Wüste in keiner Weise bestätigt.*) Die Wasserscheide läuft
sodann in südöstlicher Richtung über die libysche Wüsten=
platte, deren östlichen Steilrand sie im Westen von Kairo
erreicht, biegt südlich dann wieder nach Westen aus, um das
Depressionsgebiet des Birket el Kurn einzuschließen, und ver=
läuft nunmehr nahezu beständig mit dem Nilthale parallel
auf der culminirenden Terrasse des libyschen Wüstenplateaus
in einem durchschnittlichen Abstande von 70—80 Km. vom
Nilthale, der sich nur stellenweise auf 20—30 Km. ver=
ringert, oder auf 100—120 Km. erweitert, bis zum Abfalle
des Plateaus zu der Wadi el köh genannten Einsenkung, die
gleichfalls durch Infiltration des Nil bewässert werden dürfte.

Hier etwa unter 20° nördlicher Breite wendet sich die
Wasserscheide entschieden nach Südwesten, erreicht die vul=

*) Petermann's Mittheil. 1879. S. 1—8.

kanische Masse des Dschebel Medob und läuft nun in west=
südwestlicher Richtung bis ca. 24° 15′ östl. L., wendet sich
scharf nach Süden und ersteigt die culminirenden Partien
des Dschebel = Marrah = Massivs in Darfur. Sämmtliche
periodische, nur zur Regenzeit wasserführenden Rinnsale
(Wadis) des Nordost=, Ost= und Südabfalles dieser vul=
kanischen Bergmasse gehen dem Nil (Bahr el Arab) zu,
d. h. erreichen ihn zum Theile, während ein großer Theil
schon vorher im Sande versiegt, oder in sogenannten Birket,
flachen Süßwassertümpeln von mäßigem Umfange, endigt.
Der nordwestliche und südwestliche Abfall des Dschebel
Marrah ist hingegen dem Tsade, beziehungsweise dem Schari
tributär; die Wassermasse, welche dieser Strom von dieser
Seite her erhält, ist allerdings gleich jener, welche der Nil
aus diesem Gebiete empfängt, gering. Im Dschebel Marrah
erklimmt die Wasserscheide, welche bishin nirgends höher
als 600 Meter liegt, die beträchtliche Höhe von 1200 Meter,
sinkt aber in ihrem weiteren und nunmehr nahezu rein
südlichen Verlaufe etwa bis auf 400 Meter herab.

Südwestlich der Kupferminen von Hofrat en nahas
verläuft nach den Aussagen des Dr. Poniagotes Potagos
die Wasserscheide auf einem sich allmählich schärfer differenziren=
den Terrain, aus welchem die Niamba=Berge aufragen, von
welchen nach Osten der Bulbul zum Nil, die Mindscha mit dem
Mamun vereinigt, zum Wadi Kabaja (Schari) fließen. Südlich
davon betreten wir ein in hydrographischer Hinsicht höchst
interessantes Gebiet, den östlichen Theil der nordäqua=
torialen Wasserscheide, von welcher die Zuflüsse dreier Ströme
abfließen, nämlich jene des Nil, Schari und Uelle (Congo).
Von den Niamba=Bergen bis zur Route Junker's durch
die Niamniamländer zwischen 26—28° östl. L. v. Gr. sind

wir über den genauen Verlauf der Wasserscheide nur auf die unbestimmte, unklare Darstellung des Dr. Potagos*) angewiesen. So viel läßt indeß die Configuration des Terrains vermuthen, daß die Wasserscheide sich wieder entschieden nach Osten, beziehungsweise Südosten wendet, als vielfach gewundene Mäanderlinie und stetig ansteigend unter 3° 15' nördl. Br. und 31. Grad östl. L. v. Gr. verläuft und in der Landschaft Lur den Kamm der Blauen Berge ca. 1800—2000 Meter hoch gewinnt.**)

Dem Mwutan im Westen ziemlich parallel verlaufend, wendet sich die Wasserscheide nun wieder im Süden des Sees nach Südosten, trennt im südlichen Unyoro und in der Landschaft Ankori die beiden großen Seen Nijanja und Muta-Nzige und verläuft nun auf der culminirenden Partie des mächtigen centralen Berglandes in der Landschaft Ruanda, aus welchem die dreigipflige Mfumbiro- oder Ufumbiro-Masse emporragt, nach Süden, beziehungsweise Südwesten zwischen dem Kivu- und Akenjaru-See hindurch, und sodann in vorherrschend südsüdöstlicher Richtung bis etwa 3½° südl. Br.; hier wendet sich die Wasserscheide in der Landschaft Uhha wieder nach Nordnordost, läuft in der Landschaft Usui zwischen dem Lohugati und Lukoke nach Osten und nun auf der Hochfläche der Landschaften Usinja, Usukuma in südöstlicher Richtung, bis sie an den Quellen des Mwaru (Monungu) ihren südlichsten Punkt unter 5° 45' südl. Br. in der Landschaft Utaturu erreicht.

*) Voyage à l'ouest du Haut-Nil. Bull. de la Soc. de Geogr. de Paris. Juillet 1880.

**) Siehe Karte der Route Dr. W. Junker's in den Mudirien Rohl und Bahr el Ghasal, sowie »Uebersicht der wichtigsten neueren Reisen in den ägyptischen Aequatorial-Provinzen«. Peterm. Mittheil. 1880, Tafel 4.

Der Verlauf der Wasserscheide von diesem südlichsten Punkte nordwärts auf der Ostseite des Stromgebietes ist bis zur Stunde auf nahezu ein Drittel der ganzen Länge unerforscht; wir wissen indeß so viel, daß die Wasserscheide zwischen Nil und den zahlreichen Küstenflüssen des Indischen Oceans keineswegs mit dem Ostrande des ostafrikanischen Hochlandes zusammenfällt, sondern mehr im Innern, und zwar ziemlich in halber Entfernung zwischen den äquatorialen Seen und der Küste des Indischen Oceans liegt. Sie verläuft wahrscheinlich im Westen des Mandjara-Sees, sozusagen am Fuße der culminirenden Massive Afrikas, des Kilimandscharo und Kenia *) zwischen 36 und 37° östl. L. v. Gr. und behält diese im Allgemeinen nordsüdliche Richtung bis zum Betreten der südlichen Gallahochländer unter 5° nördl. Br. Hier biegt sie nach Westen um und verläuft wahrscheinlich auf den Gamba- und Berikimo-Bergen, im Lande der Tinki-Pygmäen (unter 35° östl. L. v. Gr.), um aber kaum einen halben Breitengrad nördlicher im Osten des Baro-Sees wieder die nordsüdliche Richtung zu verfolgen. Sie erklimmt den Kamm eines Gebirges im südlichen Kaffa, weiter jenen des Geschia-Gebirges, auf welchem sie nordöstlich verlaufend, etwa 8° nördl. Br. und 36½° östl. L. erreicht, wendet sich hier für kurze Zeit nach Süden, um nun neuerdings in vorwiegend nordöstlicher Richtung auf dem Kamm der Nonno-Bilo-Berge, und später in einem großen nach Nordwest tief vorspringenden Bogen über die Berge der Libei-Galla, den Kamm der Gobo-Berge zu gewinnen. Von hier (29½° nördl. Br. und 37° östl. L.) in vorherrschend östlicher Richtung verlaufend, erreicht sie den Kamm der Medschia-Galla-Berge, geht in einer S-förmigen

---

*) Originalkarte des äquatorialen Ost-Afrika von Cl. Denhardt. Petermann. Mittheil. 1881, Tafel 1.

nach Süden vorspringenden Schleife auf den Kamm der Barrak-Berge und zwischen 39° und 40° östl. L. v. Gr. auf den Kamm des Ostrandes des mächtigen abessynischen Hochlandes über.*) Mit geringen Unterbrechungen bildet nun der überhöhte Ostrand dieses Hochlandes die Wasserscheide zwischen Nil und den Küstenflüssen des Rothen Meeres, sowie dem abflußlosen Gebiete im Afarlande (Danaqilküste) bis in die Landschaft Hamasen.

Die bedeutendste Unterbrechung in der meridianalen Richtung erleidet die Wasserscheide unter 11° nördl. Br., wo der Nebenfluß des Hawasch, Madschetie, seine Quelle auf dem Plateau der Wollo Galla nimmt und die Wasserscheide infolge dessen einem nach Westen vorspringenden Bogen folgt.**) In der Landschaft Hamasen weicht die Wasserscheide nach Süden und Westen bis 37° östl. L. zurück und gewinnt in einer sehr gewundenen Linie die culminirende Stufe der Nubischen Wüste, auf welcher sie in vorherrschend nordnord-westlicher Richtung verlaufend die Berggruppen des Dschebel Kauewad und Gerse gewinnt und von hier etwa unter dem Wendekreis des Krebses wieder nach Osten vordringt und nun auf der höchsten Stufe der arabischen Wüstenplatte bis Dschebel Dochan verläuft, hier etwas nach Süden und Westen umbiegt und sodann in einer mehrfach gebrochenen Linie das Nordende des Suez-Golfes erreicht.

Innerhalb dieser Linie entwässert, wie bereits erwähnt, der Nil ein Gebiet von 2,810.300 Qu.-Km., das sämmtliche

---

*) Siehe Carta provvisoria dello esploriazioni del Cap. A. Cecchi ed G. Chiarini 1 : 2,000.000. Bolletino dell Soc. geogr. italiana. Mai-Juni 1882.

**) »Abessynien und ägyptischer Sudan«. 1 : 7,500.000. Stieler's Handatlas, Blatt Nr. 70.

Typen der afrikanischen Landschaft und des Oberflächen=
charakters in sich schließt. Es entfallen nämlich von
dieser Gesammtfläche 412.400 Qu.=Km. auf Wüstenboden,
536.200 Qu.=Km. auf Steppen, 1,115.000 Qu.=Km. auf
Savannen und Buschland und 746.200 Qu.=Km. auf Cultur=
und Waldland (beziehungsweise direct anbaufähiges Land
und Urwald).

Wenn wir die räumliche Anordnung dieser Landschafts=
typen und Bodenarten auf der Karte verfolgen, so wird uns
sofort sowohl der Charakter des Hauptstromes und seiner
Zuflüsse in den verschiedenen Abschnitten der Laufentwicklung,
als auch das wechselnde Wasservolumen des Stromes und sein
eigenthümliches Regime verständlich. Der innigen Wechsel=
beziehung zwischen Vegetation und atmosphärischer Feuchtigkeit
einerseits, und Wassermenge der Flüsse andererseits ent=
sprechend, sehen wir in der regenarmen Wüstenzone (in der
Libyschen Wüste im Westen von Oberägypten sind regenlose
Perioden von fünf und mehr Jahren keine Seltenheit) den
Hauptstrom auf die eigene Wassermenge allein angewiesen, denn
von der libyschen Seite geht dem Strome kein irgend
nennenswerthes Rinnsal zu, und selbst die zahlreichen Fluß=
betten am rechten Ufer, zur Zeit der Winterregen im Küsten=
gebirge am Rothen Meere für mehrere Stunden, vielleicht
einige Tage, von Wildbächen durchströmt, führen dem Strome
nur geringe Nahrung zu, der beste Beweis dafür, daß der
Nil selbst zur Zeit ihrer Füllung durch die Winterregen
zu seinem tiefsten Stande herabsinkt. Südlich vom 20. Grad
nördl. Br. betreten wir eine Steppenzone, im Osten von
den Hochlandsmassen Abessiniens, im Westen von den
Plateauflächen und isolirten Massiven des Sudans begrenzt.
Hier währt schon die Regenzeit (Charif) durchschnittlich drei

Monate, und namentlich im abessinischen Hochlande sind
es beträchtliche Wassermengen, die während dieser Zeit (Juli
bis September) den Boden durchdringen und die Quellen
speisen, nichts destoweniger ist die Wassermasse, die der Nil,
mit Ausnahme des dem Tanasee entströmenden Blauen Nil
(Abai, Bahr el Asrak), empfängt, nur von untergeordneter
Bedeutung. Je weiter wir nun nach Süden vordringend
uns dem Aequator nähern, desto länger währt die Regenzeit,
desto größer werden die Niederschlagsmengen, üppiges Savannenland, von Buschwald, Hainen und Culturflächen unterbrochen,
löst die Steppe ab, die periodischen Wasserläufe der Steppen-
und Wüstenzone werden durch permanente Wasser-Rinnsale
ersetzt, die zur Regenzeit das Land auf mehrere Kilometer
Breite inundiren. Haben wir den 5. Breitengrad südwärts
überschritten, so stoßen wir geradezu auf einen unerschöpflichen Wasserreichthum, das Land gleicht dann auf Strecken
einem Schwamme, die Wassermengen, die dem Nil von
Westen zugehen, übertreffen dann die des Stromes selbst
um Bedeutendes. Mit der Region der äquatorialen Regen
zwischen 4° nördl. Br. und 3° südl. Br. fällt denn auch
das üppigste Gedeihen der Vegetation mit den größten
Niederschlagsmengen zusammen. Hochlandsseen, von einer
Ausdehnung wie wir sie auf keinem zweiten Continente finden,
sammeln die herabströmenden Wassermengen, der Wald tritt
in immer mächtigeren Beständen auf, der übrige Boden ist
das schönste Culturland, das mühelos seine Bewohner er-
nährt. Es ist das Quellgebiet des Hauptstromes, in welchem
mehr als ein Drittel der gesammten Süßwasserflächen und
das größte Seebecken des Continents liegen.

Und nun zum Strome selbst. Nach dem Stande unserer
gegenwärtigen Kenntnisse der hydrographischen Verhältnisse

des Nil ist die bisher gewohnte, und in Lehr= und Hand=
büchern gebräuchliche Darstellung, daß der Nil aus zwei
gleichwerthigen Quellflüssen, dem Weißen und Blauen Nil
entstehe, nicht mehr zulässig; sowohl durch Volumen als nach
Entwicklung und der Stellung des Laufes zum Hauptstrome
ist der Blaue Nil, Bahr el Asrak im Unterlaufe, Abai im
Oberlaufe genannt, nur ein Nebenfluß des eigentlichen oder
Weißen Nil (Bahr el Abiad, Bahr el Gebel), allerdings der
bedeutendste unter ihnen, da er durch die Lage seines Quell=
gebietes im abessinischen Hochlande, das er entwässert, im
Vereine mit dem Atbara wesentlich die Schwellperiode des
Nil in Ober= und Unterägypten mit bedingt, und er haupt=
sächlich jene großen Mengen von humusreicher und eisen=
oxydreicher Dammerde herabbringt, welche der heilige Strom
Aegyptens in seinem Unterlaufe ablagert, welchen Ablagerungen
Aegypten ja bekanntermaßen seine Existenz als eines der
ältesten Culturländer der Erde verdankt. An ökonomischer
Bedeutung übertrifft mithin der Blaue Nil den Weißen,
in rein hydrographischer Hinsicht muß er sich aber, wenn
die Sätze der Theorie in Betracht kommen, mit der Rolle
eines Nebenflusses begnügen.

Die lange Zeit hindurch unentschiedene Frage, ob der
Nil der längste Strom der Erde sei, eine Frage, die namentlich
durch die epochalen Forschungen Schweinfurth's und
Stanley's in den Vordergrund trat, darf heute verneint
werden. Der Nil hat eine Länge von 6170 Km., bei einem
directen Abstande der Quelle (den Schimiju=Mwaru als
Hauptquellfluß angenommen) von der Mündung (in der
Luftlinie) zu 4120 Km.*) Es gebührt mithin dem Nil in

*) Ich habe mich bemüht, die Länge dieses afrikanischen Haupt=
stromes angesichts der zahlreichen variirenden Angaben in den ver=

Bezug auf Flußlänge der zweite Rang unter den großen Strömen der Erde, da er nur vom Mississippi-Missouri um 360 Km. übertroffen wird, während der Amazonenstrom um 460 Km. Länge zurückbleibt. Seinem Stromgebiete und seinem Wasservolumen nach wird der Nil indessen vom

---

schiedenen Lehr- und Handbüchern der Erdkunde möglichst genau zu messen und verwendete hiezu folgende Behelfe: Für die Strecke Alexandrien—Chartum die Messungen des ägyptischen Generalstabes und »Inner-Afrika« von Petermann-Hassenstein, 1 : 2,000.000; für die Strecke Chartum—Labo, A traverse Journey of the White Nilo from Khartum to Rigaf by Watson and Chippendall, Karte 1 · 2,250.000. Journal of the Roy. Geogr. Soc. London, Vol. 46, desgleichen Petermann's Mittheilungen 1877, Tafel 9. Zur Controle dieser Strecke benutzte ich Zöppritz-Pruyssenaere's Reisen im Nilgebiete. Peterm. Mittheil. Ergzh. 50—51; für die Strecke Labo—Nijansa-See benutzte ich: Map of the White Nil from Lado to Urondogani by Colonel Gordon surveyed 1875—1876. 1 : 2,200.000. Journal of Roy. Geogr. Soc. London. Vol. 46.; die vom ägyptischen Generalstab herausgegebenen Sectionen der Aufnahmen des Nil: Dufli—Magungo, Foweira—Mruli, Schoa-Morn—Foweira und Schoa-Morn—Magungo; Dr. W. Junker's Reisen in Nordost- und Central-Afrika, Blatt 1, 1 : 750.000. Peterm. Mittheil. 1879, Tafel 23, Karte des Gebietes zwischen den Nilquell-Seen zur Ueberficht der Reisen Dr. Emin Bey's, 1 : 1,400.000. Peterm. Mittheil. 1878. Für die Strecke Nijansa-See—Mwaruquelle Stanley's Karte der östlichen Hälfte von Aequatorial-Afrika 1 : 2,900.000 und Map of Route from Kagei to Tabora by C. T. Wilson. Proceedings of Roy. Geogr. Soc. London 1880. Die Messung der Stromlänge bezog sich bei Karten, deren Maßstab dies erlaubte, auf die Stromaxe; eine und dieselbe Strecke wurde dreimal nachgemessen, und das Mittel der Messungen in die Rechnung eingesetzt. Die angegebene Länge dürfte, da die Position der Quelle des Mwaru nicht bestimmt ist und die Theilstrecken in Nijansa-See, Cobscha-See, Mwutan bei der Ungenauigkeit der gegenwärtigen Aufnahmen nicht genau zu berechnen sind, mit einem mittlern Fehler von 50 Km. behaftet sein.

Amazonenstrome, Mississippi und Congo übertroffen. Von dieser Gesammtlänge des Nil entfallen auf die Strecke Mwaruquelle—Nijanja=See 620 Km., auf die Strecke Schimijumündung—Riponfälle 345 Km., auf die Strecke Riponfälle—Magungo 405 Km., auf die Strecke Ma=gungo—Labó 370 Km., Labó—Sobatmündung 700 Km., Sobatmündung—Chartum 840 Km., Chartum—Kairo 2660 Kilometer, Kairo—Bogas=Raschid (Rosettamündung) 225 Km.

Die Lauflänge von 6170 Km. gilt, wie bereits erwähnt, bei Annahme des Schimiju=Mwaru, des längsten Quell=flusses des Nil. Räumt man mit Stanley u. A. dem Kagera den Rang des eigentlichen Quellflusses ein, so reducirt sich diese Länge auf 6000 Km., doch ist diese Zahl nur appro=ximativ, da die Zuflüsse des Akenjaru=Sees bis zur Stunde noch ganz unbekannt sind; daß sie einerseits bis zum Massiv der Mfumbiro=Berge, andererseits bis in die Landschaft Urundi am Ostufer des Tanganjika reichen, ist sehr wahrscheinlich. Mir erscheint die Divergenz in der Auffassung des Ranges zwischen Kagera und Schimiju völlig bedeutungslos und der Streit ein müßiger, umsomehr als, die Richtigkeit der Erkundigungen Denhardt's vorausgesetzt, der Ruwana im Oberlauf Muhama genannt, sowohl seiner Lauflänge als auch seiner Wassermenge nach als Quellfluß des Nil concurriren darf. Den Anforderungen der Theorie, als richtige Quell= aber gelten zu können, entspricht weder der Kagera noch der Schimiju oder der Ruwana vollständig. Die Lauf= längen dieser drei in Betracht zu ziehenden Flüsse sind: Schimiju 620 Km., Kagera 450 Km., Ruwana 380 Km. Die Richtung des Hauptstromes behält der Schimiju am getreuesten bei, während der Kagera, welcher den Akenjaru= und Windermere=See entwässert, welche mithin als oberstes

Quellbecken des Nil aufzufassen sind, an der Mündung in den Nijanja 180 Mtr. breit, 26 Mtr. tief ist, und mit einer Geschwindigkeit von 1·8 Mtr. in der Sekunde dahin= strömt, mithin dem See ein Volumen von 7676 Kubikmtr. Wasser in der Sekunde zuführt. Seine Strömung und dunkle Färbung ist weit im See draußen noch sichtbar.*) Für den Schimiju und Ruwana liegen leider keine ähnlichen Messungen zur Vergleichung vor. Nach den Erkundigungen Denhardt's soll der Ruwana den Wuasindjiro=See ent= wässern, der mithin gleichfalls als Quellsee des Nil gelten müßte.**)

Sehen wir daher von dem Range der Quellflüsse gänzlich ab und verfolgen wir dieselben in ihrem Laufe. Der Schimiju entspringt als Mwaru auf der Hochfläche nördlich der Landschaft Ugogo, in einer Seehöhe von 1497 Mtr. unter 5½° südl. Br., bildet mithin die südlichste Quellader des ganzen Nilsystems. Schon nahe der Quelle ist das Wasser 6 Mtr. breit und 0·3 Mtr. tief, zur Schwellzeit, nach Eintritt des Maximums der Niederschlagsmenge, im Früh= jahre und Herbst (der Nordhalbkugel) ist jedoch der kleine Fluß 30 Mtr. breit und 5—6 Mtr. tief, so daß er seine 4—5 Mtr. hohen Ufer an vielen Stellen überfluthet. Bei Binjata wendet sich der Fluß in einem großen Bogen nach Westen, und später wieder nach Osten, und führt hier den Namen Monungu, ist bereits 27—55 Mtr. breit und 1 Mtr. tief, nimmt sodann links den Liwumbu, rechts den Luwembe und Duma auf und mündet nach einem Laufe von 620 Km. Länge in den Speke=Golf des Nijanja=Sees.

---

*) Stanley, »Durch den dunklen Welttheil« I. Bd. S. 235.
**) Originalkarte des äquatorialen Ostafrika von Cl. Denhardt. Petarm. Mittheil. 1881, Tafel 1.

Die Mündung bildet eine 365 Mtr. breite Einbuchtung des Speke-Golfs.*)

Der zweite Quellfluß des Nijanja-Sees, und mithin des Nil, ist der Kagera, von Stanley Alexandra-Nil getauft. Seine Quellen sind zur Stunde noch unerforscht, dürften jedoch mit großer Wahrscheinlichkeit im Norden der Landschaft Ruanda, im Massiv des Mfumbiro-Berglandes, und im Süden des Akenjaru-Sees in der Landschaft Urundi gesucht werden. Etwa unter 20^0 südl. Br. fällt der Quell-fluß in den Akenjaru-See (Alexandra-Nijanja), eine See-fläche, welche nach den Erkundigungen Stanley's am Hofe Rumanika's des Königs von Karagwe**) circa 5200 Qu.-Km. groß sein, und jedenfalls in einer Meereshöhe von 1300—1350 Mtr. liegen dürfte. Eine große, nahezu ein Drittel der Seefläche einnehmende Insel ›Ugufu‹ füllt den östlichen Theil des Sees aus, an welchem der Kagera den See verläßt und nun in eine meridianal verlaufende Thal-furche eintritt, welche nichts anderes als das durch Schilf und Papyrusdickichte in eine Reihe von 17 Seen und sie verbindenden fahrbaren Canälen gegliederte Bett des hier Ingezi genannten Flusses ist.

Auf einer Strecke von mehr als 100 Km. (113) besitzt diese vom Ingezi (Kagera) durchströmte Thalfurche eine wechselnde Breite von 700—18.000 Mtr. Unter den 17 Seen verdienen der Jhema-See am Westrande der Thalfurche mit einem Flächeninhalt von 118 Qu.-Km. und 6—21 Mtr. Tiefe, und der Windermere-See (Rweru), 51·2 Qu.-Km. groß, 13—15 Mtr. tief, merkwürdig durch)

---

*) Stanley, ›Durch den dunklen Welttheil‹. I. Bd. S. 170.
**) Stanley, ›Durch den dunklen Welttheil‹. I. Bd. S. 494—513.

sein eisenrostfarbiges Gestade, hervorgehoben zu werden. Die Breite der übrigen Seen schwankt zwischen 1·6—14·4 Km., die, schiffbares Fahrwasser bildenden Canäle, beiderseitig von den üppigsten Papyruswäldern auf 30 und mehr Meter Breite eingesäumt, haben 450—730 Mtr. Breite und in ihnen strömt das Wasser mit einer Geschwindigkeit von 1·3 Mtr. in der Secunde nach Norden. Unter circa 1° südl. Br. verläßt der Kagera diese Thalfurche und wendet sich nach Osten bis Nordosten, seine Breite wechselt auf dieser Strecke zwischen 73—180 Mtr., seine Tiefe schwankt zwischen 9—26 Mtr., seine Strömung beträgt 1·3—1·8 Mtr. in der Secunde. Noch vor der Einmündung seines bedeutendsten Nebenflusses, des aus Mpororo nach Osten strömenden und den Luampula-See entwässernden Kiware (Rwizi) stürzt die Wassermasse des Kagera über einen mächtigen Felsen in einem prächtigen Falle hinab, um sich dann, mit dem Kivare vereint, in den Nijansa zu ergießen. Die nach den Erkundigungen Stanley's auf den Karten figurirende Verbindung des zum Congosystem gehörenden Kivu-Sees mit dem Akenjaru möchte ich vorläufig als Vermuthung von sehr geringer Wahrscheinlichkeit außer jeder Erörterung lassen.*)

Als dritten bedeutendsten Zufluß des großen Nijansa-Seebeckens ist der Ruwana zu nennen, über dessen Quelle und Lauf wir indessen nur auf die Erkundigungen Stanley's, New's, Wakefield's und Denhardt's angewiesen sind. Nach der Darstellung des Letztern soll der im östlichen Theile des Speke-Golfs mündende Ruwana, welcher binnenwärts Ngare Dawasch genannt wird, aus mehreren Quellflüssen entstehen, welche an den Abhängen der mächtigen isolirten

*) Stanley, »Durch den dunklen Welttheil«. I. Bd. S. 508—515.

Bergmassen des Doinjo Sumbu, Erok la Matumbatu und
Doinjo Bari, von welchen die zwei ersteren mit ewigem
Schnee bedeckt sein sollen, ihren Ursprung nehmen. Schon
nach den Erkundigungen Krapf's und Rebmann's ist so
viel gewiß, daß die sämmtlichen Gewässer am Westabfalle
des durch die Massive Kilimandscharo und Kenia gekrönten
ostafrikanischen Hochlandes dem Nil tributär sind und in
den Nijansa fallen.

Der Nijansa selbst, fälschlich Ukerewe=See*) genannt,
von Speke der Königin Victoria zu Ehren Victoria=Nijansa
getauft, das große Reservoir des Nilstromes und das größte
afrikanische Süßwasserbecken, ist nach der Schilderung seines
Erforschers Stanley auch in landschaftlicher Hinsicht eine
Perle des ganzen Continents. Von Gestalt eines unregel=
mäßigen Vierecks, dehnt sich dieses herrliche Seebecken zwischen
0° 15' nördl. und 2° 30' südl. Br., sowie zwischen 31" 45'
und 34" 45' östl. L. v. Gr. in einer Meereshöhe von
1237 Meter**) im centralen Theile des ostafrikanischen Hoch=
landes aus. Von Bergen und Hügeln im Westen und Osten
umrahmt, welche an einzelnen Stellen, so z. B. an der Kagera=
mündung und in der Lewy=Bay, 200 Meter hohe Steilufer
bilden, ist nur der Süd= und Nordostrand auf kurze
Strecken flaches, welliges Hügelland. Ein reicher Inselkranz

---

*) Die Bezeichnung Ukerewe=See hat nur für den südlichen, die
Ukerewe=Insel umgebenden Theil Berechtigung.

**) »Stanley's Thermobarometrische Betrachtungen auf seinem
Zuge durch Afrika«. Pet. Mitthlg. 1882. S. 94. Von Dr. K. Zöppritz.
Irrthümlich habe ich in meinen beiden Arbeiten: »Afrika im Lichte
unserer Tage« und »Die mittlere Höhe Afrikas« die Seehöhe Ulagalla's
(Rubaga's, der Residenz Mtesa's, des Kaisers von Uganda) mit jener
des Seespiegels verwechselt. Rubaga liegt demnach in 1294 (1300
nach Hann) Meter Seehöhe.

ist dem Nord- und Ostufer vorgelagert, desgleichen säumen mehrere Inseln das Südwest- und Südufer des Sees ein. Die größte der Inseln, Sasse, im nordwestlichen Theile des Sees, bedeckt 2412 Qu.-Km. Fläche, ihr zunächst folgt die durch den schmalen Rugebzi-Canal vom Festlande der Ostküste getrennte Insel Ukerewe mit 1296 Qu.-Km. Fläche, während die übrigen großen Inseln, so: Ugingo, Ukara und Usuguri am Ostufer 170—300, die Insel Uvoma am Nordufer 240 und die Insel Bumbireh am Westufer 56 Qu.-Km. Fläche bedecken. Insgesammt nehmen die Inseln des Sees 6090 Qu.-Km. ein, so daß von der zu 75.225 Qu.-Km. berechneten Fläche des Sees 69.135 Qu.-Km. auf die Wasserfläche entfallen. Festland sowie Inseln sind mit üppigster tropischer Vegetation bedeckt, ein dichter Schilfgürtel säumt an zahlreichen Stellen, namentlich am Nordufer in der Nähe der kaiserlichen Residenz Rubaga, den 10—15 Meter hohen Strand. Die Tiefe des Sees, dessen Wasser eine blaue bis grünliche Färbung besitzt, ist bisher noch nicht gemessen: nahe dem Nordrande beträgt sie 20—25 Meter, im südlichen Theile, nahe der Ukerewe-Insel, 84 Meter.

Die Zahl der den See speisenden Flüsse und Flüßchen ist sehr groß; außer den bereits erwähnten verdient der Katonga genannt zu werden, dessen Quellen im südlichen Unyoro nahe der Wasserscheide zwischen Nil- und Congosystem liegen und der durch den Nabwari und Wakasjifluß verstärkt, 400 Meter breit und 2—3 Meter tief gegenüber der Sasse-Insel in den See mündet. Ein ziemlich bedeutender Strom ist auch namentlich zur Zeit der großen Niederschläge der an der Ostküste im Süden der mächtigen Goschi-Berge mündende Gori und der an der Südostküste mündende, nahe der Wasserscheide zwischen Congo- und Nilsystem in der Landschaft

Usui entspringende Lohugati. Nach den Beobachtungen Felkin's und Wilson's*) soll der See eine schwache Fluthbewegung zeigen und zur Schwellzeit der in ihn mündenden Flüsse (im October) um 1—1˙5 Meter steigen. Die Wassermenge, welche ihm aus dem Hochlande, in dem er eingebettet liegt, zugeht, darf gering geschätzt, auf 20.000 Kubikmeter in der Secunde veranschlagt werden. Die Ufer des Sees sind namentlich an der Ostküste tief eingebuchtet, am tiefsten schneidet im südlichen Theile der Speke-Golf und die den Jordan Nullah und Wamie aufnehmende inselbesetzte Bucht des Südufers in der Landschaft Usmau in das Land ein. Prächtige Baien sind ferner am Nordufer die Murchison-Bai im Süden der Residenz Mtesa's und der Napoleon-Canal, durch welchen die Gewässer des Sees als Victoria-Nil nordwärts der zweiten, niedrigeren Hochlandsstufe zu, abströmen.

Von Speke bis auf Stanley als ein Theil des Nijansa betrachtet, durch die Umschiffung dieses Sees durch Stanley als selbstständiges Seebecken nachgewiesen, liegt im Nordosten des Nijansa, ca. 100 Km. entfernt, der Baringo-See in einer Meereshöhe, die von jener des Nijansa nicht viel abweichen dürfte, und welcher nach den Erkundigungen der Forschungsreisenden ca. 200 Km. lang sein und eine Fläche von ca. 12.000 Qu.-Km.**) besitzen soll. Nach der Configuration des Hochlandes, soweit dieses im Norden und Osten des Nijansa bekannt ist, und nach den Aussagen der Eingebornen darf angenommen werden, daß der Baringo-

---

*) »Uganda and the Victoria Lake.« Proc. of R. Geogr. Soc. 1880. pag. 353—357.

**) Nach der Darstellung auf der Originalkarte des äquatorialen Ostafrikas von Cl. Denhardt 1:2,000.000. Peterm. Mittheil. 1881.

See durch) einen Zufluß des Nil entwässert wird; ob dies
durch den Assua, wie dies bisher vielfach behauptet wird,
oder aber durch einen Zufluß des Sobat geschieht, ist bis
zur Stunde noch unbekannt.*) Das Hochland, in welchem
diese beiden größeren Seebecken eingebettet sind, und welche,
wie ich bereits in der Einleitung hervorgehoben habe,
jedenfalls durch die Hebung der mächtigen Bergmassen im
Westen und Osten, sowie der Flächen im Süden des Nijansa
entstanden sind, ist übrigens reich an kleinen Seen, welcher
Seenreichthum zu der etwas trivialen und im Grunde genommen unrichtigen Vergleichung dieser Partie des äquatorialen Ostafrikas mit der europäischen Schweiz Veranlassung gegeben hat.**) Von den bemerkenswertheren kleinen
Seebecken will ich hier den Kijanscha-See in Karagwe
nennen, der uns durch Stanley bekannt wurde.

Die enorme Wassermenge des Nijansa findet durch
den Victoria-Nil, von den Eingebornen Uganda's Ki-ira
genannt, am Nordende des Napoleon-Canals ihren Abfluß
nach Nordnordwesten. Doch schon unter 0° 30' nördl. Br. hart
am Ende der Seebucht, der die Wasser entströmen, stürzt die
Wassermasse über den Hochlandsrand in den Riponfällen

---

*) Nach den neuesten Mittheilungen Dr. Emin Bey's verdankt
der Assua seine Wassermenge wesentlich dem Atabbi und den zahlreichen
Regenströmen, welche ihm am rechten Ufer zugehen, er selbst ist schon
circa 50 Km. oberhalb seiner Mündung ein unansehnlicher, brusttiefer
Wasserlauf. (Peterm. Mitthlg. 1882. S. 321 und Originalkarte der
neuesten Reisen des Dr. Emin Bey im Lande der Bari und Schuli
1 : 500.000. Taf. 15.)

**) Bei dem völlig abweichenden Charakter des ostafrikanischen
Hochlandes, das keine gegliederten Gebirgsketten und tiefeingeschnittenen Seemulden im Sinne unserer Alpen kennt, ist ein solcher Vergleich durchaus unzulässig.

3·6 Mtr. tief hinab. Der Victoria-Nil, welcher hier 457 Mtr.
breit ist, wird an den Fällen durch eine Felsenbarriére, welche
den Fluß von Ost nach West (beziehungsweise Nordost nach
Südwest) durchzieht, in vier Wasseradern von 82, 14, 55
und 22 Mtr. Breite getheilt, welche sich zwischen 13—18 Mtr.
hohen Steilufern unterhalb der Fälle wieder zu einem einheitlichen Wasser-Rinnsale vereinigen. An Breite stetig zunehmend,
ist der Strom, nachdem er oberhalb Kirindi und bei
Jiambo zwei Reihen von Stromschnellen überwunden hat,
bei Urondogani 640—910 Mtr. breit. Dies ist jedoch
keineswegs die Breite des Fahrwassers, welches durch
dichte Papyrus- und Schilfinseln sowohl in der Mitte, als auch
durch einen gleichartigen Ufersaum von wechselnder Breite
auf 100—150 Mtr. eingeschränkt wird. Zur Zeit des
Niederschlagsmaximums im October (und auch des zweiten
weniger intensiveren im April) überfluthet der Strom die
hier kaum 3—4 Mtr. hohen Ufer und schafft sich ein Inundationsgebiet von mehreren Kilometer Breite. Dann ist das
ganze Land zu beiden Seiten des Stromes und jeder anderen
Wasserader in den Landschaften Uganda, Usoga und Unjoro
mit knie- bis brusttiefem Wasser bedeckt, aus dem nur die
Dörfer der Eingebornen und die Terrainwellen sowie die
riesigen Termitenbauten hervorragen. Eine Legion von
Cheran (Plural von Chor = Regenbach) durchwühlt den
Boden und schwellt die Fluthen der größeren permanenten
Wasserläufe, in denen trotz der gesteigerten Strömung
Papyrus- und Lotospflanzen dichtverflochten die Rinnsale
füllen und stellenweise förmliche „schwimmende Brücken" bilden.

Von Urondogani ab ist der stattliche Strom bis
Foweira, der ägyptischen Militärstation an der großen
Kniebeuge seines nunmehr Sommerset-Nil genannten Laufes,

schiffbar. Nördlich des 1. Grades nördl. Br. erweitert sich das Strombett beständig und geht schließlich in den Gitanzige-See über, ein Süßwasserbecken von ca. 380 Qu.-Km. Flächeninhalt (das Nordende des Sees ist nicht erforscht),*) das der Strom durch die 3 Mtr. breite und 3 Mtr. tiefe Passage Magogo verläßt und nun den größeren inselbesetzten Cobdscha-See (ca. 800 Qu.-Km. groß) durchströmt, neuerdings an einer Andarra genannten Stelle am westlichen Ende des Sees auf 7·3 Mtr. eingeengt wird, bald nachher aber plötzlich wieder die Breite von 900—1000 Mtr. erlangt und die ägyptische Militärstation Mruli erreicht.

Bis hieher fließt der durchschnittlich 3—5 Mtr. tiefe Strom mit einer Geschwindigkeit von 0·8—1 Mtr. in der Secunde in nordnordwestlicher bis westnordwestlicher Richtung und überwindet, da der Spiegel des Flusses bei Mruli 1065 Mtr. über dem Meere liegt, bis hieher ein Gefälle von 172 Mtr., oder per Kilometer gleichmäßig vertheilt, 0·86 Mtr. Außer zahllosen Regenbächen nimmt der Strom auf dem linken Ufer den aus dem Sediwa und Katawama auf dem Hügellande Uganda im Norden des Nijansa entspringenden Luadscherri, ein in nördlicher Richtung strömendes, durch den Erguyu-Sumpf in den Gitanzige-See sich träge wälzendes Gewässer auf, das auf mehr als zwei Drittel seines Laufes (110 Km.) mehr einem continuirlichen, von zahlreichen Inseln erfüllten, 4—8 Km. breiten, von der üppigsten Sumpfvegetation durchwucherten, knie- bis brusttiefen Morast, als einem Flusse gleicht.

Bei Mruli selbst mündet der 73—100 Mtr. breite und sehr tiefe Kafu (170 Km. lang), welcher auf dem Hochlande

*) Siehe Karte des Gebietes zwischen den Nilquellseeen 1 : 1,400.000 von A. Petermann. Peterm. Mittheil. 1878. Taf. 21.

von Unjoro entspringt und südlich von Mruli den durch den
Ergugu verstärkten Mwerango aufnimmt, welche beide auf
dem Hügellande im Norden des Nijansa und westlich von
Rubaga entspringen und dort, wo Speke sie nahe der
Quelle überschritt, zur Regenzeit 360— 460 Mtr. breit und
2 Mtr. tief sind. Aehnlich wie der Luadscherri erweitert sich
das Flußbett des Kafu, namentlich an der Mwerango=
mündung, zu einem mehrere Kilometer breiten und langen
von Sumpfpflanzen überwucherten Moraste. Nach Aufnahme
des Kafu ändert der Nil seine Stromrichtung vollständig,
er wendet sich scharf nach Norden, später nach Nord=
osten und wieder nach Norden, welche Richtung er bis
Foweira (Fauwera) beibehält. Auf dieser 80 Km. langen
Strecke ist der Strom südlich der Niamesi=Insel 137 bis
160 Mtr. breit, 3—5 Mtr. tief, hat ein Gefälle von 29 Mtr.
(0·36 Mtr. per Kilometer) und eine Stromgeschwindigkeit
von 0·48 Mtr. in der Secunde. Hier gehen ihm am rechten
Ufer einige Cheran zu, von welchen der Kabuli der bedeu=
tendste ist. Bis zur Mündung des Chors Bedmote oder dem
Dorfe Atadi 8 Km. westlich von Foweira fließt der 229 Mtr.
breite Strom ruhig dahin, doch nun wartet seiner eine
gigantische Arbeit, der Durchbruch durch das granitische
Hochland.

Bei Foweira sich wieder nach Westen wendend und
in dieser Richtung der zweiten Hochlandsstufe, in welcher
der Mwutan=See eingebettet liegt, zustrebend, verengt sich
der Strom nun plötzlich auf 91 Mtr. und stürzt über einen
das Flußbett durchquerenden Felsriegel, die Karuma=Fälle,
ca. 2 Mtr. tief hinab. In einem engen, nun stellenweise
bis zu 183 Mtr. sich erweiternden felsigen Bette beiderseits
von 46—58 Mtr. hohen Felsenklippen begrenzt, von zahl=

reichen dichtbewaldeten Inseln (die bedeutendste, Patvau, liegt ca. 955 Mtr. über dem Meere unter 31° 55' östl. L. v. Gr.) erfüllt, ist der Strom genöthigt, in einer Reihe von neun bedeutenden Schnellen (Bedmote, Schonan-schondi, Taba, Nakoni, Ossaka, Kabia, Wade, Ketutu und Schoa Moru), welche jede Schifffahrt unmöglich machen, die Höhendifferenz zwischen dem Hochlande von Unjoro und dem Spiegel des Mwutan-Sees zu überwinden. Seine groß-artigste Leistung aber vollbringt er erst wenige Kilometer westlich der Schoa-Moru-Schnellen. Hier in dem Murchison-Falle (31° 51' östl. L. v. Gr.) stürzt sich die Wassermasse des Stromes in einem Falle 36 Mtr. tief hinab, während zu beiden Seiten des Stromes die mit der üppigsten tropischen Vegetation bedeckten Uferklippen zu 80—90 Mtr. Höhe auf-steigen, hinter welchen sich die unabsehbaren welligen Sa-vannenflächen, von Busch- und Galeriewäldern unterbrochen, ausdehnen. Es ist ein Bild von fesselndsten landschaftlichen Reizen, das Baker, der Entdecker des Falles, entwirft. Sich stetig erweiternd (bis 457 Mtr.), fließt nun der sich be-sänftigende Strom weiter nach Westen und mündet westlich der ägyptischen Militärstation Magungo in einer von zahl-losen, beschilften und von Wasserpflanzen überwucherten Inseln besetzten Seebucht circa 2—3 Km. breit in den Mwutan-See, das zweite Quellreservoir des heiligen Stromes der Aegypter.

Auf der 124 Km. langen Strecke von Foweira bis Magungo fällt der Strom 337 Mtr. tief hinab, also durch-schnittlich 2·7 Mtr. per Kilometer, seine Geschwindigkeit, welche durchschnittlich auf der Strecke zwischen den Karuma-Fällen und dem Murchison-Fall 1·8 Mtr. per Secunde beträgt, steigert sich unterhalb der einzelnen Schnellen und Fälle selbstverständlich bis auf das Vielfache, ermäßigt sich jedoch unterhalb des Murchison-Falls auf 0·45 Mtr. in der Secunde. Es ist nicht ohne Interesse, auf die Details dieser Gefällsverhältnisse einzugehen, es läßt sich daraus ermessen, welche gigantische Arbeit der Fluß bei Ausnagung seines Bettes durch den Rand des ostafrikanischen Hochlandes vollbringen mußte, andererseits, um eine Vorstellung zu erhalten, welche enorme Masse von festen Bestandtheilen (Erosionsmaterial) den Grund des Mwutan bedecken und zum Theile in den ausgedehnten Diluvial- und Alluvial-Ebenen Ost-Afrikas abgelagert wurden.

Es beträgt:

von	die See-höhe	die Entfernung zwischen	das Gefälle	p. Km. Mtr.
Foweira . . .	1036 Mtr.			
Karuma-Fall . .	1030 „	10 Km.	6 Mtr.	0·60
Aufina's Dorf . .	964 „	12 „	66 „	5·51
Schoa-Moru-Schnelle	952 „	42 „	12 „	0·28
Magungo	699 „	60 „	253 „	4·22

und wenn wir die Abschnitte von den Quellen des Schimiju-(Mwarn) ab berücksichtigen:

von	die See-höhe	die Entfernung zwischen	das Gefälle	v. Km. Mtr.
Mwaruquelle .	1497 Mtr.			
Schimijumbg. }		620 Km.	260 Mtr.	0·42
Riponfälle }	1237 „	200 „	172 „	0·86
Mruli . . .	1065 „			
Foweira . .	1036 „	80 „	29 „	0·36

mithin als Gesammtgefälle von der Mwaruquelle bis Magungo, auf einer Strecke von 1024 Km., 798 Mtr.*) Es sind dies

*) Ich habe mich bemüht, für die Seehöhe der einzelnen Orte die verläßlichsten Werthe einzusetzen, stieß jedoch dabei auf mancherlei Schwierigkeiten, namentlich bei einzelnen Orten, wo die berechneten Höhenwerthe nach den Beobachtungen dreier verschiedener Forscher große Differenzen zeigten. So z. B. die Seehöhe von Magungo, welche Hann im Mittel von 31 Beobachtungstagen (Einige Resultate neuerer meteorologischer und hypsometrischer Beobachtungen im äquatorialen Ostafrika. Peterm. Mittheil. 1880. S. 375) zu 699, Prof. Zöppritz (Peterm. Mittheil. 1880. S. 217) zu 643 (2 Mtr. über dem Fluß), Baker (Geographical Notes of the Khedive's Expedition in Central-Africa. Journal Roy. Geogr. Soc. 44. S. 376) zu 829 Mtr. berechnet. Für Foweira berechnet Hann 1147 Mtr., Zöppritz 1046 Mtr. Ich habe für Foweira die Zahl Zöppritz's acceptirt, da jene Hann's offenbar zu hoch ist, umsomehr, als die Berechnung für die Seehöhe von Fatiko im Schulilande bei Zöppritz 1178, bei Hann 1193 Mtr. deutlich zeigt, daß Foweira, welches nahe der Mündung des Kabuli liegt, der südlich von Fatiko entspringt und ein mit rascher Strömung zur Regenzeit dahinbrausender Regenbach ist, kaum nur 31 Mtr. tiefer liegen kann als Fatiko. Für Magungo habe ich der Zahl Hann's größeres Gewicht beigelegt, aus ähnlichen Gründen, da ich mit Rücksicht auf den Bericht Emin Bey's über seine Fahrt von Dufilé nach Magungo 1877 (Peterm. Mittheil. 1878. S. 220 u. ff.) nicht gut annehmen kann, daß der Nil auf der 175 Km. langen Strecke von Magungo bis Dufilé ein Gefälle von 6 Mtr. besitze, wie dies nach Zöppritz's Bestimmung der Seehöhe des Nilspiegels bei Dufilé (der Ort 5 Mtr. über dem Fluß 640) der Fall sein müßte, und was einem Gefälle von 0·03 Mtr. per Kilometer oder dem Verhältnisse 1 : 33000 gleichkäme, d. h. ein Gefälle nahezu doppelt so träg als das des Mississippi (eines der trägsten Ströme) im Unterlaufe. Hingegen entfallen nach Hann auf dieselbe Strecke 33 Mtr. Gefälle oder 0·18 Mtr. per Kilometer, was viel wahrscheinlicher ist. Die Genauigkeit der Höhemessungen nach Aneroid- und Thermobarometer-Angaben wird überhaupt noch längere Zeit zu wünschen übrig lassen, da wir ja vorläufig über die jährlichen Schwankungen des Luftdruckes im Innern

Verhältnisse, die sofort die Unschiffbarkeit des oberen Nil-
stroms erkennen lassen.

Das zweite Quellreservoir des Nil, der Mwutan-See,
von seinem Entdecker Baker auch Albert Njanza genannt, liegt
zwischen 1°10' und 2°17' nördl. Br., 30°35' und 31°30' östl. L.
v. Gr. auf der zweiten Hochlandsstufe des äquatorialen Ost-Afrika
in einer Meereshöhe von 699 Mtr. eingebettet. Seine Rolle
als Quellsee des Nil ist eigentlich sehr untergeordneter Natur,
der Sommerset-Nil durchströmt ihn nur an seinem nördlichsten
Ende auf einer Strecke von 15 Km., und die Zuflüsse des
Sees stehen weit hinter jenen des Nijanja zurück. In seiner
Längenachse von 160 Km. von Nordosten nach Südwesten
verlaufend, hat der See bei einer wechselnden (in der Mitte
größten) Breite von 10—48 Km. einen Flächeninhalt von
5600 Qu.-Km.*) Der Rand des Hochlandes tritt an einzelnen
Stellen in 300—450 Mtr. hohen Steilufern hart an den
See, läßt sonst einen nahezu 100 Mtr. breiten flachen, meist
mit Granit- und Gneisblöcken besäeten Küstensaum namentlich

Afrikas, von dreijährigen Beobachtungen an einzelnen Stationen abgesehen, keine hinreichenden Aufzeichnungen besitzen und selbst die
Annahme eines mittleren Luftdrucks von 760 Mm. im Meeresniveau
für das Innere nicht zweifellos sicher ist. Nach den neuesten Berech-
nungen der Ablesungen Dr. Emin Bey's durch Zöppritz stellt sich
die Seehöhe von Dufilé auf 617 Mtr., so daß dann die Zahl 641
bezw. 642 Mtr. für den Seespiegel des Mwutan dem Werthe nach
der Zahl Hann's (699 Mtr.) nahekommt. (Peterm. Mittheilg. 1882.
S. 329); da aber auch diese neuesten Zahlen nicht als definitive zu
betrachten sind, so behalte ich die Werthe 699 Mtr. für Magungo und
666 Mtr. für Dufilé bei, welche den Gefällsverhältnissen zwischen Ma-
gungo-Labó am besten zu entsprechen scheinen.

*) Durch die Umfahrung des Sees durch Mason 1877 ist
constatirt worden, daß der See kaum ein Drittel der ihm von Baker
gegebenen Größe (22.917 Qu.-Km.) besitzt.

im nördlichen Theile frei, auf welchem sich die Ansiedlungen der Eingebornen befinden.

Das Hochland, in welches der See eingebettet liegt, erreicht am Westufer, in den »Blauen Bergen« Baker's, 1500—2100 Mtr. Höhe, auf dem Ostufer verflacht sich das Hochland von Unjoro in nördlicher Richtung bis zu 950 Mtr. An großartigen Scenerien ist der an seinem Nordende 10—15 Mtr. tiefe See sehr reich, namentlich gewähren die bis zu 300 Mtr. hohen Wasserfälle sowohl am Ost- als auch am Westufer einen herrlichen Anblick. Im Süden des Sees ist dem eigentlichen festen Ufer, das durch zwei mächtige Kegelberge, Gallas und Agif (ca. 1520 Mtr. hoch)), markirt wird, ein großer ausgedehnter Ambatschwald vorgelagert, in dessen Nähe der See nur mehr 3—5 Mtr. tief ist, und womit der beste Beweis geliefert ist, daß der See hier thatsächlich seinen Abschluß findet und mit dem südwestlich liegenden, von Stanley entdeckten Muta-Nzige in keiner Verbindung steht. Unter den Zuflüssen des Sees am Ostufer (das Westufer ist noch zum großen Theile unerforscht) ist in erster Linie der Kaidschiri zu nennen, welcher auf dem Hochlande von Unjoro im Westen von Mruli entspringt und 2 Km. vor seiner Mündung in den See einen einzigen Wasserfall von 305 Mtr. Höhe bildet. Südlich vom Kaidschiri folgt die in einem Delta in den See mündende Tija, deren drei Mündungsarme drei hohe Fälle (Huima, Wahamba und Nanza) bilden. An seiner Südostecke empfängt der See den Missisi, der an der Mündung 1600 Mtr., oberhalb des 7 Km. ostwärts liegenden 46 Mtr. hohen Niambafalles noch immer 180 Mtr. breit ist und mit 0·9 Mtr. in der Secunde Strömung in den See fließt.

Im nördlichen Theile des Sees zwischen Mahagi am Westufer und der Insel Butinba am Ostufer ist das dunkel=meergrüne Wasser des Sees bei südlichen Winden mit schwimmender Vegetation (Pistia) bedeckt. Der Boden des in seiner Nordhälfte längs der Ufer nur 5—6 Mtr. tiefen Sees ist tiefschwarzer Humusschlamm oder röthlicher zäher Thon.*)

Bei seinem Austritte aus dem Mwutan=See strömt der 400—1500 Mtr. breite Nil als Bahr el Gebel in nord=nordwestlicher Richtung seinem Ziele zu. 40—45 Km. nördlich seiner Ausflußstelle erweitert sich der von zahlreichen Inseln besetzte Strom plötzlich auf 3—5 Km. und umfließt die circa 5 Km. lange und 1 Km. breite Insel Wadilei. Beide Ufer sind durch Bergketten eingesäumt, die namentlich am Westufer in der Landschaft Koschi nahe an den Fluß herantreten. Unmassen schwimmender Wasserpflanzen bilden im Verein mit Schlammbänken förmliche Barren, durch welche nur ein schmaler Canal führt, was die Schifffahrt (der Fluß ist von der Stelle unterhalb des Murchison=Falles bis Dufilé selbst für Dampfschiffe fahrbar) ziemlich beeinträchtigt, um=somehr als der Fluß nur 2—3 Mtr. tief ist. Oft ist der Strom von großen Steinblöcken, Residuen eines Querriffes, durchsetzt, den rothen Thonufern sind zumeist Papyrus= und Ambatschgürtel vorgelagert. Nördlich von Bora bilden wild übereinander gethürmte Blöcke am Ostufer eine Art Kette, die sich gegen das innere Land senkt, während das Westufer eine deutliche Inundationsfläche zeigt, welche im Westen durch eine hohe, fünfgliedrige Bergkette eingerahmt wird.

---

*) Emin Bey, »Ein Ausflug nach Lur«. Peterm. Mittheil. 1881. S. 4.

Vor der ägyptischen Militärstation Dufilé wendet sich
der Strom, der sich gleichzeitig auf 183—100 Mtr. verengt,
durch die Massive der Berge Meto, Ellingoah und Kuku
gezwungen, nach Osten und hierauf in einem großen Bogen
nach Nordwesten, welche Richtung er in der Hauptsache
(mit streckenweisen Abweichungen nach Nordost) bis Ghaba
Schambä (circa 7⁰ 4′ nördl. Br.) beibehält. Nördlich von
Dufilé durchbricht der Nil die zweite Hochlandsstufe in
einer Reihe von neun Stromschnellen, von welchen namentlich
die Fola-Schnellen südlich der Einmündung des Assua, die
Yerborah-Schnellen bei der Militärstation Muggi und
die Gongi-Schnellen südlich der Militärstation Kiri jede
Schifffahrt unmöglich machen. Nördlich von Kiri ist der
Fluß schon wieder schiffbar, da die Stromschnelle bei der
Inselstation Redschaf bei Hochwasser keine Schwierigkeiten
bietet. Unter 4⁰ 55′ nördl. Br. erreicht der Strom an der
Hauptstation der ägyptischen Verwaltung der Aequatorial-
Provinz, Ladó, die große ausgedehnte Flachlandsstufe der
Sumpfregion und der ostsudan'schen Alluvialebenen.

Nun hat der Strom seinen Charakter als Bergstrom
(daher auch sein Name Bahr el Gebel) abgelegt, er ist zum
Strome der Ebene geworden und ist ihm der Raum zu freier
Entfaltung gegeben. Schon bei der Station Muggi treten am
linken Ufer die Begleithöhen Djebel-Njiri, Njeso weiter zurück
und das Flußthal erweitert sich zusehends, desgleichen der
Strom selbst, der auf der Strecke Dufilé—Bedden nur
64—150 Mtr. breit, nun mit einem Schlage, bei reicher Inselbildung, die den Strom in viele Arme theilt, 400—550 Mtr.
Breite gewinnt. Die Scenerie des Flußlaufes zwischen Dufilé
und Ladó ist stellenweise eine ungemein prächtige. In tief
eingerissenem Bette braust der blaue Fluß in tausend kleinen

Cascaden und Schnellen dahin, am Ostufer steigen die
Hügel allmählich zu üppig bewaldeten Bergen auf, während
am Westufer Hügel mit Parkland und gelbweißen
Sandflächen mit chaotisch durcheinander geworfenen Stein=
blöcken wechseln, und waldige kleine Eilande den Fluß
zieren.*)

Zwölf Kilometer vor Ladó strömt der Fluß an einer
Oertlichkeit; die in der Erforschungsgeschichte Afrikas so oft
genannt wurde, an Gondokoro, der ehemaligen katho=
lischen Mission; heute ist dieselbe nur ein von üppigster
Vegetation bedeckter cultivirter Fleck Erde mit den Ruinen
der Missionsgebäude. Der Fluß, welcher in Dufilé
666 Mtr. (nach Zöppritz's Berechnung 635 Mtr.) über
dem Meere liegt, hat bei Kiri nur noch 497, bei Ladó
465 Mtr. Seehöhe, und das Gefälle auf der Strecke Dufilé—
Kiri, auf welcher die größten und zahlreichsten Schnellen vor=
kommen, beträgt 168 Mtr., mithin per Kilometer der 110 Km.
langen Strecke 1·5 Mtr.; auf der 85 Km. langen Strecke
Kiri—Ladó beträgt das Gefälle nur mehr 33 Mtr.,
oder 0·4 Mtr. per Kilometer. Die Strömung, welche
zwischen Dufilé und Kiri die eines reißenden Bergstromes
ist, hat sich bei Gondokoro auf 1·3 Mtr. in der Secunde
ermäßigt.

Auf der Strecke Magungo—Ladó empfängt der Bahr
el Gebel außer einer großen Zahl von periodischen, zur
Regenzeit hochangeschwollenen, sonst aber trockenen Regen=
bächen, einige größere Zuflüsse am rechten Ufer, unter
welchen der bereits erwähnte Assua, welcher zur Trockenzeit ein

*) Siehe Emin Bey, »Von Ladó nach Dufilé«. Peterm. Mittheil.
1878. S. 217—220.

unbedeutendes, selbst nahe der Mündung nur 20—22 Mtr.
breites und 85—90 Ctmtr. tiefes Gewässer, zur Regenzeit aber
einen brausenden Bergstrom von 50—100 Mtr. Breite und
2—3 Mtr. Tiefe bildet, der bedeutendste ist. Nahe seiner
Mündung in den Nil, unterhalb der Fola-Schnellen, geht
ihm aus dem Berglande Schuli, im Osten des Nil, der
Atappi, ein zur Trockenzeit 20 Mtr. breiter, 1—1½ Mtr.
tiefer permanenter Gebirgsstrom, zu, der selbst wieder beiderseits zahlreiche Cheran aufnimmt. Zwischen Dufilé und
den Fola-Schnellen nimmt der Nil ferner den Chor Ungama
und Chor Dscheïsi, zwei Bergströme, auf, von welchen namentlich der im südlichen Schulilande in mehr als 1200 Mtr.
Seehöhe entspringende und von zahlreichen Cheran gespeiste
Ungama zur Regenzeit eine respectable Wassermenge führt.
Südlich der Station Redschaf mündet der in den Labull-
bergen der Lattuka-Landschaft entspringende Chor Kitt, gleichfalls ein 20—50 Mtr. breiter, 1—1½ Mtr. tiefer Bergstrom,
wie die übrigen, von Felsschutt und Steintrümmern, den Ero-
sionsproducten aus dem östlichen Berglande, angefüllt. Südlich
von Ladó endlich mündet noch ein anderer Chor, Kaduë genannt,
dessen Quelle in der Bergmasse des Dschebel Ekare im Obbolande
liegt. Zur Regenzeit führen alle diese Gebirgsströme 1 bis
1½ Mtr. höheres Wasser, wie dies die Fluthmarken an
den steil eingeschnittenen Ufern zeigen. Das Bergland im
Osten des Nil, zwischen 3° und 5° nördl. Br., ist überhaupt
ungemein wasserreich, eine große Zahl von Cheran (Chor
Ginetti, Chor Khos, Chor Tu), zur Trockenzeit voll Fels-
blöcke und Sandinseln, zur Regenzeit mit Wasser gefüllt,
strömt nach Norden und soll sich in den Sümpfen des
Nilgebietes zwischen 5° und 9° nördl. Br. verlieren. Desgleichen sollen mehrere nach Südosten abfließende Regenströme,

wie der permanente Oforro und der Chor Baggär, sich in
Sümpfen verlieren.*)

Unter den dem Strome am linken Ufer zugehenden
Cheran sind der zur Regenzeit 37—152 Mtr. breite,
2- 4 Mtr. tiefe Chor Lurit, welcher oberhalb Gondoforo
mündet, der Chor Kaia und Chor Aju, welche im Berglande
im Westen entspringen, die bedeutendsten.

Bei allen diesen Zuflüssen nördlich des 4. Breitengrades
sind die hydrometrischen Dimensionen von der Jahreszeit
abhängig; in der Regenzeit (Charif), welche nun deutlich
ausgesprochen, von April bis September währt, sind die
Rinnsale alle gefüllt, zur übrigen Zeit versiegt der größte
Theil der sogenannten Cheran, im Gegensatze zu den Verhältnissen in Uganda und Unjoro, wo eine eigentliche Trockenzeit nicht besteht.

Mit dem Eintritte des Nil in die große ostsudan'sche
Erhebungslücke ändert sich der Charakter des Stromes, wie
bereits erwähnt, und auch seiner Zuflüsse, die sich namentlich
auf seinem linken Ufer fächerartig entwickeln, vollständig.
E. Marno, dessen scharfe Beobachtungsgabe ihn unter vielen
Afrikaforschern neben Schweinfurth, Nachtigal, Rohlfs
und anderen besonders auszeichnet, schildert diese Veränderungen im Charakter des Nil und seiner Zuflüsse in der
Sumpfregion des äquatorialen Nilsystems so klar und
anschaulich,**) daß wir im Auszuge seiner Darstellung folgen
wollen.

*) Originalkarte der neuesten Reisen. Aufnahmen von Dr. Emin
Bey und J. Lupton im Gebiete der Bari, Lattuka und Schuli. 1880
bis 1881. 1 : 500.000. Peterm. Mittheil. 1882. Tafel 12.
**) E. Marno, »Die Sumpfregion des äquatorialen Nilsystems
und deren Grasbarren«. Peterm. Mittheil. 1881. S. 41:—426.

„Im Gegensatze zu den Flüssen des östlichen Nilsystems, also namentlich zu den im abessinischen Hochlande entspringenden besitzen die Nilzuflüsse im äquatorialen Gebiete ein kurzes Berggebiet und langes Thalgebiet mit minder deutlich ausgesprochenen Betten; keine Hochufer dämmen das während der Regenperiode abströmende Wasser ein. Die Ufer selbst, wo von solchen überhaupt die Rede sein kann, verflachen sich in das ebene Land, welches mit ihnen fast dasselbe Niveau zeigt. Hiedurch wird ein mehr oder minder ausgedehntes, beständiges Innundationsgebiet geschaffen, welches so die günstigsten Verhältnisse darbietet, um die aus dem Berggebiete herbeigeschwemmten Sedimente abzulagern, wodurch Veränderungen in der Richtung des Laufes, Erhöhung des Bettes, Verminderung des Gefälles, sowie Nivellirung des ganzen Gebietes verursacht wird, Vorgänge, welche durch Jahrhunderte und Jahrtausende fortdauernd, mit der Zeit dem ganzen Gebiete eine andere Gestaltung geben müssen."

In dem ausgedehnten ebenen Flachlande nördlich des 5. Grades nördl. Br. verliert der Bahr el Gebel alle Anzeichen eines Gebirgsflusses und folgt in der nur von wenigen isolirten Erhebungen unterbrochenen Ebene dem geringen Terrainabfalle, bildet zahlreiche Inseln und Sandbänke, größere und kleinere Arme und Canäle, die Strömung nimmt immer mehr ab, die Ufer verflachen gänzlich, so daß der Flußlauf zahlreiche Wasserbecken im eigenen Bette bildet, und strömt in unzähligen Windungen gegen Norden, bis er unter 9° 29' nördl. Br. und 30° 34' östl. L. v. Gr. mit dem fast direct von Westen kommenden, aus zahlreichen Nebenflüssen des westlichen und äquatorialen Nilbeckens sich bildenden und ebenfalls den Charakter eines Flusses der Ebene zeigenden Bahr el Ghaial zusammenfließt.

Beide Flüsse bilden hier ein ausgedehntes Wasserbecken,
den Mokren el Bohur, auch Maije oder Birket el Ghasal
(Noo-See der älteren Karten) genannt. Die Folge dieser Verhältnisse ist, daß der Fluß auf der Strecke von Ghaba Schambä
(7° nördl. Br.) bis zur Einmündung des Bahr el Ghasal
zur Regenzeit ein Inundationsgebiet von mehr als 100 Km.
Breite besitzt, die ganze Gegend ist dann in ein Sumpfgebiet umgewandelt. Einen nicht geringen Einfluß auf die
Veränderungen des Flußlaufes und die reiche Entwicklung
von Vorder- und Hinterwässern muß man der Vegetation
zuschreiben, indem diese hier Abtragungen hindert, dort
Ablagerungen begünstigt und umgekehrt. Der größte Theil
der als Sumpfgebiet des oberen Nil bezeichneten Strecke ist
Steppe mit üppigster Hochgrasvegetation. Meilenweit ist die
Umgebung des Nil und auch seiner Verzweigungen mit
Gräsern (Vossia, Saccharum spontaneum) bedeckt, deren
Wurzelstöcke im Wasser schwimmend, mit seiner Oberfläche
sich heben und senken und die Wasserfläche mit einem
wogenden Halmenwald wie mit einem schwimmenden Teppich
bedecken. Streckenweise dagegen sehen wir die normale Land-
und Wassergrenze mit dichten und hohen Papyrusbeständen
mauerähnlich eingesäumt, deren knorrige Wurzelstöcke im
Moraste festwurzeln, das Erdreich befestigen und Ablagerungen begünstigen.

Während und nach dem Hochwasserstande werden nun
häufig Complexe der flottirenden Hochgrasvegetation los-
getrennt, durch Strömung und Winde hin- und hergeführt,
endlich stromabwärts getrieben, bis sie sich wieder an seichten
Ufern oder Hochgrasvegetation festsetzen und an jähen Windungen und engen Stellen den Fluß nach seiner ganzen
Breite besetzen. Die geringe Strömung besitzt nicht die

Kraft, dieses Hinderniß zu beseitigen, während aber immer
neue Complexe von schwimmender Hochgrasvegetation zugeführt werden. Durch den zunehmenden Druck des dadurch
gestauten Wassers werden diese schwimmenden Grasinseln
zusammengepreßt, die neu hinzukommenden unter die früheren
geschoben, so daß endlich der Fluß nicht nur seiner ganzen
Breite nach und auf einer größeren oder geringeren Strecke
seiner Länge, sondern auch in die Tiefe mit Vegetation
erfüllt wird. Dadurch entsteht schließlich eine für die Schifffahrt unpassirbare Grasbarre, welche dort zu Lande »Sett«
genannt wird. Die Dichte, Elasticität und Festigkeit dieser
Barren ist so groß, daß Dampfschiffe, welche bis an die
Räder eindringen, wie von elastischen Polstern zurück-
geschnellt werden; Menschen können darauf lagern u. s. w.
Erreichen diese Barren eine gewisse Länge und Mächtigkeit,
so ist der Fluß außer Stande, solche Barren selbst bei
nachfolgendem Hochwasser aus eigener Kraft zu entfernen,
und der Mensch muß hier diese Arbeit verrichten.

Die Absperrung des Flußlaufes durch solche Grasbarren zeigt gewisse Perioden, wie dies aus der Geschichte
der Entdeckungsreisen im oberen Nilgebiete hervorgeht. So
in den Jahren 1863, 1870, 1872 und endlich in den Jahren
1878—1880, sowohl im Bahr el Gebel, Bahr Seraf als
auch im Bahr el Ghasal. Namentlich die letzte Settperiode
sperrte den Bahr el Gebel durch nahezu zwei volle Jahre
für jede Schifffahrt zwischen 7° und 9° nördl. Br., bis es
den Anstrengungen E. Marno's gelang, den Fluß der
Schifffahrt wieder zu eröffnen.

Verfolgen wir nun den Strom auf seinem weiteren
Laufe von Labó abwärts. In einer Breite von 320 Mtr.
strömt der zahlreiche Inseln und Arme bildende Bahr

el Gebel anfänglich nach Nordnordoſt, ſpäter nach Nord,
um in zahlloſen Windungen in nordweſtlicher bis nord=
nordweſtlicher Richtung jene Stelle zu erreichen, wo ihn die
Waſſermaſſe des aus Weſten kommenden Bahr el Ghaſal,
unter einem rechten Winkel einfallend, zur Annahme eines
öſtlichen bis oſtſüdöſtlichen Laufes zwingt. Die anfänglich
1—2 Mtr. hohen Ufer werden immer flacher, einzelne Hoch=
bäume treten an Stelle der Wälder (Ghaba) und bilden
die eigentlichen Ufermarken, da zur Regenzeit die flachen
Flußufer gänzlich verſchwinden. Südlich des 6. Breitengrades
zweigt ſich in nordöſtlicher Richtung ein Flußarm ab, welcher
nach Ausſage der Araber in den Bahr Seraf gehen ſoll,
ein anderer geht wenige Minuten ſüdlich des 7. Breiten=
grades eben dahin, während der Bahr Seraf ſelbſt unter
7° 22′ nördl. Br. ſich vom Hauptſtrome abzweigt und in
nordnordöſtlicher Richtung in unzähligen mäanderartigen
Krümmungen die Waſſermaſſe träge abwärts führt, um den
Bahr el Gebel unter ca. 31° 20′ öſtl. L. v. Gr. wieder zu
erreichen.

Die durch den Bahr el Gebel und ſeinen öſtlichen Arm,
den eben genannten Bahr Seraf, gebildete deltaförmige
Inſel, 220 Km. lang und 10—80 Km. breit, bildet die
eigentliche Sumpfregion des oberen Nilſyſtems; bis hieher
war ſchon unter Kaiſer Nero (60 Jahre n. Chr.) eine
Expedition vorgedrungen. Die Breite des Stromes iſt
hier eine zweifache, d. h. man muß die Breite des Inun=
dationsgebietes von jener des ſchiffbaren Fahrwaſſers zur
Trockenzeit unterſcheiden. Während das erſtere anfänglich nur
an einem Ufer abwechſelnd ſich entwickelt, je nach der Höhe
und Solidität der Ufer, ſpäter (nördlich von Schambä) über
beide Ufer ſich ausbreitend, in ſeiner Breite zwiſchen 2—25 Km.

schwankt, ist das Fahrwasser 6—141 Mtr. breit. Die Zahl
der in ihrer Form, Größe und ihrer topischen Lage von
Jahr zu Jahr sich verändernden Hinter- und Seitenwässer, zuweilen ausgedehnte Moräste oder seichte Seen bildend,
nimmt nördlich von Ghaba Schambä immer zu.*) Einzelne
dieser Maijat (Plural von Maije) genannten Seitenwässer bieten
oft die einzige Möglichkeit, durch Grasbarren verlegte Stellen
des Fahrwassers im Hauptstrome zu umgehen. Dieselben
Verhältnisse, nur noch verschärft, herrschen am Bahr Seraf,
dessen schmales Fahrwasser und geringes Gefälle die Schifffahrt selbst für Dampfer sehr schwierig macht und meist
gänzlich verhindert, da der Flußarm sehr häufig von
langen Grasbarren verstopft ist.

Dort, wo der Bahr el Ghasal im rechten Winkel den Lauf
des Bahr el Gebel trifft, müßte sich unter den vorerwähnten
geophysikalischen Verhältnissen eine permanente Wasser-
ansammlung bilden, eine seeartige Erweiterung der Confluenz. Eine solche ist auch nun der zuweilen von schwimmenden Grasinseln dicht erfüllte, circa 16 Km. lange (von
Ost nach West) und 2—6 Km. breite sogenannte Mokren
el Bohur. Hier geschieht es sehr oft, daß der an der Nordostecke des Mokren mit einer Breite von 50 Mtr. mündende
Bahr el Gebel trotz seiner Tiefe von 7—8 Mtr. durch Gras-
massen völlig verlegt wird, ein Vorgang, der leicht erklärlich
ist, wenn man den Umstand erwägt, daß die Wassermenge des
Bahr el Ghasal (dessen hydrographischen Charakter wir in

*) Siehe Originalaufnahme des Weißen Nil von Chartum bis
Rigaf von Watson und Chippendall 1 : 2·200.000. Peterm. Mitth.
1877 Tafel 9 und E. Marno's Aufnahme des mittleren Bahr el
Abiad und des Bahr el Seraf 1 : 500.000. Peterm. Mittheil. 1881.
Tafel 20.

der Folge näher kennen lernen werden) nothwendigerweise die flottirenden Vegetationsmassen unter großem Druck an die Mündung des Bahr el Gebel pressen muß.

Daß die zur Schwellzeit große Wassermasse in dem nun nach Osten gedrängten Bette des Bahr el Gebel, der hier den Namen Bahr el Abiad (Weißer Fluß) angenommen hat, nicht Raum findet, ist selbstverständlich; abgesehen von großen ausgedehnten Maijat (unter ihnen trägt ein Maije den Namen Signora, nach Frl. Tinne, der holländischen Forschungsreisenden), ergießt sich die Wassermenge in den zunächst mit dem Hauptstrome parallel verlaufenden durch zahlreiche Seitenwässer mit demselben in Verbindung stehenden Chor Jamakama, welcher einige Kilometer vor der Sobatmündung in den Hauptstrom einmündet. Die Ufer des Stromes, dessen Fahrwasser auf dieser Strecke zwischen 37 und 82 Mtr. Breite schwankt, sind meist, durch hohes Gras verdeckt, unsichtbar, erst in einer Entfernung von 2—3 Km. zu beiden Seiten bezeichnen Talhabüsche und Hochbäume sowie Deleb und Dumapalmen die Grenze des Inundationsgebietes. Unmittelbar östlich der Einmündung des Chor Jamakama erreicht der Bahr el Abiad eine Breite von 1097 Mtr. und wird durch den aus Südosten kommenden Sobat aus seiner östlichen Laufrichtung nach Nordosten gedrängt.

Der Strom durchfließt nun das Gebiet der Schilluk und bildet, sich stetig erweiternd, eine Reihe von Inseln (Schilluk-Inseln), während die Ufer, flach und sumpfig, zur Schwellzeit auf mehrere Kilometer Breite inundirt sind. Nördlich der größeren Insel Matenieh wendet sich der Strom nach Norden und behält bis zur Confluenz mit dem Blauen Nil bei Chartum im Allgemeinen diese Richtung.

4*

Seine Breite ist hier sehr variabel und schwankt zwischen 229 und 6400 Mtr., letztere Dimension besitzt er zwischen El Kaueh und El Salajiah. Das Landschaftsbild ist auf dieser Strecke ein, trotz seiner Monotonie, großartiges; Wälder und unabsehbare Savannen wechseln mit einander ab, die Strominseln werden immer zahlreicher und einzelne erreichen, wie z. B. die Insel Abbah, beträchtliche Dimen=sionen. Massen von Ambatsch und Bossiagras bedecken den Fluß und engen das Fahrwasser ein.

Die Tiefe des Stromes zwischen Labó und Chartum schwankt zwischen 3—9 Mtr., die Stromgeschwindigkeit zwischen 0·2 und 1 Mtr. in der Secunde, je nach der Ge=staltung des Flußlaufes und der Breite und Tiefe des Fahrwassers und dem Gefälle. In der Sumpfregion zwischen Ghaba Schambä und der Mündung des Sobat ist sie an einzelnen Stellen nahezu Null. Die Gefällsverhältnisse bieten manches Interesse und sollen hier angeführt werden. Es beträgt:

	die Seehöhe	die Lauflänge zwischen in Km.	das Ge=fälle in Mtr.	p. Km. Lauflänge in Mtr.
von Labó . .	465	160	24	0·15
„ Bor	441	150	17	0·11
„ Ghaba Schambä	424*)	560	20	0·035
„ Faschoda . .	404	680	26	0·039
„ Chartum . . .	378			

*) Ein eclatantes Beispiel für die Unsicherheit der barometrischen Höhenmessungen im Sumpfgebiete des oberen Nil bieten die Seehöhen der Stationen Bor und Ghaba Schambä. Aus den Siedepunktbestim=mungen Dr. Emin Bey's und E. Marno's zu Bor und Ghaba Schambä im April 1880 berechnete J. Hann für Bor 402, für Ghaba Schambä 349 Mtr. (Einige Resultate neuerer meteorologischer

Halten wir uns angesichts dieser Gefällsverhältnisse und der vorerwähnten Stromgeschwindigkeit die enorme Wassermenge des vereinigten Bahr el Ghasal und Bahr el Gebel, sowie die topische Beschaffenheit des Gebietes vor

---

und hypsometrischer Beobachtungen im äquatorialen Ostafrika. Peterm. Mittheil. 1880, S. 376), nach den Beobachtungen Marno's an einem Aneroide im December 1874 für Chartum 394 Mtr., für Faschoda 420, für Ghaba Schambä 440, für Bor 480 Mtr., im April 1875 für Faschoda 405, für Ghaba Schambä 436 Mtr. (E. Marno, Reise in der ägyptischen Aequatorialprovinz 1874—1876. Anhang S. 89 und 91.) Petherik berechnete für Ghaba Schambä 363 Mtr. Daß die Seehöhen Ghaba Schambä mit 349 und 363 Mtr. gänzlich außer Betracht fallen müssen, ergibt ein Vergleich mit der Seehöhe von Schendy zu 354·8 Mtr., die durch ein directes Nivellement von Suakin aus 1867 ermittelt wurde. (Statistique de l'Egypte 1873, 2me partie pag. 8.) Desgleichen die Seehöhe von Bor zu 402 Mtr., ebenso wird auch die Seehöhe von Faschoda, welche 480 Mtr. betragen sollte, direct durch die hydrometrischen Verhältnisse des Stromlaufes widerlegt. Von Chartum ausgehend, woselbst der Spiegel des Nil bei niedrigem Wasserstande direct durch Nivellement zu 378 Mtr. bestimmt wurde, habe ich die Seehöhe von Ghaba Schambä durch Anbringung einer Correction von − 12 Mtr. an der von Hann berechneten Seehöhe von 436 Mtr. (nach den Beobachtungen im März und April 1875) bestimmt und die Seehöhe von Bor darnach auf 441 Mtr. geschätzt, indem ich das Gefälle des Stromes und die Stromgeschwindigkeit zwischen Ladó und Ghaba Schambä zur Basis meiner Schätzung machte. Die großen Differenzen in den Seehöhen bei Ghaba Schambä zeigen deutlich, daß die Berechnung derselben auf Basis der gleichzeitigen Beobachtungen in Ladó oder Chartum zu verschiedenen Jahreszeiten untereinander nicht vergleichbar sind. Selbst die Seehöhe von Ladó mit 465 Mtr. steht keineswegs sicher, sie dürfte durch ein directes Nivellement gemessen jedenfalls einen höheren Werth erhalten. Als einziger fixer Punkt für die Höhenbestimmungen der Stationen im äquatorialen Nilgebiete kann daher nur Chartum gelten.

Augen, so bedarf die Bildung des riesigen Inundationsgebietes keiner weiteren Erklärung. Bevor ich zur Besprechung des Systems der westlichen Nilzuflüsse übergehe, sei
hier mit wenigen Worten darauf hingewiesen, daß der Nil
als einer der die meridianale Richtung im Allgemeinen am
getreuesten einhaltende Stromlauf der Erde durchaus keine
unwiderleglichen Beweise für die Richtigkeit des Baer'schen
Gesetzes liefert. Wenn die Baer'sche Annahme ein Natur-
gesetz involviren würde, müßte das Inundationsgebiet des
Nil in der äquatorialen Sumpfregion vorherrschend auf
dem linken, also westlichen Ufer entwickelt sein; dies ist
jedoch nicht der Fall, die festen hohen Ufer des Stromlaufes liegen abwechselnd bald auf der östlichen, bald, ja
meistens auf der westlichen Seite, und an den flachen Ufer-
stellen, welche überwiegen, breitet sich das Inundationsgebiet
gleichzeitig zu beiden Seiten aus.

Ich habe schon bei den einleitenden Betrachtungen
des allgemeinen Charakters der afrikanischen Flüsse die
einseitige Entwicklung des Hauptstromes im Verhältnisse zu
seinen Zuflüssen hervorgehoben. Der Nil speciell läßt sich
mit einem Stamme vergleichen, der nur an zwei Stellen
seiner mittleren Höhe büschelförmig seine Aeste ausbreitet;
die eine Gruppe von Nebenflüssen, welche sich zu einem
Strome, dem Bahr el Ghasal, vereinigt, der an Volumen
den Bahr el Gebel weit übertrifft und mit demselben Rechte
wie der Blaue Nil den Rang eines Quellflusses zweiter
Ordnung beanspruchen dürfte, empfängt der Nil hier am
Nordende seines Sumpfgebietes von den Abhängen der nordäquatorialen Hauptwasserscheide des Continents, aus dem
Westen; die zweite Gruppe geht ihm aus Osten aus dem
nördlichsten Vorwerke des ostafrikanischen Hochlandes zu.

In hydrographischer Beziehung ist das westliche System von speciellem Interesse.

Auf einem Raume von circa 450.000 Qu. Km. finden wir hier neun Flüsse, welche von der westnordwestlich verlaufenden 900—1300 Mtr. hohen nordäquatorialen Wasserscheide herabkommend, in nördlicher bis östlicher Richtung dem Bahr el Gebel zugehen und ihm eine Wassermasse zuführen, die sich vorläufig auf mehr als 2000 Kbmtr. in der Secunde schätzen läßt. Im selben Maße als wir vom Bahr el Gebel nach Westen vorgehen, zeigt der Lauf der Flüsse immer deutlicher die Tendenz nach Osten, so daß endlich der Bahr el Arab oder el Homr nun nahezu einen rein östlichen Lauf hat. Bei der Richtung der Wasserscheide nach Nordwesten durchfließen daher auch die östlichen Zuflüsse eine größere Strecke in der Ebene als die westlichen, und dem entsprechend zeigen die östlichen und mittleren auch in der Ebene ähnliche Erscheinungen wie der Hauptstrom, erhöhtes Bett, breites Inundationsgebiet, ungleich vertheiltes Gefälle, Nivellirung des ganzen Thalgebietes u. s. w. Im Berggebiete, dessen beispiellosen Wasserreichthum Schweinfurth wiederholt hervorhebt,*) haben die Flüsse, namentlich die westlichen, tief eingeschnittene Felsenbetten und erhalten von ihren Uferwänden ununterbrochenen Zufluß von rieselnden Quellen. Haben die Flüsse endlich den Fuß der wasserscheidenden Bodenschwelle erreicht, so verflachen sich ihre Ufer und überschwemmen, von zahlreichen Nebenflüssen, welche fast durchwegs einen auffallenden Parallelismus zeigen, gespeist, die von Buschwald und einzelnen Baumgruppen unterbrochenen Savannen der Dinkagebiete. Dabei ist es nicht minder auf-

---

*) Schweinfurth, »Im Herzen von Afrika«. S. 543—544.

fallend, daß die Summe aller dieser Gewässer im Quellgebiete
zu dem Wasserquantum, welches zur gewöhnlichen Zeit im
Unterlaufe der Flüsse geführt wird, in keinem leichtbegreif=
lichen Verhältnisse steht.*) Schweinfurth hat dies jedoch
in vollkommen plausibler Weise dahin erklärt,**) daß die
Flüsse, da sie auf ihrem Mittel= und Unterlaufe wenige und
unbedeutende Zuflüsse erhalten, ein bedeutendes Wasser=
quantum durch Verdunstung verlieren. Im Großen bietet ja
auch der Hauptstrom dieselbe Erscheinung, der bei jeglichem
Mangel an Zuflüssen im Unterlaufe durch Infiltration und
Verdunstung eine große Wassermenge verliert und zur Zeit
des tiefsten Wasserstandes keine Vorstellung seines Volumens
zur Schwellzeit zuläßt.

Die Folge des staunenswerthen Wasserreichthums im
Quellgebiete dieser westlichen Nilzuflüsse ist ein . durch die
sogenannten Galeriewälder charakterisirtes Landschaftsbild,
wie es uns Schweinfurth in trefflicher Weise geschildert hat.

In westlicher Richtung von Ladó vordringend, stoßen
wir zunächst auf den Chor Langabja, einen circa 100 Km.
langen, im Oberlaufe 20--30 Mtr. breiten und 1—1½ Mtr.
tiefen Regenstrom, der circa 50 Km. nördlich von Ladó in
den Bahr el Gebel mündet. Ihm folgt der Bahr el Ghul,
aus dem Chor Kini und Chor Erambe (nach Poncet) ent=
stehend, von welchem der erstere im Regogebirge, der letztere
im Miregebirge ihre Quellen haben, und nach 130 Km.
Lauf sich vereinigend, nach weiteren 90 Km. Lauflänge als
Bahr el Ghul nördlich von Bor in den Bahr el Gebel münden.
Der folgende Jeï, im Unterlaufe Aji und Djemit genannt,

*) Junker, »Die ägyptischen Aequatorialprovinzen«. Peterm.
Mittheil. 1880. S. 86.

**) Schweinfurth, »Im Herzen von Afrika«. S. 558—560.

entspringt circa 1300 Mtr. hoch auf der Wasserscheide
zwischen Nil und Uëlle, nimmt den Tabdo und Bibe, letzterer
ein 22 Mtr. breiter, 0·3—·2 Mtr. tiefer (im Charif 100 Mtr.
breit, 2—4 Mtr. tief) Chor, auf und mündet nach einem
Laufe von 480 Km. Länge nordwestlich der Bahr Seraf-
Abzweigung in den Bahr el Gebel. Im Oberlaufe ein wahrer
Bergstrom mit Schnellen, dessen Bett von Steinblöcken
erfüllt ist, führt derselbe auf 183—244 Mtr. Breite im
Mittellaufe 1½—2 Mtr. tiefes Wasser. Sein westlicher
Nachbar, der Rohl, im Oberlaufe Aire genannt, entspringt
gleichfalls auf der Wasserscheide in der Landschaft Makaraka
in circa 900 Mtr. Seehöhe und bildet oberhalb seiner
Vereinigung mit dem Nebenflusse Jalo unter 5° 12′ nördl. Br.
Wasserfälle. Durch den Uohko verstärkt, mündet der Rohl
nach 600 Km. langem Laufe wahrscheinlich unter 9° nördl. Br.
in den Bahr el Gebel. Im Oberlaufe ist derselbe 14—21 Mtr.
breit, hat 6 Mtr. hohe Ufer, ist 0·7—1 Mtr. tief und
strömt mit 0·5 Mtr. Geschwindigkeit in der Secunde. In
seinem Oberlaufe besitzt der Fluß ein Inundationsgebiet von
2—3 Km. Breite.

Bedeutender als die bisherigen sind nun die dem Bahr
el Arab zugehenden Flüsse, unter ihnen zunächst der dem
Rohl im Westen folgende Tondsch, aus der Vereinigung
des im Oberlaufe Issu genannten Ibba mit dem im Oberlaufe Roah und Meridde genannten Bahr-Dschau entstehend.
Bahr-Dschau sowohl wie der Ibba entspringen in der
Nachbarschaft der Zuflüsse des Rohl, auf der Wasserscheide
in circa 850—900 Mtr. Seehöhe. Der Bahr-Dschau, durch
den Tedi und Kobbo verstärkt, vereinigt sich nördlich des
8. Breitengrades mit dem Tondsch. Bei der Seriba Tokuttu
ist der Roah genannte Fluß 15 Mtr. breit, 1 Mtr. tief

und strömt zwischen 6—9 Mtr. hohen Ufern mit 0·6 Mtr. Geschwindigkeit in der Secunde. in der Regenzeit führt er bei einer Breite von 37 Mtr. 4·5 Mtr. tiefes Wasser mit 0·7 Mtr. in der Secunde Geschwindigkeit. Der Jbba, im Mittellaufe bei Kulongo 61 Mtr. breit und 7 Mtr. tief, strömt mit 0·6 Mtr. in der Secunde, zur Trockenzeit schrumpft er jedoch auf 18 Mtr. Breite zusammen; nach einem Laufe von 690 Km. mündet der Tondsch unweit des Mofren el Bohur in den Bahr el Ghasal.

Der bedeutendste unter diesen Flüssen ist unstreitig der nun folgende Dschur, welcher als Sjueh am Gebel Baginse in 1219 Mtr. Seehöhe entspringt und, mit dem schiffbaren Wau vereinigt, nördlich des Landungsplatzes Meschra er Rek in den Bahr el Ghasal nach 760 Km. langem Laufe mündet. Schon in seinem Oberlaufe empfängt der 12 Mtr. breite, zwischen 5—6 Mtr. hohen Ufern mit 1·2 Mtr. tiefem Wasser strömende Fluß zahlreiche Zuflüsse, wie den Jubbo (Dio), Huuh und Rei, 10—15 Mtr. breite und mehrere Meter tiefe Rinnsale, und erreicht bei Kurschuk-Ali (einer Seriba im Dschurgebiete) zur Trockenzeit 90—150 Mtr. Breite, 0·3—1·5 Mtr. Tiefe; zur Regenzeit strömt er 250 bis 900 Mtr. breit dahin und füllt die 6—8 Mtr. hohen Ufer fast bis zum Rande. Bis 5° 30' ist der von dem Bongo-Stamm Gebdi genannte Fluß schiffbar, und strömt mit einer Geschwindigkeit von 0·5—0·7 Mtr. in der Secunde.

Sein hauptsächlichster Nebenfluß, der Wau oder Njenam, im Oberlaufe Here genannt, entspringt gleichfalls auf der Wasserscheide zwischen Nil und Uelle aus zahlreichen Quellflüssen, worunter der Nambio, der Nomatilla und der Busseri die bedeutendsten sind, in 850—900 Mtr. Seehöhe, ist bei Seriba Wau 40—73 Mtr. breit, 1—5 Mtr.

tief und strömt mit 0·5—1 Mtr. Geschwindigkeit in der
Secunde. Den Nachrichten der Eingebornen zufolge soll er bis
weit zu seinem Oberlaufe herauf schiffbar sein, und so eine
bequeme Operationsbasis für das Vordringen in die west=
lichen Niamniamländer bieten. Die letztgenannten Flüsse im
Osten des Wau hingegen sind alle im oberen Mittellaufe
von Schnellen und Katarakten unterbrochen.

Das gegenseitige Verhältniß des Berg= und Thalgebietes
dieser Flüsse wird am besten eine Vergleichung ihres Gefälles
bieten. Der Roah (Bahr=Dschau), dessen Quelle circa 800 Mtr.
hoch liegt, erreicht nach 230 Km. langem Laufe bei der
Seriba Ungua mit 480 Mtr. Seehöhe seine Thalstufe, sein
Gefälle beträgt bis dahin 320 Mtr. oder 1·38 Mtr. per
Kilometer. Auf der 250 Km. langen Thalstrecke bis zu seiner
in circa 420 Mtr. Höhe liegenden Mündung hat der Fluß nur
60 Mtr. Gefälle, daher 0·21 Mtr. per Kilometer. Der Rohl,
dessen Quelle circa 900 Mtr. hoch liegt, hat bis Dufillu ein
Gefälle von 439 Mtr., per Kilometer seiner 290 Km. langen
Bergstrecke 1·34 Mtr., auf seiner 310 Km. langen Thalstrecke*)
ein Gefälle von 46 Mtr. oder 0·15 Mtr. per Kilometer.

Der Tschur hingegen, dessen Quelle 1219 Mtr. hoch
liegt, hat auf seiner 430 Km. langen Bergstrecke, bis in die
Nähe der Seriba=Kurschuk=Ali, ein Gefälle von 744 Mtr. oder
1·72 Mtr. per Kilometer, und auf seiner nur 330 Km. langen
Thalstrecke 59 Mtr. Gefälle oder 0·18 Mtr. per Kilometer.**)

*) Nur im Gegensatze zum Berggebiet so genannt, da eine
eigentliche Thalbildung in diesem Theile von Afrika nicht vorkommt.
**) Hiebei ist die Meschra er Rek zu 416 Mtr. Höhe angenommen
(Hann's Berechnung der Seehöhe nach den Aneroidablesungen Buchta's
1880, Peterm. Mittheil. 1881, S. 89). Diese Zahl ist wohl zugleich die
treffendste Kritik für die Seehöhe von Ghaba Schambä (349 und 363 Mtr.).

Im Dschur und Bahr-Wau haben die Zuflüsse des westlichen Nilbeckens ihre größte Laufentwicklung erreicht. Die nun folgenden Zuflüsse des Bahr el Arab, wie der Tschih oder Pango, der mit dem Kuru und Sabu sich vereinigende Biri, der mit dem Lugu vereinigte Boru und der Safila, übersteigen, nicht 600 Km. Lauflänge; ihre Breite im Oberlaufe, wo sie von Schweinfurth gekreuzt wurden, schwankt zwischen 12—30 Mtr., ihre Tiefe von 0·5—2 Mtr., ihr Oberlauf ist meist ein von zahlreichen Granittrümmern besetztes felsiges Bett, ihre Thalstrecke zu gering, um der Schifffahrt Vorschub zu leisten, auch nimmt ihre Wassermenge und ihr Inundationsgebiet in dem Maße ab, als ihr Quellgebiet westlicher und nördlicher liegt. Der bedeutendste unter ihnen, der Boru, ist nach Felkin in seinem Mittellaufe 73 Mtr. breit, 1 Mtr. tief, der Sabu 100 Mtr. breit und 1·3 Mtr. tief und strömt zwischen 12 Mtr. hohen Ufern dahin.

Den Abschluß des westlichen Nilbeckens bildet nun der Bahr el Arab, dem alle die genannten Flüsse westlich vom Rohl direct tributär sind. So weit wir gegenwärtig die hydrographischen Verhältnisse Darfur's und Dar Fertit's kennen, entwässert der Bahr el Arab die südliche und östliche Abdachung des Marrah-Massivs und empfängt von dieser eine Reihe von periodisch (im Charif) gefüllten Flußbetten, welche deshalb die Bezeichnung Wadi führen, unter welchen der Wadi Gendi als Quellarm zweiter Ordnung des Bahr el Arab anzusehen ist. Nächst dem Wadi Gendi sind auch der Wadi el Kū (Welghit), der Wadi Amur und Wadi Ibra zu nennen, die in ihrem Unterlaufe zumeist seeartige, zur Regenzeit gefüllte Erweiterungen (Birket, fälschlich Seen genannt) durchfließen. Westlich davon mündet der Bahr el

Rigel, ein permanenter Wasserlauf, der in seinem Unterlaufe
über 150 Mtr. breit, eine, Rundi-See genannte 200 Mtr.
breite Erweiterung bildet. Als zweiter und eigentlicher Quellarm des Bahr el Arab ist der Bahr el Fertit anzusehen,
welcher nach den Berichten Purdy Pascha's selbst zur
Trockenzeit 0·3 Mtr. tiefes Wasser führt und nördlich der
Kupfermine von Hofrat eu Nahas vorbeifließt. Seine Quellen
sind jedenfalls auf der Wasserscheide zwischen Schari und
Nil in der Landschaft Dar Fertit, Dar Buka und Dar
Robo zu suchen.*) Vorläufig bleibt die Frage nach den
Quellen des Bahr el Arab ungelöst, doch läßt sich vermuthen,
daß dieselben auf der circa 550 Mtr. hohen nordäquatorialen
Wasserscheide liegen (wodurch Schweinfurth's Annahme
eines Flusses von Abu Dinga und eines Wille als dem Nil
tributär, berichtigt wird). Unter 25⁰ 40' östl. L. v. Gr., wo
Felkin 1879 den Bahr el Arab zur Trockenzeit überschritt,
war derselbe 110 Mtr. breit, 1 Mtr. tief und hat $4^{1}/_{2}$ Mtr.
hohe Ufer. Seine Wassermenge, die ihn in seinem Unterlaufe
auszeichnet, erhält er aber, wie schon erwähnt, aus Süden,

---

*) Siehe Le Pays entre Dara et Heufrah en Nahass par Purdy
Pascha (und die hierzu gehörige Karte). Bulletin de la Société de
Géographie de Caire. Nr. 8, 1880. — Nach Dr. Potagos (Bulletin de la
Société de Géographie de Paris 1880, Juillet pag. 5—51) wären der
Bahr el Fertit, der Bulbul und ein Nebenfluß des Bahr el Aba die
eigentlichen Quellflüsse des Bahr el Arab. Dr. Potagos, der jedoch
wissenschaftlich ungebildet aus den Mittheilungen seiner Begleiter kein
klares, mit den Forschungen von Schweinfurth, Junker und
Purdy übereinstimmendes Bild der Hydrographie des westlichen Nilbeckens zu geben vermag, erheischt in seinen Angaben die größte Vor-
sicht und Kritik, wie dies namentlich seine Darstellung des Uölle-
Systems (Vere- und Kifafluß) zeigt. Seine Ausfälle gegen Schweinfurth müssen das Mißtrauen noch verstärken.

von den zahlreichen Flüssen des westlichen Nilbeckens. Auf dem linken Ufer gehen ihm nur periodisch gefüllte Wasserläufe aus dem südlichen Darfur und aus Dar Nuba zu; der bedeutendste unter diesen soll ein Keilak genannter Chor sein, über dessen Lauf wir bislang noch auf die Mittheilungen der Eingebornen angewiesen sind.

In einer Breite von 305 Mtr. bei einer Tiefe von 5 Mtr. mündet der in seinem untersten Laufe Bahr el Ghasal genannte Fluß nach einem Laufe von circa 1150 Km. Länge in den Mokren el Bohur. Darnach ist die Bezeichnung des Bahr el Ghasal als eines Nebenflusses des Bahr el Gebel unzulässig, denn mit Bahr el Ghasal wird eigentlich nur die Wasserstraße des Bahr el Arab (beziehungsweise Dschur) bis zum Ende ihrer Schiffbarkeit bezeichnet. Jener 214 Km. lange Theil des Flußlaufes, welcher vom Mokren el Bohur bis zur Meschra er Rek reicht, darf daher, wie Schweinfurth treffend bemerkt,*) nur als die schiffbare Rinne eines binnenländischen Limans, d. h. das vereinigte Aestuarium einer Anzahl bedeutender Ströme (Bahr el Arab, Dschur, Tondsch), vergleichbar etwa der Mündung des Cantonflusses, verflacht, verwachsen und aufs Binnenland übertragen und nicht als ein Strom im hydrographischen Sinne angesehen werden. „Bei Hochwasser mitunter ein Fluß von unbegrenztem Inundationsgebiete und während seines tiefsten Standes im März und April im oberen Theile der gegen die Dschurmündung südwärts gerichteten Sackgasse aus einer Reihe seeartiger Erweiterungen mit fast stagnirenden Gewässern, in überaus engen (7—100 Mtr. breiten)**) und

*) Schweinfurth, »Im Herzen von Afrika.« S. 134.
**) Siehe F. Marno: »Die Verlegungen im Bahr el Ghasal.« 1881. Peterm. Mittheil. 1882. S. 121—129.

trägen Canälen, zu beiden Seiten communicirend mit einem Labyrinth von Seiten- und Hinterwässern (wahrscheinlich) alten Flußbetten) gebildet, welche, überwachsen von einem dichten Rasenfilz ununterbrochen wuchernder Sumpfgräser, in ihren beträchtlichen Tiefen einen Wasservorrath verrathen, der versteckt durch jene Decke oder gebunden an den Brei der 6—10 Mtr. tiefen Marschmasse sich jeder Berechnung entzieht, so scheint der Bahr el Ghasal den langsamen Fluthen des Weißen Nils die Nachhaltigkeit ihrer Bewegungen zu verleihen, während der Bahr el Gebel als mächtiger Factor zum schnellen Steigen derselben auftritt." Ich habe diese Darstellung Schweinfurth's hier wiedergegeben, weil sie mit wenigen Worten den Charakter des Stromlaufes in diesem unabsehbaren tropischen Morastterritorium vorzüglich schildert.

Das Gefälle des Bahr el Arab ist ein ungemein geringes. Auf der Strecke von Hofrat en Nahas bis zum Mokren el Bohur, circa 800 Km., beträgt dasselbe, wenn wir die Seehöhe des Mokren zu 412 Mtr. annehmen dürfen,*) kaum mehr als 58 Mtr., d. h. 0·7 Mtr. per Km., auf der 214 Km. langen Strecke Meschra er Rek und Mokren aber gar nur 0·02 per Km.

Dem Systeme der westlichen Zuflüsse des Nil in dieser Breite steht am rechten Ufer nur der Sobat entgegen, ein Fluß, dessen Quellen bis in die jüngste Zeit in räthselhaftes Dunkel gehüllt waren. Er mündet in flachen, so weit das Auge reicht, von endlosen Steppen umgebenen Ufern zum Nil und ist an der Mündung 317 Mtr. breit, 8 Mtr.

---

*) Die Annahme scheint mir durchaus zulässig, wenn man die Stellung des Mokren zwischen der Meschra er Rek (416 Mtr.) und Faschoda (405 Mtr.) berücksichtigt.

tief und hat eine Strömung von 0·5 Mtr. in der Secunde.
Die den Bergstrom kennzeichnenden schwach milchig gefärbten
Gewässer desselben stechen noch auf eine weite Strecke (bis
in die Nähe von Fajchoda) von den tiefschwarzen Fluthen
des Weißen Nil ab. Im Jahre 1876 gelang es dem
Forschungsreisenden Junker den Strom 240 Km. aufwärts
bis an das Ende seiner Schiffbarkeit, der Station Nasser,
zu befahren. Hier war der in mäanderartigen Windungen
die Steppe durchfließende Strom nur mehr 15—30 Mtr.
breit, 5—8 Mtr. tief und hatte eine Strömung von 1 Mtr.
in der Secunde. Diese Stromgeschwindigkeit deutet darauf
hin, daß der Sobat unweit oberhalb Nasser schon in das
Berggebiet seines Laufes eintritt und daher von seinem auf
1150 Km. geschätzten Laufe nur ein Viertel der Ebene an-
gehört. Von seinen Quellflüssen entspringen zwei der bedeutenderen, der Gaba und der Omi (Schioka im Oberlaufe
genannt), nach den Forschungen und Erkundigungen Cecchi's
und Chiarini's im Hochlande von Ghera und Kaffa
(Gallahochland), und zwar in den Gheschia-Bergen.*) Der
Hauptquellfluß indeß, der beide vorhergenannte auf seinem
rechten Ufer aufnimmt, soll den Baro-See unter 5° 20'
nördl. Br. und 35° 40' östl. L. v. Gr. entwässern und
alsdann unter dem Namen Baro bis 8° 30' nördl. Br. in
nördlicher und hierauf in westlicher Richtung fließen. Desgleichen soll nach den Erkundigungen De Bono's der im
Lande der Langgo unter 3° nördl. Br. entspringende Tschol
durch den Kanieti verstärkt, als Bahr-Dschuba am linken
Ufer des Sobat circa 100 Km. aufwärts von Nasser

---

*) Siehe die Carta provisoria delle esplorazioni del Cap.
A. Cecchi ed G. Chiarini. 1 : 2,000.000. Bolletino delle Soc. geogr.
italiana 1882 Mai bis Juni.

münden. Die nächste Zeit wird hoffentlich auch in diese Frage Licht bringen.

Am linken Ufer des Weißen Nil begegnen wir nördlich der Mündung des Bahr el Ghasal keinem einzigen Nebenfluß von Bedeutung mehr bis zur fernen Mündung des Stromes ins Mittelmeer; astlos ragt der Strom nach Norden. Von den Cheran, welche in den Berglandschaften Süd-Korbofans und Dar Nuba entspringen und einen nordöstlichen, später östlichen Lauf haben, erreichen nur einzelne in der Breite von 20—30 Mtr. nach heftigen Regengüssen während der Regenzeit (der Charif währt vom Juli bis September) mit 2—3 Mtr. tiefem Wasser den Nil, die Mehrzahl versiegt auf halbem Wege. Dasselbe gilt von dem die Bajuda-steppe in nordwestlicher Richtung durchfließenden Wadi-Mokattem und dem die Abhänge des Gebel Medob und der anderen isolirten Bergmassen des nördlichen Darfur ent-wässernden Wadi el Melk oder Mhal, welcher nur nach starken Regengüssen wasserführend den Nil bei Abu-Goz erreicht.

Correspondirend der wechselständigen Astbildung eines Stammes begegnen wir hingegen am rechten Ufer den Zu-flüssen aus dem abessinischen Hochlande, unter ihnen dem den Rang eines Quellflusses zweiter Ordnung beanspruchenden Bahr el Asrak oder Blauen Nil. Nördlich von Faschoda mündet zunächst ein permanenter Bergstrom, der Sal, dessen Hydrographie von großem Interesse ist. Der holländische Reisende Schuver entdeckte nämlich im Jahre 1881 im Lande der Bertat und Aman (9° nördl. Br.) einen Fluß Balasat, welcher einen, Jabus genannten Zufluß aufnimmt, der seinerseits aus einem See fließt, der zu gleicher Zeit auch den Nebenfluß des Blauen Nil gleichen Namens

(Jabus*) speist. Der Balasat, welcher nach der Confluenz mit dem Owe den Namen Jal annimmt, durchströmt das Defilé Banghe in einer Reihe von Katarakten, wobei er auf einer Strecke von 22 Km. ein Gefälle von 609 Mtr. besitzen soll, und mündet nach kurzem westnordwestlichen Laufe in der Alluvialebene im Osten des Weißen Nils in diesen. Die von den Arabern gebrauchte Bezeichnung des Landes zwischen dem Weißen und Blauen Nil als „Gezireh" (Insel) erhält dadurch ihre vollste Berechtigung.**) Aus dem Gebirgslande der Beni Schangol (der Wasserscheide zwischen Weißem und Blauem Nil) gehen dem Jal am rechten Ufer zur Regenzeit eine Reihe von Cheran zu, unter welchen der durch den Chor es Samma verstärkte Chor el aggar der bedeutendste ist. Zwischen der Jalmündung und der des Blauen Nil empfängt der Weiße Nil aus den isolirten Bergmassen der Landschaften im Westen von Dar Fajogl eine Reihe von Cheran von untergeordneter Bedeutung.***)

Wir gelangen nun zum Systeme der Zuflüsse aus dem östlichen Nilbecken, das durch den Blauen Nil und den Atbara repräsentirt wird. Der Bahr el Asrak oder Blaue Nil entspringt unter dem Namen Abai auf den Abhängen des Giesschberges in circa 2740 Mtr. Seehöhe in der Landschaft Sakkala am Kamme der südwestlichen Umwallung des abessinischen Hochlandes. In tief eingeschnittenem Bette brausend und tosend, stürzt sich das Gewässer des jungen

---

*) Der Name Jabus ist eine allgemeine Bezeichnung für Fluß und kein Eigenname.

**) Siehe Progress of Mr. Schuver in the Region South West of Abyssinia. Proc. of R. Geog. Soc. 1882. pag. 230.

***) Specialkarte vom mittleren Sudan, bearbeitet von Zöppritz. Peterm. Mittheil. Ergzh. Nr. 50 und 51.

Flusses nach einem 112 Km. langen Laufe über zwei Katarakte, und nachdem er zahlreiche, namentlich vom Atscheser-
plateau am linken Ufer ihm zugehende Nebenflüsse aufgenommen, in nordnordöstlicher Richtung in den herrlichen,
von Dr. Stecker im Jahre 1881 erforschten und auf-
genommenen Tanasee, der 1942 Mtr. hoch auf der Hochfläche Abessiniens, von den über 3000 Mtr. hohen Rändern
des Hochlandes im Westen und Süden, von den culminirenden Spitzen desselben in der Landschaft Begemeder
im Osten umrahmt, eingebettet liegt.*) In mancher Beziehung, namentlich seiner Höhenlage und Umgebung nach,
darf derselbe mit den Alpenseen Europas verglichen werden.
Seine Ufer sind im Norden an zahlreichen Stellen sumpfig,
und zur Regenzeit überschwemmen die in den See stürzenden
Gewässer ihr Mündungsgebiet auf mehrere Kilometer Breite,
namentlich im Norden und Osten, wo das Ufer ziemlich
eben verläuft.

Nordöstlich der auf einer schmalen vollbuchtigen Land-
zunge befindlichen Einmündung des Abai an der Südwestseite des Sees liegt die von mehreren vorgelagerten
Inselchen umgebene 44 Qu.-Km. große Insel Def. Kleinere
Inseln säumen den mittleren Theil des Nordufers dort
wo in der Landschaft Gorgora das Hochland in steilen

---

*) Siehe Map of Part of Abyssinia to illustrate Dr. Blanc Jour-
ney from Metemma to Damot 1 : 2·375.000. Journal of R. Geogr. Soc.
Vol. 40. -- Der Tanasee aufgenommen von Dr. A. Stecker. 1:200.000.
Mittheilungen der Afrikanischen Gesellschaft in Deutschland, Band III,
Heft 1. Es sei hier bemerkt, daß auf Dr. Blanc's Karte die Seehöhe
des Tanasees mit 1911 Mtr. angegeben ist, eine Zahl, die viel besser
mit Stecker's Resultaten sorgfältiger Messungen stimmt, als die auf
allen Karten bisher gebräuchliche Zahl von 1859 Mtr.

5*

Vorgebirgen und Landzungen zur Seefläche abfällt, ebenso das Ostufer zwischen den Zuflüssen des Sees, Gumara und Reb, und zwischen Reb und dem Ausflusse des Abai aus dem See. Unter den zahlreichen Rinnsalen, welche den im centralen Theile über 100 Mtr. tiefen See speisen, sind zunächst vom Abai abgesehen, der auf dem Waggara-Hoch= lande in 3008 Mtr. Seehöhe entspringende und in eine tief eingeschnittene Bucht des Nordufers mündende Magetsch, ferner der gleichfalls am Nordufer östlich des vorgenannten in einem Delta mündende Gumara, der am Ostufer mündende Reb und ein zweiter südlich des Reb mündender, gleichfalls Gumara genannter Fluß zu nennen. Die Quellen dieser drei letztgenannten liegen auf dem Hochlande von Begemeder. Der in einer Breite von 65 Mtr. und 3—5 Mtr. Tiefe mit 2 Mtr. Strömung in der Secunde in den See einfallende Abai verläßt denselben in einer deutlichen Strömung (silbernen Fäden gleichend) nördlich und südlich die Dekinsel durchziehend, in einer tiefen südlichen Einbuch= tung des Südufers zwischen den Landschaften Mietscha und Afferavanet. An seiner Abflußstelle aus dem 2980 Qu.=Km. großen See ist der Strom von zahlreichen Inseln besetzt, hat bei einer Breite von 100 Mtr. eine Tiefe von 8 Mtr. und wimmelt von ungeheuren Flußpferden. Acht Kilometer südöstlich der Ausflußstelle bildet der Abai impo= sante Katarakte und fließt mit großer und heftiger Strömung in einem weiten, das Talha-Waha-Gebirge umfassenden Bogen nach Südosten, Osten, um sich sodann nach Süd= westen und endlich nach Westen und Nordwesten zu wenden, welche Richtung der Strom als Bahr el Asrak im Allge= meinen bis zu seiner Mündung in den Weißen Nil bei Chartum beibehält. Ein Bergstrom im vollsten Sinne des

Wortes, strömt der Abai in tief eingeschnittenem, von 100—300 Mtr. hohen Steilufern begrenztem Bette dahin, und betritt südlich der Mündung seines linksseitigen Nebenflusses Dschamma die Mittelstufe seines Laufes, die sogenannte Kuolla-Region, jenes durch üppigste Vegetation und eine reiche Fauna ausgezeichnete, aber auch durch Fieberluft verrufene, zur Regenzeit von Wasserreichthum überquellende Gebiet der Flüsse Abessiniens am Fuße des mauerartig aufsteigenden Hochlandes.

Achthundert und mehr Meter tief unter dem Hochlandniveau strömt der noch immer ungeberdige Fluß in dieser Region nach Nordwesten, an beiden Ufern von zahlreichen in Cascaden herabstürzenden Zuflüssen gespeist. Bei Famaka erreicht der wilde Sohn des Hochlandes sein Thalgebiet und strömt nun merklich gemäßigt in scharf vorgezeichnetem, tief eingeschnittenem Bette in zahlreichen Windungen dem Weißen Nil zu. Selbst hier in der Alluvialebene Sennaars verleugnet der Strom seine Herkunft nicht, in raschem Laufe strömt er zwischen seinen, stellenweise terrassenförmigen, lößähnliche Bildung zeigenden Hochufern dahin, die er zur Zeit der Schwelle ganz ausfüllt, jedoch nur ausnahmsweise local und temporär überfluthet; zur Trockenzeit schrumpft das Wasser-Rinnsal zusammen und erhält in der Ebene nur durch unterirdische Infiltration zwischen den in das Flußbett abfallenden und von diesen durchschnittenen Schichten Nahrung. Darin unterscheiden sich vor Allem die Flüsse des östlichen Nilsystems von jenen des westlichen.*) Von Famaka an ist der Strom schiffbar, bei Karkog ist derselbe bei tiefstem Wasser-

*) Siehe Marno: »Die Sumpfregion des äquatorialen Nilsystems.« Peterm. Mittheil. 1881, S. 412.

ſtande 300 Mtr. breit, 2·5 Mtr. tief und ſtrömt mit
0·45 Mtr. Geſchwindigkeit in der Secunde, bei hohem
Waſſerſtande wird er 435 Mtr. breit, 7·1 Mtr. tief und
hat eine Strömung von 1·9 Mtr. in der Secunde. Bei
Sennaar iſt der Bahr el Asraf ſchon 502 Mtr. breit und
2·8 Mtr. tief bei tiefem Waſſerſtande. Bis auf 1000 Mtr.
und mehr verbreitert, mündet endlich der Strom bei Chartum
in den Weißen Nil und hat hier die Inſel Tuti abgelagert,
welche ihn in zwei Mündungsarme ſpaltet.

Den Charakter des Fluſſes als Bergſtrom kennzeichnet
ſein großes Gefälle, welches auf der 110 Km. langen
Strecke von ſeiner Quelle bis zur Mündung in den Tanaſee
798 Mtr. oder 7·02 Mtr. per Km., auf der 460 Km. langen
Strecke vom Tanaſee bis oberhalb der Mündung des Bir
(circa 37° 5′ öſtl. L. v. Gr.) 1077 Mtr. oder 2·34 Mtr.
per Km., von dieſem Punkte bis Famaka auf 270 Km. Lauflänge 368 Mtr. oder 1·4 Mtr. per Km., zwiſchen Famaka
und Karkog auf 240 Km. Lauflänge 60 Mtr. oder 0·25 Mtr.
per Km. und endlich zwiſchen Karkog und Chartum auf
410 Km. Lauf 59 Mtr. oder 0·14 Mtr. per Km. beträgt.[*]
Der 840 Km. langen Bergſtrecke des Fluſſes mit 2243 Mtr.
Gefälle (2·6 Mtr. per Km.) ſteht das 650 Km. lange Thalgebiet mit 119 Mtr. Gefälle gegenüber. Daraus ergibt ſich
für den ganzen Strom eine Länge von 1490 Km. bei einem
Totalgefälle von 2362 Mtr.

---

[*] Dabei ſind die Seehöhen der Quellen des Abai = 2740 Mtr.,
des Tanaſees = 1942, die Mündung des Bir = 865, Famaka (nach
Zöppritz's Berechnung von Prunſienaere's Beobachtungen) = 497,
Karkog = 437 und Chartum (nach Nivellement) = 378 Mtr. angenommen.

Diese Daten werden sofort die bedeutende Rolle er=
klären, welche der Bahr el Asrak als Regulator der Schwell=
höhe des Nil in Unterägypten spielt. Er ist es auch, dem
Aegypten vorzugsweise (in Gemeinschaft mit dem Atbara)
jene segenspendenden Alluvien, „Nilschlamm“ genannt, ver=
dankt. Auf ihrem Laufe durch die Quellenregion und auch
auf dem Hochlande selbst schwemmen die beiden Flüsse all=
jährlich zur Schwellzeit enorme Mengen der besten von
Eisenoxydgehalt rothbraun bis dunkelbraun gefärbten Humus=
erde mit sich, die der Bahr el Abiad dort, wo er endlich
nach Ueberwindung des letzten Hindernisses, das ihm die
Sandsteinplatte der nubischen Wüste bereitet, in die Tief=
ebene Aegyptens eintritt, ablagert und von Jahr zu Jahr höher
schichtet. Von der größeren oder geringeren Amplitude zwischen
dem Hochwasserstande und der Schwellzeit des Bahr el Abiad
und Bahr el Asrak hängt der Wohlstand, die Ernte Aegyptens
ab; daher auch die Verehrung des Stromes im Alterthume.

Unter den Nebenflüssen des Bahr el Asrak am rechten
Ufer sind ihrer Bedeutung nach zunächst der Rahat zu
nennen, welcher nach einem Laufe von 540 Km. bei Wold=
Medina mündet. An dem Westabhange des abessinischen
Hochlandes als Schinfa entspringend, fließt er in nord=
westlicher Richtung und zahlreichen Windungen seinem Ziele
zu und besitzt bei Wold-ces eine Breite von 83·2 Mtr. bei
einer Tiefe von 3·1 Mtr. und einer Strömung von 2·05 Mtr.
in der Secunde. Der in der Landschaft Cedaref entspringende
Chor Faraga, ein zur Trockenzeit nur in einzelnen Tümpeln
im Flußbette wasserführender Regenstrom, ist unter vielen
gleichen der bedeutendste seiner Zuflüsse.

Dem Rahat folgt zunächst der Dinder; ebenfalls am
Westabhange des vorerwähnten Hochlandes entspringend,

erreicht der gleichfalls nach Nordwesten strömende Fluß bei Wold Abyad (13" 3' nördl. Br.) eine Breite von 163·4 Mtr. und 4·6 Mtr. mittlere Tiefe, bei einer Strömung von 1·95 Mtr. in der Secunde. Zur Schwellzeit überfluthet der Fluß 0·75 Mtr. hoch seine Ufer, zur Trockenzeit jedoch erreicht er nicht mehr die Mündung in den Blauen Nil unter 14° nördl. Br., seine Wassermenge beschränkt sich im Unterlaufe auf eine Reihe von Wasserlachen im Flußbette. Denselben Charakter periodisch wasserführender Regenströme haben seine beiden Zuflüsse, der Chor el Satschan und Chor Mehaua, während der ihm im Oberlaufe am rechten Ufer zugehende Galego ein permanenter Bergfluß ist. Die Gesammt= länge des Dinder ist auf circa 430 Km. zu schätzen.

Von den Abhängen des abessinischen Hochlandes gehen dem Blauen Nil, beziehungsweise dem Abai, in den Landschaften Damot und Godscham zahlreiche Flüßchen zu, unter welchen der Bolassa, der Durra, der Fazam, Bir und Tsche erwähnt werden sollen. Bergströme im vollsten Sinne des Wortes, steuern sie reichlich zur Ansammlung der segenspendenden Sedimente im Sammelbecken des Abai bei. Im Quellgebiete des Bir liegt auf der Kammfläche des Hochlandsrandes in circa 2700 Mtr. Seehöhe ein Alpensee mit Namen Gudera. Am linken Ufer empfängt der Abai noch auf dem abessi= nischen Hochlande zahlreiche zwischen mächtigen Steilufern abwärtsbrausende Nebenflüsse. Unter ihnen seien hier der auf dem Talanta=Plateau entspringende, durch den Dschibba verstärkte Beschilo, der durch den Schai, Wanschet und Moser verstärkte Dschamma, der Muger, Abalai und Guder genannt. Die beiden letzteren, sowie die südlichen Zuflüsse des Dschamma haben ihren Ursprung am West= respective Nordabfalle des Hochlandes von Schoa und Liben.

Bedeutender als diese ist der folgende Didessa, dessen
Quellen (Didessa und Avoita) im Hochlande von Ghera und
Goma (Ghejchia-Berge) liegen*) und der auf dem Gallahoch-
lande Guma, Limmu und Dschimma zahlreiche Zuflüsse, wie
den Gabba und Ghido-Gubba am linken, den Uama, Gabara
und Arghesa (Arkombe) am rechten Ufer empfängt und als
100—150 Mtr. breiter Fluß in den Bahr el Asrak mündet.
Ferner der Jabus, dessen Quellen nach Schuver am Wallel-
Berge (8°50′ nördl. Br.) liegen, und der mit dem Jabus des
Jal, wie bereits erwähnt, einen und denselben See durchströmt, und mit 100 Mtr. Breite in den Blauen Nil mündet;
nördlicher der Tumat, dessen Quellen im Lande der Berta
liegen und der durch den Beše und zahlreiche andere kleine
Flüßchen verstärkt, unterhalb Famaka mündet. Die Lauflänge des Didessa läßt sich zu 350, jene des Tumat zu
200 Km. schätzen.

Nördlich des Bahr el Asrak folgt nun als letzter Nebenfluß des Nil von einiger Bedeutung (ein bei Schendy
mündender Chor ist ganz bedeutungslos) der Atbara.

Dem Charakter nach, gleich dem Blauen Nil, ein Bergstrom, dessen Quellen auf dem abessinischen Hochlande liegen,
ist sein Wasservolumen doch ein weit geringeres, ja zur
Trockenzeit ist es nicht selten, daß der Fluß die Mündung
nicht mehr wasserführend erreicht, sondern sich in eine Reihe
von stagnirenden Tümpeln auflöst. Als eigentlicher Quellfluß des Atbara muß der Bahr-Setit, im Oberlaufe Takassie
genannt, bezeichnet werden, da der Atbara genannte Quellarm aus der Vereinigung des Goang und des Gandoa und

*) Siehe Carta provisoria delle esplorazioni del Capt. Cecchi e
Chiarini. 1 : 2,000.000. Bolletino delle Soc. geogr. italiana. Mai—
Juni 1882.

mehrerer anderer Flüßchen entstehend, welche am Westabfalle
des abessinischen Hochlandes westlich der Landschaft Tagussa
entspringen, in jeder Beziehung dem erstgenannten nachsteht
und bei schwacher Strömung nur 1.—1½ Mtr. Tiefe besitzt.
Der Bahr-Setit (Takassie) hingegen, welcher auf dem Ostrande
des abessinischen Hochlandes unweit des Wandatschpasses
(welcher den Uebergang vom Lasta-Plateau auf jenes von
Wadela vermittelt) entspringt, ist zu jeder Zeit ein ziemlich
wasserreicher Bergstrom, welcher gleich dem Abai zwischen
mächtigen und hohen Steilufern dahinströmt. In seinem
Gebiete liegen die Culminationspunkte des Hochlandes, der
Ras Daschan 4020 Mtr. hoch, der Abuna Josef 4197 Mtr.
hoch, der Ras Guna 4231 Mtr. hoch u. s. w., von deren
Abhängen ihm Rinnsale zugehen. Von seiner in circa 3350 Mtr.
Höhe liegenden Quelle strömt der Fluß anfänglich nach
Westen, wendet sich hierauf scharf nach Norden und umfließt
in einem großen nach Westen auslaufenden Bogen das
Hochlandsmassiv von Simen und behält diese Richtung im
allgemeinen bis zu seiner Vereinigung mit dem eigentlichen
Atbara bei. Er empfängt auf dem rechten Ufer unter Anderem
den Samre, Arequa, Geba, Weri und Mahatepe, auf dem
linken Ufer den Balagas, Mraba und Rojan, und bildet in
seinem mittleren Laufe drei größere Stromschnellen und
Cascaden, von denen eine circa 4 Mtr. hoch ist.
Seine Breite schwankt zwischen 30 und 100 Mtr., seine
Tiefe zwischen 1 und 3 Mtr. Da seine Mündung 355 Mtr.
hoch liegt, hat er mithin ein Gefälle von 2995 Mtr. oder auf
den Kilometer seines 1120 Km. langen Laufes 2·6 Mtr.
bei gleicher Vertheilung des Gesammtgefälles. Die einzelnen
Abschnitte dieses Gefälles gliedern sich jedoch ähnlich wie
bei dem Bahr el Asrak, so daß einer 650 Km. langen Berg-

strecke eine 470 Km. lange Thalstrecke mit geringem Gefälle
gegenübersteht. Nach seiner Vereinigung mit dem Atbara,
welcher nördlich von Matama (Metemma) den aus der
Confluenz des Angareb und Germa entstehenden Salaam
aufgenommen hat, behält der Fluß als Atbara bis zu seiner
Mündung südlich von Berber im allgemeinen eine nordwestliche Richtung bei. Ein Nebenfluß des Atbara von einiger
Bedeutung ist der im Oberlaufe Mareb genannte Chor el
Gasch), welcher auf der Hochfläche der Landschaft Hamasen
im nördlichen Abessinien entspringt, anfänglich nach Süden
und Südwesten fließt, sich aber dann, durch das Hochland
von Tigre gezwungen, nach Norden und Nordwesten wendet
und nach einem 800 Km. langen Laufe in den Atbara
mündet. Wie die Bezeichnung des Flusses im Unterlaufe
als Chor anzeigt, ist die Wassermenge desselben zur Trockenzeit sehr gering, selbst im Oberlaufe hat der Mareb nur
ein 20—30 Mtr. breites sandiges, kaum ¹⁄₂ Mtr. tiefes Wasser
führendes Bett (bei Gundet). Von seinen Zuflüssen verdient
keiner in dem engen Rahmen dieser Schrift angeführt zu werden.

Nördlich der Atbaramündung münden wohl eine große
Zahl kürzerer und längerer Flußthäler, beziehungsweise Flußbette (Wadis) in das Nilthal, bei wenigen unter ihnen
erreicht jedoch selbst nach heftigen Regengüssen, beispielsweise
im Küstengebirge, am Rothen Meere oder in den Bergen der
nubischen Wüste, das Wasser die Mündung der Flußthäler,
da der trockene Sand- und Kiesboden dasselbe begierig
aufsaugt und die Verdunstung durchschnittlich, selbst im
feuchteren Theile Unterägyptens, die Menge des jährlichen
Niederschlages um das zwei- bis dreifache übertrifft. In
vielen Fällen mündet das untere Flußbett, nachdem es das
Nilthal erreicht, in ein Labyrinth von Bodenerhebungen

ober bildet ein locales Einsenkungsgebiet.*) Bei dem ungemein gebrochenen und gewundenen Laufe der meisten dieser Wadis ist es daher ganz begreiflich, daß sie als Tributäre des Nil keinerlei Bedeutung haben.

Nach einer 1795 Km. langen schiffbaren Strecke (bedingt schiffbar wenn keine Grasbarren den Strom im äquatorialen Sumpfgebiete absperren) sieht sich der Strom neuerdings gezwungen, die durchschnittlich 330 Mtr. hohe Sandstein= platte der nubischen und lybisch=arabischen Wüste zu durch= brechen. Die geologische Beschaffenheit des Bodens im Ostsudan von Ladò bis Chartum spricht dafür, daß das ganze Gebiet bis an die Abhänge des Hochlandes im Osten und Süden, und die Plateauzone des Sudan im Westen einen großen Binnensee bildete, der durch die Hebung des Hochlandes zum Abfluß in nördlicher Richtung durch das Nilthal gezwungen wurde. Jahrtausende mögen wohl seitdem ver= strichen sein, bis das Wasser sich in dem allerdings verhältniß= mäßig geringen Widerstand entgegenstellenden Sandstein sein Bett ausgenagt und ausgewaschen hatte. Dort, wo die krystallinischen Gesteine der Unterlage den Sandstein in mehr oder minder breiten Bänken durchsetzen, mußten selbstverständlich Unterbrechungen in der Modellirung des Flußbettes eintreten. Das harte Gestein, welches der Erosion intensiven Wider= stand entgegenstellte, bildete durch das Flußbett Riegel, über welche das Wasser in großen und kleinen Cascaden herabstürzte. Allmählich wurden diese Riegel durchbrochen und die Cascaden zu Stromschnellen und Katarakten umge= bildet, wie wir sie gegenwärtig antreffen.

*) Siehe Dr. C. B. Klunzinger's »Routen um Coseïr in Aegypten«. 1 : 500.000. Red. von Rich. Kiepert. Zeitschrift der Gesellschaft für Erdkunde. Berlin 1879. Tafel 7.

Der Lauf des Nil mit seinen großen doppelt S-förmigen Windungen zwischen Chartum*) und seiner Mündung war durch die gegenseitigen Lagerungs= und Streichungsverhältnisse der Sandsteinsedimente und der krystallinischen Unterlage vor= gezeichnet. So nöthigten die krystallinischen Massen des Gebirges Magaga und Gilif u. s. w. in der Bajuda=Steppe und die Bergzüge der nubischen Wüste den Fluß zur Bildung der ersten großen Schlinge bis Korosko, auf welcher Strecke er eine Niveaudifferenz von 250 Mtr. dadurch überwindet, daß er eine Reihe von Katarakten und Stromschnellen bildet, welche den Fluß zwischen Berber und Wadi Halfa jederzeit der Schiffahrt entziehen, während die Strecke von Chartum bis Berber und von Wadi Halfa bis Alexandrien zur Schwell= zeit für die Schifffahrt vollkommen prakticabel ist, und selbst zur Zeit niedrigen Wasserstandes der sogenannte erste Katarakt bei Assuan und der sechste Katarakt oberhalb Schendy nur schwache Hindernisse bieten.

Der zahlreiche Inseln bildende Strom fließt zunächst bis zu den sogenannten sechsten Katarakten (eine Reihe von isolirten Klippen, die Ueberreste eines Querriegels) noch zwischen 8—12 Mtr. hohen Ufern in nördlicher Richtung, wendet sich dann nach Nordosten, bei der Atbaramündung nach Norden und Nordwesten, um bei Abu Hammed sich scharf nach Südwesten zu wenden, welche Richtung der Strom im allgemeinen bis Ambukol beibehält. Hier biegt nun der Fluß nach Westen und Nordwesten um, macht nörd= lich des dritten Kataraktes einen scharfen Vorsprung nach Osten und fließt nun in nördlicher und nordöstlicher Richtung

---

*) Siehe zur Orientirung: Petermann, Karte des Mittelmeeres, und Inner=Afrika von Petermann und Hassenstein. Ergzh. 7—11.

bis Derr, wo er ein scharfes Knie nach Südosten beschreibt, um von Korosko an wieder in vorherrschend nordnord= östlicher Richtung Ebsu zu erreichen. Nördlich von Ebsu springt der Fluß wieder nach Nordwesten vor und beschreibt bis Keneh ein scharfes nach Osten und Norden zurückweichendes Knie, um von dort an in einem flachen nordwestlich bis nördlich gerichteten Bogen Kairo und sein Mündungsdelta zu erreichen. Die Breite des Stromes auf dieser langen Strecke wechselt ungemein häufig, bei Schendy ist der Nil 165 Mtr., oberhalb der Atbaramündung 320 Mtr., oberhalb des fünften Kataraktes 137 Mtr., unterhalb desselben 460 Mtr., bei Abu Hammed 185 Mtr. breit. In ähnlichen Dimensionen bewegt sich die Breite des Stromes bis Wadi Halfa. Nördlich erweitert sich der Strom zusehends und wird nur an zwei Stellen im Schellal (Kataraktenthor) zwischen der Insel Philae und Assuan und bei Silsilis auf 80—100 Mtr. eingeengt. Von Esneh ab wechselt seine Breite bis Kairo zwischen 500 und 2200 Mtr. Ebenso variirt die Tiefe des Stromes auf der Strecke Chartum—Kairo zwischen 1 Mtr. (in den Stromschnellen) und 5 Mtr.*) Die Geschwindigkeit der Strömung wechselt dem Gefälle des Stromes entsprechend zwischen 0·6—1·3 Mtr. in der Secunde auf schnellenfreien Strecken.

Die Schifffahrtshindernisse, welche der Nil auf dieser Gesammtstrecke bietet, sind drei Katarakte zwischen Schendy und El Kab (gewöhnlich als fünfter Katarakt bezeichnet), eine continuirliche Reihe von Stromschnellen zwischen El Kab

*) Breite und Tiefe beziehen sich auf den Wasserstand zur Trockenzeit. Zur Schwellzeit ist die Breite als auch die Tiefe weit ansehnlicher. Die Tiefe bei Esneh erreicht dann 14 Mtr., bei Kairo 10—12 Mtr.

und Um Teras; sieben Katarakte zwischen Um Teras und
Gêrindib (als vierter und dritter Katarakt bezeichnet), neun
Katarakte zwischen Tal und Wadi Halsa (gewöhnlich als
der zweite oder große Katarakt bezeichnet) und endlich der
letzte Katarakt zwischen der Insel Philae und Assuan.*)

Der zweite oder große Katarakt ist über 15 Km. lang und
selbst zur Schwellzeit des Flusses nur mit kleinen eigens zu
diesem Zwecke gebauten Booten befahrbar. Das Gestein, welches
hier die Klippen bildet, ist grobkörniger, eisenschüssiger Sand=
stein, an dem ersten Katarakte Granit. Die Breite des Thales,
dessen westliche Wand, je nördlicher sie gelegen, desto steiler
und höher wird, bis sie in Ober= und Mittelägypten
60—100 Mtr. Höhe erreicht, nimmt nach Norden an Breite
rasch zu. Zwischen Abu Hammed und Edfu schwankt dieselbe
zwischen 500—1000 Mtr., nördlich von Edfu verbreitert sich
das Thal plötzlich auf 3000 Mtr. und behält bis Kairo
eine wechselnde Breite von 4—28 Km. Schon von Edfu
ab führt der Strom eine verhältnißmäßig geringe Wasser=
menge mehr, da ein dichtes Netz von Irrigationscanälen
zur Bewässerung der Felder in der Thalsohle, welche haupt=
sächlich auf der westlichen (lybischen) Seite des Flusses liegen,
da die arabische Wüste auf der ganzen Strecke fast hart am
Flußufer steil abfällt, dem Fluß große Wassermengen ent=
ziehen. Das Culturterrain zwischen Farschut und Sint sowohl
als zwischen diesem Ort und dem Nildelta liegt zwischen
dem Strom und einem längs des Fußes des lybischen
Wüstenplateaus geführten Canale, von welchem der nördliche
Bahr=Jussuf= oder Josefs=Canal ein Rest altägyptischer
Wasserbauten ist und Aegyptens Rosengarten, das Fayum

*) Statistique de l'Egypte 1873. II. Partie. p. 8.

bewässert, dessen Ueberfluß an Wasser der Birket el Curn am Westrande des Fayum aufnimmt. Der Spiegel des Sees, einst 10 Mtr. über jenem des Mittelmeeres, liegt heute 41·7 Mtr. unter demselben.*)

Nördlich von Kairo betreten wir endlich den letzten Abschnitt des Nillaufes, sein Deltaland. Der Fluß theilt sich unterhalb Schubra in zwei mächtige Arme, in einen westlichen, der bei Rosetta, und einen östlichen, der bei Damietta mündet. Die übrigen, von den Geographen des Alterthums (Herodot, Strabo, Ptolemäus, Plinius) angeführten acht Mündungen sind gegenwärtig versandet. Ein großes Netz von metertiefen Verbindungs- und Seitenarmen, sowie künstlichen Canälen verbindet diese beiden Mündungsarme und bewässert auch darüber hinaus nach Osten und Westen das Culturland des Deltas, das im Norden durch eine Reihe von Strandseen und Lagunen (Mariut-See, Edku-See, Burlos-See und Menjaleh-See [den größten]) eingesäumt wird. Zur Schwellzeit des Flusses wird das Delta und die Sohle des Nilthales überschwemmt, jedoch nicht in dem Maße, daß das ganze Land einem See gleiche, wie vielfach angenommen wird; im Gegentheile wird die Wassermenge des Stromes durch die 13.440 Km. langen Kanäle vertheilt. Das 22.198 Qu.-Km. große Delta ist von seiner Spitze bei Schubra bis zum Mittelmeere 175 Km. lang, 207·7 Km. breit. Ueber die Bildung und die Veränderungen des Deltas muß ich hier hinweg gehen und will zum Schlusse nur über das Phänomen der Nilschwelle, sowie über das Volumen

---

*) Originalkarte des Fayum von G. Schweinfurth. 1:200.000. Zeitschrift der Gesellschaft für Erdkunde. Berlin. Bd. 15.

des Nil zur Trockenzeit und zur Regenzeit das Wichtigste anführen.

Das Gefälle des Nil von Chartum bis zu seiner Mündung zeigt folgende Abschnitte. Es beträgt

	die Seehöhe von	Länge des Flußlfs. zwischen	Gefälle in Meter	pr.Km. in Meter
Chartum	378	170	15	0·08
Schendy	363	165	13	0·08
Berber	350	250	56	0·22
El-Kab	294	425	85	0·19
Hannek	209	225	18	0·08
Dal	191	125	63	0·50
Wadi Halfa	128	375	27	0·07
Philae	101	512	57	0·11
Siut	44	393	35	0·09
Kairo (Nullpunkt b. Nilometers)	8·6	225	8	0·03
Rosetta	0·6			

Die Ursache der jährlichen Ueberschwemmungen des Nilthales in Aegypten bedarf keiner weiteren Erörterung, wohl aber die periodische Veränderlichkeit der Schwellhöhe und der Eintrittszeit des höchsten Wasserstandes. Wie wir schon früher gesehen, lassen sich beide erstlich aus der Periodicität der atmosphärischen Vorgänge — in diesem Falle des Niederschlags sowohl seiner Menge als seiner Dauer nach — als auch andererseits aus der größeren oder geringeren Amplitude zwischen der Schwellhöhe und der Schwellzeit des Weißen und Blauen Nil erklären. Wir haben schon aus den einleitenden Betrachtungen dieses Stromes ersehen, daß er auf seinem Laufe drei klimatisch verschiedene Zonen durchströmt, von deren Niederschlagsverhältnissen die

Schwellzeiten des Flusses und seiner Nebenflüsse abhängen. Hier kann nur die Zone mit Regen in allen Monaten im äquatorialen Seegebiete und die nächste ihr folgende Zone mit einer längeren oder kürzeren bestimmt ausgesprochenen Regenperiode in Betracht kommen. Der Bahr el Gebel beginnt infolge des zweiten secundären Maximums der Niederschlagsmenge im äquatorialen Seegebiete, bei Gondokoro im Mai zu steigen, erreicht im August und September seinen höchsten Stand, fällt im October und erreicht im Februar seinen tiefsten Stand. Das ist der normale Verlauf des Regimes; doch geschieht es zuweilen, daß der Fluß schon im Februar zu steigen beginnt und im Mai seinen höchsten Stand erreicht.

Der Bahr el Ghasal, recte der Bahr el Arab, dessen Quellen und jene seiner Zuflüsse nicht mehr in der Zone mit ununterbrochener Regenzeit liegen und dessen Wasservolumen die Schwellhöhe des Weißen Nil in hohem Grade beeinflußt, beginnt im Juni zu steigen und erreicht im September, zuweilen im October seinen höchsten Stand, beginnt Ende October oder im November zu fallen und erreicht im März seinen tiefsten Stand. Der Einfluß dieser Differenz, respective der Verspätung der Schwellzeit des Bahr el Ghasal ist schon in Chartum erkennbar. Hier finden wir Ende Jänner den niedrigsten Wasserstand, das Wasser steigt mit geringen Schwankungen und erreicht im April ein erstes (secundäres) Maximum, dann fällt und hebt sich der Wasserstand in unregelmäßigen Schwankungen, bis sich in den ersten Tagen des September ein entschiedenes Steigen zeigt und er gegen Ende des Monats sein eigentliches Maximum erreicht, auf dem er bis gegen Mitte October verharrt und dann langsam und ziemlich regelmäßig zu fallen beginnt.

Im abessinischen Hochlande, dem Quellgebiete des Blauen Nil und seiner Nebenflüsse, sowie des Atbara, währt die Regenzeit von Ende März bis Ende September. Dem entsprechend tritt auch das Maximum des Wasserstandes Ende September (neben einem zeitweiligen secundären Maximum im April) ein. Zwischen Chartum und Kairo wird der Fluß selbst durch temporäre Hochfluthen der Zwischenflüsse auf dieser Strecke nicht beeinflußt.

Am Nilometer der Insel Rhoda bei Kairo bemerkt man das Steigen des Stromes Anfangs Juli, wonach das Wasser stetig bis Anfangs October steigt, bis Mitte des Monats eine ziemlich constante Maximalhöhe beibehält und dann wieder allmählich zu fallen beginnt, bis es in der zweiten Hälfte des Juni seinen tiefsten Stand erreicht. Trifft das Maximum der Flußschwelle des Weißen Nil und Blauen Nil annähernd bis auf einige Tage zusammen, so erfreut sich der Fellah in Aegypten einer guten Ernte, denn dann erreicht die Schwellhöhe am Nilometer von Rhoda die erforderliche Höhe von $7^1\!/_2$—8 Mtr. Verfrüht sich das Maximum der Schwelle des Blauen Nil oder ist die Schwellhöhe desselben außergewöhnlich groß (sie schwankt bei Chartum zwischen 5 und 9 Mtr.), so wird in Folge des vorzeitigen Abflusses der Wässer des Blauen Nil ohne die nachhaltigen Fluthen des Weißen Nil eine getheilte und ungenügende Schwellhöhe bei Kairo hervorgerufen und Mißernten die Folge sein. Ist das Verhältniß ein umgekehrtes, so wird sich auf die Schwellhöhe des Weißen Nil noch jene des Blauen Nil aufstauen und Aegypten unter den Folgen der übermäßigen Ueberschwemmung leiden.*) Der Spielraum im Eintritte

---

*) Le Nil (Société d'Etudes du Nil), pag. 9.

des höchsten Wasserstandes bei Kairo beträgt 62 Tage (27. August bis 27. October), die Amplitude in der Maximal=höhe der Schwelle 2·65 Mtr.*)

Von mehreren Seiten, in neuester Zeit von de la Motte, wird der Nachweis zu erbringen gesucht, daß der Nil immer mehr den Charakter eines wildbachartigen Stromes annehme, und deßhalb zur Repartirung der zu einer guten Ernte nöthigen Schwellhöhe die Anlage künst=licher Reservoirs oberhalb der großen Katarakte nothwendig sei, umsomehr, als gegenwärtig das Bett des Flusses weit tiefer liegt, als zur Zeit der Pharaoniden, wofür die Zer=störung des Felsenriegels bei Kalabsche durch die fort=schreitende Erosion, sowie die Thatsache zu sprechen scheinen, daß zur Zeit Herodot's die Fläche des cultivirten Terrains im Nilthale bis Chartum aufwärts 177.000 Qu.=Km. groß gewesen sein soll, während sie heute nur mehr ein Drittel dieser Fläche bedeckt. Zur Zeit Herodot's sollen 18 Ellen (5·8 Mtr.) Schwellhöhe zur Erzielung einer guten Ernte genügt haben, ja noch unter dem Khalifen El Mamun im Jahre 799 n. Chr. 6·6 Mtr., während heute 7·5 Mtr. nothwendig sind.**) Schweinfurth, der gewiegte Kenner Aegyptens, tritt jedoch den Vorschlägen de la Motte's mit dem Hinweise auf die schädlichen Folgen der Aenderungen entgegen, welche das Wasser des Nil binnen kurzer Zeit brackisch machen würden.***)

---

*) Die Nilwasserstände bei den Barages. Von Prof. H. Fritz. Zeitschr. der österr. Gesellsch. für Meteorologie. XV. Band. S. 302. Statistique de l'Egypte 1873. II. partie pag. 16.

**) Le Nil. pag. 4—16.

***) Petermann. Mittheil. 1882 S. 276.

So imposant der heilige Strom der alten Aegypter seiner Länge nach ist, seinem Volumen nach entspricht er nicht den geläufigen Vorstellungen, indem er bei Kairo zur Zeit des tiefsten Wasserstandes nur 3230 Kbmtr., zur Zeit des höchsten Wasserstandes nur 20.240 Kbmtr. in der Secunde fortbewegt. Welche enorme Wassermengen ihm durch die Verdunstung im Unterlaufe, durch die Sumpf= bildung und das verwickelte System von Seiten= und Hinter= wässern, als auch durch die filzartige Vegetation im äqua= torialen Sumpfgebiete entzogen werden, läßt sich kaum ab= schätzen, es genügt, darauf hinzuweisen, daß, obwohl drei größere Seebecken durch ihn entwässert werden und er zwischen dem Austritte aus dem Mwutan=See und Dufile 30—35.000 Kbmtr. Wasser in der Secunde führt, er schon oberhalb der Sobatmündung zur Trockenzeit nur mehr 1970 Kbmtr. führt. Zur Regenzeit verdreifachen und ver= sechsfachen sich wohl diese Zahlen, dann führt der Sobat 1066, der Blaue Nil 7856*), der Bahr el Abiad gewiß mindestens 15—18.000 Kbmtr. in der Secunde. Es wird Aufgabe der künftigen wissenschaftlichen Forschungen sein, an Stelle dieser annähernden Schätzungen zuverlässige

---

*) Nach Pruyssenaere (Zöppritz, Peterm. Ergzh. 50 und 51) führt der Blaue Nil zur Trockenzeit bei Karkog nur 341, bei höchstem Wasserstande aber 5867 Kbmtr., der Rahat 535, der Dinder 1454 Kbmtr. in der Secunde. Hingegen schätzt Peney das Volumen des Sobat zur Trockenzeit auf 318, und jenes des Bahr el Gebel bei Gondokoro auf 419 Kbmtr., Petherik jenes des schiffbaren Mündungsarmes des Ghasal zur Trockenzeit auf nur 109 Kbmtr. und des Bahr el Gebel zu 298 und 406 Kbmtr. in der Secunde — Schätzungen, die, wie nicht minder jene de Malzac's für den Bahr el Abiad östlich des Mokren zu 1650 Kbmtr. wohl weit hinter der Wirklichkeit zurück= bleiben dürften.

Messungen zu setzen, welche uns erlauben werden, auch in dieser Hinsicht den Strom richtig zu würdigen.

Obwohl mit seinen Quellen tief in das Herz des Continents reichend, bietet der Strom gegenwärtig und für die Zukunft als natürliche Verkehrsader und Operationsbasis zur Erschließung und Civilisirung des Innern nur in gewisser Hinsicht jene Vortheile, welche die großen Wasserstraßen der alten und neuen Welt auszeichnen, da seine schiffbare Gesammtlänge von 3175 Km., also mehr als die Hälfte seiner Länge überhaupt, nicht eine continuirliche Linie bildet, sondern in drei Abschnitte von 250 Km. im Oberlaufe, 1795 Km. im Mittellaufe und 1130 Km. im Unterlaufe (von Assuan bis zur Mündung) zerfällt und selbst auf diesen getrennten Strecken die Schifffahrt für gewisse Perioden durch die Natur und den Wasserstand des Flusses illusorisch wird.

Die Küstenflüsse des Mittelmeeres.

Von der Rosettamündung des Nil bis zur Punta de la Almina in der Straße von Gibraltar ist der Charakter der dem Mittelmeere tributären Gewässer ein durchaus einheitlicher. Es sind periodisch wasserführende Wasser-Rinnsale, und nur die längere Dauer der trockenen Periode läßt noch einen Unterschied zwischen jenen östlich und westlich des Golfs von Gabes zu. Von der obengenannten Nilmündung bis zum Golf von Bomba durchfurcht kein irgend die Bedeutung eines Wasserlaufes habender Wadi die Küste, die geringe Regenmenge, welche hier des Jahres über fällt, wird fast vollständig vom durchlässigen Sand- und Kiesboden aufgesaugt. In den Golf von Bomba mündet erst der an dem Ostabfalle des Plateaus von Barka entspringende Wadi el

Temimeh, der eine Anzahl seitlicher, kurzer Wadis von diesem Hochlande empfängt und zur Zeit der kurzen torentiellen Winterregen einen schwachen Wasserfaden zum Meere leitet. Eine größere Anzahl von kleinen, kaum 10 Km. langen Wadis findet man am nördlichen Steilabfalle des Barka-plateaus bis Benghasi, von denen jedoch die bedeutenderen (relativ) in Strandlagunen münden, welche den Küstensaum einnehmen und als Birket, Birka bezeichnet werden.

An solchen ist die ganze Küste der großen Syrte reich, zwischen der Mündung des Wadi Bei und dem Vorgebirge Ras Bu Schaifa gesellt sich zur Zeit der Winterregen (die ganze Mittelmeerküste liegt in der Zone der subtropischen Winter- und Frühjahrsregen) ein circa 10—20 Km. breiter Saum von Sümpfen, in denen sich das Wasser der zahlreichen Wadis sammelt. Diese erreichen in Tripolitanien eine ziemlich bedeutende Länge und sind auch leichter als Wasser-läufe erkennbar. Die bedeutendsten unter diesen Wadis sind von Ost nach West: der Wadi Gatarr und Wadi Tamot, welche ihre Quelladern im Harutsch el aswad (schwarzen Harutsch) haben, der Wadi Bei, dessen Quellen theils wie des Wadi Ertim, in dem Dschebel es Soda (schwarzen Bergen), theils wie der Wadi Alga, Wadi Bu Gila, auf der Hammada el Homra entstehen, und nach ihrer Vereinigung als Wadi Um el Cheil und Wadi Bei auf 520 Km. Länge in nordnordöstlicher Richtung den oben angeführten Sumpf-gürtel erreichen, ferner der Wadi Semsem und der Wadi Sofedschin, welche von der Hochfläche im Süden des Dschebel Nefusa ihren Anfang nehmen und in ostnordöstlicher Richtung gleichfalls dieser Sumpfregion zugehen.

Zur Zeit heftiger Regengüsse im Winter oder Frühjahre vermag das Wasser als schwacher Faden zuweilen die Münbung der Wadis, die (beispielsweise der Wadi Sofedschin östlich von Misda, der Wadi Um el Theil oberhalb des Brunnens gleichen Namens) 5—15 Km. Breite besitzen, zu erreichen. In der überwiegenden Mehrzahl bleiben diese Flußbetten selbst zur Regenzeit trocken, der Sandboden saugt gierig das Wasser auf und dieses sammelt sich in den Brunnen, welche in großer Zahl in den Wadis sich vorfinden, am Grunde der durchlässigen Sand- und Mergelschichte. Zur übrigen Jahreszeit verräth nur eine Reihe kurzer und schmaler Striche von Oleander und Tamarisken und anderen Sträuchern der Mittelmeerflora die Feuchtigkeit des Bodens in wechselnder Tiefe von 2—30 Mtr.*) Zwischen der Dschefara-Ebene, welche der Wadi Segsao durchzieht, und dem Cap Bon treffen wir wieder nur kleine bedeutungslose Wadis.

Westlich vom Cap Bon bis zur Straße von Gibraltar sind die periodischen Flußläufe schon bedeutender, namentlich zur Winterszeit und im Frühjahre, wo sich die meisten derselben in gefährliche und reißende Wildbäche verwandeln und zuweilen große Verwüstungen anrichten. Im Sommer sind selbst die bedeutendsten zu durchwaten, während die Mehrzahl gänzlich austrocknet. Die Quellen dieser Küstenflüsse liegen theils auf dem Hochplateau der Sbach und Schotts, theils am Nordabhange dieses Plateaus und in den reichgegliederten Bergzügen des Tells, das durch diese Wasser-Rinnsale bewässert wird. Die namhaftesten unter diesen Küstenflüssen sind von Ost nach West: die Medscherda mit ihrem Nebenflusse, dem Milleg; beide entspringen auf dem großen Hochplateau der algerischen Provinz Constantine,

*) Siehe Petermann. Karte des Mittelmeeres. Blatt Nr. 6.

erstere inmitten der Ruinen von Khamiffa. Die Medjcherda durchströmt eine fruchtbare, ziemlich breite Thalebene, verläßt nach einem Laufe von 100 Km. in ostnordöstlicher Richtung Algerien und mündet nach weiterem 290 Km. langen Laufe in gleicher Richtung durch Tunesien, in die Bucht von Porta Farina, nördlich von Tunis.

Die Seybuse, welche auf der Hochebene von Tifach entspringt, wird in der fruchtbaren Küstenebene von Bone auf der letzten (20 Km. langen) Strecke ihres circa 230 Km. langen Laufes zeitweise schiffbar. Im Osten der Seybuse und im Süden der Hafenstadt La Calle liegen drei kleine abfluß= lose Seen (El Melah, El Hout und Ubeira), im Westen der gegenwärtig durch einen Canal mit der Seybuse (beziehungs= weise der Mebudscha, Nebenfluß derselben) verbundene Fezzara=See, der in Folge dieses Abflusses von seiner einstigen Größe (140 Qu.=Km., 1˙5 –3˙5 Mtr. tief) beträchtlich verloren hat und binnen kurzer Zeit gänzlich austrocknen wird. Der Rummel*) (235 Km.), der Sahel (210 Km.), der östliche Isser (220 Km.), der aus der Vereinigung der Schiffa und anderer Wadis entstehende Mazafran, welche am Nordabfalle des Schottplateaus entspringen, sind Wildbäche, welche auf großen Strecken, in tiefeingeschnittenen, wild= romantischen Schluchten und Defiléen fließen, unter ihnen sind das Biban=Defilé des Sahel und die Schluchten der Schiffa besonders nennenswerth.

---

*) Die Flußläufe Algeriens und der ganzen afrikanischen Mittelmeerküste führen auf den einzelnen Abschnitten ihres Laufes verschiedene Namen, meist nach dem Stamme, dessen Territorium der Fluß durchzieht: ich führe hier jene Namen an, die sich bei der europäischen Bevölkerung eingebürgert haben und von den Geographen auf den ganzen Flußlauf übertragen wurden.

Das bedeutendste fließende Gewässer dieser Gattung ist der Scheliff (Ajar der Römer), welcher aus zwei Quellarmen entsteht, dessen einer, der Ued Sebgâg, am Nordfuße des Dschebel Amur entspringt (der einzige Fluß, welcher das Schottplateau ganz durchfließt und in Folge dessen das Becken der Schotts in zwei Theile trennt, da der Dschebel Amur den Südrand des Hochplateaus krönt), unter verschiedenen Namen das Steppenplateau nach Norden durchfließt, während der andere als Ued Wassel am Südfuße des Uanscherisch-Massivs entspringt und sich nach kurzem östlichen Laufe mit dem ersteren vereinigt. Der nunmehr Scheliff benannte Fluß durchbricht den Nordrand des Plateaus in einer engen und tiefen Schlucht und umfließt in einem großen nach Westen auslaufenden Bogen das vorgenannte Bergmassiv, worauf er bei Orléansville die schmale und fruchtbare Alluvialebene seines Unterlaufes betritt und nach 695 Km. langem Laufe (425 Km. vor der Vereinigung beider Quellarme ab) östlich von Mostaganem mündet. Seine Wassermenge ist trotzdem sehr gering, und führt der Fluß per Secunde nicht mehr als 30 Kbmtr.; im Sommer sinkt dieses Volumen unter 1 Kbmtr., während der Fluß in seinem Oberlaufe gänzlich austrocknet und nur durch die Nebenflüsse (Dördör, Ruina, Fabba, Isly, Riu, Mina) gespeist wird, welche ihm aus dem Uanscherisch-Massiv und aus dem Nordabfalle des Steppenplateaus am linken Ufer zugehen. Der Fluß ist durchaus unschiffbar.

Der Ued Mokta, welcher aus der Vereinigung des Ued Sig (240 Km.) und Ued el Hammam oder Habra (245 Km.) entsteht, mündet, indem er die ausgedehnten Sümpfe an der Vereinigung dieser beiden Flüsse entwässert, in den Golf von Arzew. Die Tafna (170 Km.), im Oberlaufe ein reißender

Wildbach, behält auch im Unterlaufe selbst im Sommer noch
hinreichend Wasser, um die fruchtbare Ebene ihres Mittel=
laufes zu bewässern, und mündet gegenüber der Insel
Raschgun. Rechts nimmt die Tafna den Isser, dessen
Zufluß, der Saffaf, beim Durchbruch des Hochplateaurandes
eine schöne Cascade bildet, und links die auf marokkanischem
Boden entspringende Mnïla auf.

Der westlichste der Küstenflüsse des Mittelmeeres, die
Muluja, entspringt in den Abfällen des die beiden Knoten=
punkte Dschebel Aïaschin und Dschebel Mestalitha verbindenden
Querrückens des großen Atlas und fließt in stark gekrümmtem
Laufe zuerst nordöstlich, dann nördlich dem Meere zu, in
das sie circa 8 Km. westlich der algerisch=marokkanischen
Grenze mündet. Die Angadebene an ihrem Mittellaufe ist
von ziemlicher Fruchtbarkeit; der circa 400 Km. lange Fluß
ist im Sommer sehr wasserarm, trocknet aber nicht völlig
aus; die kleinen Flüßchen im Rifgebiete können wir hier
füglich übergehen. Im Süden bis Südosten der Hafenstadt Oran
liegen auf der durch die Steilküste begrenzten ersten Stufe
des Tell einige seichte (1—3 Mtr. tiefe) Salzseen, deren
größter und westlichster (kurzweg Sebcha genannt) circa
220 Qu.=Km. Fläche bedeckt, im Sommer jedoch nur partien=
weise mit Wasser gefüllt ist.

Gebiet des offenen Atlantischen Oceans.

Unter der großen Zahl von Gewässern, welche zwischen
Tanger und dem Cap Agulhas dem Atlantischen Ocean direct
tributär sind, nimmt der mächtigste unter den Strömen
Afrikas, der Congo, den ersten Rang ein. Nicht nur daß er
die größte Fläche, nämlich 3,206.050 Qu.=Km., entwässert, ist
er auch der wasserreichste Strom und verdankt diesen Wasser=

reichthum der Lage seines Stromgebietes in der Zone der
äquatorialen und tropischen Regen überhaupt. Nächst dem
Nil gehören die meisten Hochlandsseen Afrikas seinem Gebiete
an; mit dem Strome Aegyptens hat er die Gliederung seines
Laufes gemein. Sein Stromgebiet, das eine nahezu kreis=
förmige Form hat, umfaßt die feuchteste Region im Herzen
des Continents, der Wasserreichthum im Quellgebiete seiner
nordöstlichen und südlichen Zuflüsse dürfte auf der ganzen
Erdoberfläche kaum übertroffen werden. Von der Fläche, die
er entwässert, sind mehr als die Hälfte Wald= und Cultur=
land (1,700.000 Qu.=Km.), der Rest (1,506.050 Qu.=Km.)
entfällt auf Savannen und zumeist üppiges Grasland, das
nur im Südwesten, nach den Berichten Buchner's, Pogge's
und Schütt's, stellenweise trotz der reichen Niederschlags=
mengen steppenartigen Charakter hat.

Nach dem gegenwärtigen Stande unserer Kenntnisse
läßt sich die Wasserscheide seines Stromgebietes nur im
südlichen und stellenweise im östlichen, nordwestlichen und
nordöstlichen Theile mit einiger Genauigkeit fixiren. Die
nördliche Wasserscheide zwischen den Niamniamländern
und den kannibalischen Apfuru ist gänzlich unerforscht,
ebenso wie jene im Süden des Bangweolo=Sees und im Westen
des Afenyaru und Muta Nzige. Im Norden fällt die Wasser=
scheide mit der nordäquatorialen, im Süden mit der süd=
äquatorialen Hauptwasserscheide des Continents zusammen.
Gehen wir von der Mündung des Congo am Nordufer
nach Osten, so läuft die Wasserscheide zunächst auf der höchsten
Stufe des Hochplateaus der Basunda, Babwende und Bateke
in circa 800 Mtr. Seehöhe, nach Nordosten und Norden,
wendet sich daselbst nach Nordwesten, überschreitet das Hoch=
land der Bakoro, und dann wieder in nördlicher Richtung

jenes der Umbete, auf dessen Nordwest= und Westabfalle die
Quellen des Ogowe und seiner rechtsseitigen Zuflüsse liegen,
überschreitet unter circa 13⁰ 30' östl. L. v. Gr. den Aequator*)
und dürfte bis etwa 16⁰ östl. Länge v. Gr. und 4⁰ nördl.
Breite in nordnordöstlicher bis nordöstlicher Richtung ver=
laufen.

Von dem letztgenannten Punkte auf dem Hochlande, das
wahrscheinlich den Raum zwischen Benuë und Congo aus=
füllt, und auf welchem die Ngandereberge liegen, in welchen
nach den Erkundigungen R. Flegel's die Quellen des Benuë
sich befinden sollen, dürfte die Wasserscheide, nach der Aus=
breitung der Schari=Zuflüsse zu schließen, in östlicher und
später nordöstlicher Richtung verlaufen, um im Lande der
Krebsch die Nilwasserscheide zu erreichen, mit welcher sie bis
südöstlich von Tabora auf dem ostafrikanischen Hochlande
identisch verläuft. In der Landschaft Ujansi biegt die Wasser=
scheide nun scharf nach Südwesten**) und später nach Nord=
westen, um in der Landschaft Kawendi auf den Kamm der
Bergzüge im Osten des Tanganjika=Sees nach Südsüdosten
ziehend, den Kamm des Lambalafipa=Gebirges zu erklimmen
und im Südwesten des von Thomson entdeckten Hikwa= oder
Leopold=Sees bis Sombe's Residenz nach Westen vorzu=
springen und nun auf der culminirenden Stufe des Hoch=
landes von Urungu, Mambwe und Anyamanga bis 32⁰ 42'
östl. L. v. Gr. in hauptsächlich ostsüdöstlicher Richtung

---

*) Siehe Carte provisoire des itinéraires de Mr. Brazza dans
l'Ogooné, le Congo et le Niari 1880—1882. Compte rendu de Séances
de la Soc. de Géogr. de Paris. Nr. 13.

**) Routen der deutschen afrikanischen Expedition, aufgenommen
von Dr. E. Kaiser, 1880—1882. 1:750,000. Mittheilungen der
Afrikanischen Gesellschaft in Teutschland. Bd. 3. Heft 3.

zu ziehen, sich hier scharf nach Südwesten zu wenden *) und über das Hochland von Tschibale den Kamm des Lokinga- oder Babisagebirges im Süden des Bangweolo-Sees zu erreichen. Sie folgt nun dem Kamme dieses Gebirges, und auf der höchsten Stufe des Hochlandes im Westen desselben, bis etwa zum 25.° östl. L. v. Gr., wendet sich hier nach Nordwesten und verläuft nun in einer vielfach gekrümmten Linie, in hauptsächlich westsüdwestlicher Richtung bis zum Kiokoplateau, einem Knotenpunkte der südäquatorialen Wasserscheide, auf welchem die Quellen von vier verschiedenen Stromsystemen, nämlich des Quanza, Congo, Cubango und Tschambesi, liegen. Der Kammstufe der Talomogongoberge nach Nordwesten folgend, erreicht die Wasserscheide den 6.° südl. Br. und verläuft, in einem großen Bogen die Landschaft Congo im Süden umfassend, in westlicher Richtung zum Cap São Padrão am linken Ufer des Riesenstromes Congo.

Im Quellgebiete zeigt der Congo Verhältnisse, die mit jenen des Nil große Aehnlichkeit besitzen. Auch der Congo hat ein großes Quellreservoir, den Bangweolo-See, in welches im östlichen Theile der eigentliche Quellfluß des Stromes, der Tschambesi, mündet. Der große Wasserreichthum des Congo zeigt sich indeß schon hier, indem der Tschambesi den Schimiju weit übertrifft. Einen zweiten, dem Kagera des Nil ebenbürtigen Zufluß besitzt der Bangweolo nicht, so daß der Tschambesi als Quellfluß des Congo betrachtet werden muß. Der directe Abstand der Quelle des Tschambesi von der Mündung des Congo beträgt 2300 Km., bei einer Gesammtlänge des Stromes von 4200 Km. Dieses Ver-

---

*) Route Survey between Lakes Nyassa and Tanganyika by Mr. Stewart. 1879. Proc. R. Geogr. Soc. 1880.

hältniß, welches nur von den entsprechenden bei dem Nigir und Limpopo überboten wird, ist durch den großartigen Bogenlauf des Stromes bedingt, durch welchen sich, wie bereits hervorgehoben wurde, die großen Ströme des Continents auszeichnen. Der Lauf des Congo bezeichnet, wie dies eine hypsometrische Karte Afrikas sofort erkennen läßt, die große nach Westen abgedachte Riesenmulde Centralafrikas, deren tiefster Punkt vor dem Durchbruche des Congo durch den westlichen Rand des Hochlandes, Stanley-Pool bildet.

Dieser bogenförmige Lauf, sowie der Umstand, daß dem Congo auf dem rechten Ufer auf der Strecke nördlich des Aequators mehrere mächtige und wasserreiche Nebenströme zugehen, berechtigt uns zur Annahme, daß sich hier zwischen 4° und 7° nördl. Br. quer über den Continent bis an die Blauen Berge am Westufer des Mwutan, eine Reihe von Hochlandsmassen hinzieht, welche hinlänglich ausgedehnt sein müssen, um die Zuflüsse dreier Stromsysteme, Nigir (Benue), Schari und Congo, speisen zu können, und deren Höhe wir auf circa 600—700 Mtr. schätzen. So bedeutet denn das centrale Congobecken eine Erhebungslücke inmitten des ringsherum Gehobenen. Aus den Berichten Stanley's geht hervor, daß die dem Congo am rechten Ufer zugehenden Nebenflüsse zum mindesten ihrem Volumen und ihrer Breite an der Confluenz nach zu schließen, eine den größten Zuflüssen am linken Ufer ebenbürtige Entwicklung haben müssen. Wollte man, wie dies von mancher Seite her geschieht, den Uëlle als Tributär des Schari erklären, so ist es sehr schwer, für den Aruwimi, Ufere, Bangala u. s. w. den nöthigen Raum zu ihrer Entwicklung zu finden.

Eine eigenthümliche Stellung im Stromsysteme des Congo nimmt der Tanganjika ein, dessen Ausfluß, wie nunmehr als feststehend angenommen werden kann, periodisch durch Pflanzenbarren abgesperrt wird, und darum nur sehr geringe Wassermengen dem Congo aus dem See zufließen. Als Quellreservoir des Congo spielt daher der Tanganjika eine nebensächliche Rolle. Wenn eine Parallele zwischen Nil und Congo weiter zulässig wäre, müßte man den westlichen durch den Kassali=See strömenden Lualaba, dessen Quelle am Westabfalle der Kone=Berge, der Fortsetzung der Lokinga= Berge, also der südäquatorialen Hauptwasserscheide, zu suchen ist, als zweiten Quellfluß des Congo bezeichnen, und der Umstand, daß sowohl der Name des Congo bei Njangwe Lualaba ist und dieser eine Reihe von sieben Seen ent= wässert, beziehungsweise durchströmt, würde dieser Auffassung jedenfalls mehr Berechtigung geben, als der seinerzeit von mehreren Gelehrten und Forschungsreisenden geltend gemachten Version, als sei der Quango oder der Kassai die eigentliche Quellader des Congo.

Der Tschambesi entsteht aus einer größeren Zahl von Quellbächen auf dem welligen Hochlande der Landschaften Mambwe und Anhamanga südöstlich des Tanganjika=Sees in einer Seehöhe von 1300—1650 Mtr., der Tschosi genannte, in südlicher, später in südwestlicher Richtung als Tschambesi in den Bangweolo=See strömende Fluß erreicht schon nach 150 Km. Lauf eine Breite von 37 Mtr., nach weiteren 20 Km. Lauf ist er bereits durch den Lokinha und Màpampafluß verstärkt, 146 Mtr. breit, 40 Km. vor seiner Mündung in den See schon 183 Mtr. breit und 4·7 Mtr. tief, endlich nach Aufnahme der beiden Nebenflüsse Lokulu und Manzia nahe seiner Mündung, wo ihn Livingstone wenige Wochen vor seinem Tode (1873) zur Regenzeit überschritt, 366 Mtr. breit und 5·4 Mtr. tief,

seine Strömung betrug 1·3 Mtr. in der Secunde, und das
Volumen, welches er in der Secunde führte, 2370 Kbmtr.
Sein Inundationsgebiet im Unterlaufe hat eine Breite von
6·4 Km.*) Soweit bekannt, ist sein 350 Km. langer Lauf
im Unterlaufe von Stromschnellen frei.

Der Bangweolo-See, zwischen 10⁰ 50' und 12⁰ südl. und
zwischen 28⁰ 30' und 30⁰ 50' östl. L. v. Gr., im Süden von dem
bis 2100 Mtr. hohen Lokinga-Hochlande, im Norden von
den Urungu-Bergen und im Westen von den Konde-Irunga-
Bergen eingerahmt, in 1124 Mtr. Seehöhe gelegen, sammelt
nun sämmtliche Gewässer der oben genannten Hochländer,
und bildet mithin das Quellreservoir des Congo. Im Gegensatze zum Victoria Nijansa, der nur circa 100 Mtr. höher
liegt, hat der Bangweolo-See größtentheils ganz flache Ufer,
so daß das Wasser des Sees zur Regenzeit mit jenem der
überströmenden Zuflüsse längs des ganzen Ostufers und auf
großen Strecken des Nord- und Ostufers das Land auf
mehr als 30—40 Km. Breite überschwemmt, und seine
Fläche, welche zur Trockenzeit auf 19.680 Qu.-Km. geschätzt
werden kann, dann auf mehr als 26.000 Qu.-Km. anwächst.
Aus dem 1·5—2 Mtr. tiefen Wasser des Inundationsgebietes ragen dann nur die zahllosen Termitenbauten hervor.
Im nordwestlichen Theile ist der See von fünf größeren
Inseln (Lifungo, Kisi, Tschiribe, Moezi und Mpabala)
besetzt, an dem Nordostufer sind gleichfalls mehrere kleine
Inseln vorgelagert, während im südlichen Theile des Sees
die Insel Kasanga isolirt auftaucht. Nach der Darstellung

*) A map of a portion of Central-Africa by Dr. Livingstone
from his own surveys 1866 to 1873. — A. Sketch map of Part
of South Eastern Africa to illustrate the Journeys of Dr. Lacerda
(1798) the Pombeiros (1806—1811) and Major Monteiro (1831—1832).

Livingstone's hat der See an seiner Nordwestseite einen 64 Km. breiten Abfluß in nördlicher Richtung, den Luapula, während Wainwright, der Diener Livingstone's, der die Leiche des berühmten Forschers nach der Küste brachte, diesen Ausfluß an das Südwestufer verlegt, und den Luapula einen großen nach Westen vorspringenden Bogen längs des Abfalles des Konde-Irunga-Hochlandes beschreiben läßt.*)

Außer dem Tschambesi nimmt der See zahlreiche Zuflüsse aus dem ihn umgebenden Hochlande auf; unter denselben erreichen der Lolingela nahe seiner Mündung 274 Mtr. Breite, die übrigen sind 15—90 Mtr. breit und besitzen ein 90—183 Mtr. breites Inundationsgebiet, das sie metertief zur Regenzeit überschwemmen. Eine specielle Eigenthümlichkeit der Uferlandschaften des Bangweolo sind die »Schwämme« genannten Sümpfe, welche meist zu beiden Seiten der zahlreichen Riunsale das Land bedecken und in mancher Beziehung den Mooren gleichen, jedoch keinen Torf enthalten, sondern vielmehr aus poröser schwarzer Erde bestehen, welche mit hartem steifen Grase bedeckt ist. In diesen Schwämmen circulirt das Wasser beständig und sickert nach den Flüssen ab.

Der Boden des Sees besteht aus feinem, weißem Sand und dacht sich sehr langsam ab, so daß ein 90—100 Mtr. breiter Binsengürtel die Wasserfläche von dem flachen Ufer trennt, auch läßt die tief meergrüne Farbe des Wassers auf geringe Tiefe schließen.

Nach einem vielfach gekrümmten Laufe von 230 Km. Länge strömt der 107—184 Mtr. breite Luapula in den

---

*) A map of eastern equatorial Africa compiled by G. Ravenstein and published under the authority of the R. Geogr. Soc. London 1881.

Moero = Okata, ein Seebecken von circa 5000 Qu.=Km.
Fläche, dessen Längenachse von Südsüdwest nach Nordnordost
verläuft und das im Westen von dem Rua=Hochlande
umrahmt wird, aus welchem dem See zahlreiche Zuflüsse
(Lofuku, Kafira, Mokoa, Kamfua, Moronde, Kampombwe)
zugehen, deren Lauf aber noch unerforscht ist. Nördlich der
Einmündung des Luapula ist der See von zwei Inseln
besetzt, von welchen die größere Insel Kirwa circa 250 Qu.=Km.
groß ist. Am Ostufer empfängt der See aus den Hochländern
von Kabuire, Itawa und Urungu eine Reihe von Zuflüssen,
deren Breite zwischen 27 und 90 Mtr., deren Tiefe zwischen
$1/_2$ und 12 Mtr. schwankt. Der bedeutendste unter den=
selben, der Kalongosi, entspringt in den Urungubergen,
nimmt rechts den durch den Kifi verstärkten Moambadzi
und den eine fruchtbare und breite Alluvialebene in der
Landschaft Itawa durchströmenden Tschisera, mit dem Tschoma
links den Luena auf und mündet in nordwestlicher Richtung,
230 Mtr. breit und 3—4 Mtr. tief, nachdem er oberhalb
der Tschisera = Confluenz Katarakte gebildet hat, nach
210 Km. langem Laufe in den Mvero=See. Sein linksseitiger
Nebenfluß Luena, im Oberlaufe Lofubu genannt, bildet in
den Urungubergen einen schönen Wasserfall. Auf halbem
Wege zwischen dem Bangweolo= und dem Moero=See em=
pfängt der Luapula den ziemlich wasserreichen, 46 Mtr. breiten
und 14 Mtr. tiefen Luongo. Ein kleines abflußloses See=
becken, der Moswe=See, durch den Abereze gespeist, · liegt
in 1012 Mtr. Seehöhe südöstlich des Moero=Sees.

Die Ruaberge durchbrechend, verläßt der nunmehr Luwwa
und Lualaba (von Livingstone Webb's Lualaba) genannte
Strom den in 914 Mtr. Seehöhe liegenden See an dessen
Nordspitze und strömt in nordwestlicher, später nördlicher

Richtung weiter, um sich unter 6° südl. Br. seeartig zu erweitern*) und sich für die nächsten 100 Km. seines Laufes nach Westen zu wenden, dann aber wieder seine ursprüngliche nördliche bis nordwestliche Richtung zu verfolgen. Auf dieser Strecke empfängt der Strom am rechten Ufer mehrere bedeutende Zuflüsse, unter welchen der in den Bergen von Itande entspringende Lofunzo, der schon an seiner Quelle 46 Mtr. breit und 2 Mtr. tief ist, der vereinigte Luisi und Luvigila und der Lukuga, der Abfluß des Tanganjika-Sees zu nennen sind.

Der letztere führt uns zunächst zu dem drittgrößten Süßwassersee Afrikas, dem Tanganjika-See, der zwischen 3° und 9° südl. Br. gelegen, auf 528 Km. Länge einen Theil jener großen Bruchspalte ausfüllt, welche bei der Hebung des ostafrikanischen Hochlandes sich bildete. Erdbeben, welche in neuerer Zeit (1880) an den Ufern des Sees beobachtet wurden, sowie die Thatsache, daß sich das Westufer des Sees noch gegenwärtig hebt, weisen deutlich auf die Provenienz des Seebettes hin. Die Breite des Sees, welcher in 823·3 Mtr.**) Seehöhe im Hochlande eingebettet liegt, wechselt zwischen 22 und 75 Km.,***) seine Längsachse

---

*) Der Kamolondo-See Livingstone's soll nach neueren Erkundigungen nur eine seeartige Erweiterung des Lualaba sein, der hier von zahlreichen Inseln besetzt ist.

**) Nach den neuesten Beobachtungen Hore's stellt sich die Seehöhe des Tanganjika zu 822·9 Mtr., ein Resultat, das mit den von mir angegebenen (die mittlere Höhe Afrikas, S. 4) von 818·6 ± 8·6 Mtr. als auch mit den aus Stanley's Beobachtungen von Zöppritz berechneten (Peterm. Mittheil. 1882, S. 97) 850 ± 23 Mtr. ziemlich übereinstimmt.

***) Lake Tanganyika from a Survey by C. Hore. Proceed. R. Geogr. Soc. 1882. pag. 1.

verläuft von Südsüdost nach Nordnordwest. Das ihn um=
rahmende Hochland fällt nahezu überall steil zum See herab
und läßt nur streckenweise ein weniges Kilometer breites,
ebenes Vorland frei, auf welchem die Ansiedlungen der Ein=
gebornen erbaut sind. Der südliche Theil des Ostufers und
der nördliche Theil des Westufers erheben sich bis zu 800
und 1000 Mtr. über den Seespiegel (der Sumburuja=Pik
am Nordwestende des Sees erreicht 2130 Mtr. Höhe) und
über dieselben stürzen sich eine große Zahl von kleinen
Flüssen in großartigen Fällen und Cascaden in den See,
darunter der Wizi am Südufer in der Landschaft Urungu,
137 Mtr. hoch. Die Tiefe des Sees ist sehr beträchtlich,
jedoch noch nicht erforscht, im südlichen Theile fand Stanley
bei 600 Mtr., Hore bei 308 Mtr. keinen Grund. Im Norden
des Sees, sowie im Burton=Golf, der durch die große in
den See weit nach Norden vorspringende Halbinsel Ubwari
am Westufer gebildet wird, nimmt die Tiefe ab und beträgt
nahe dem Ufer 6—9 Mtr., in größerem Abstande 150 bis
198 Mtr.

Die Scenerie an seinen Ufern, die eine Länge von
1440 Km. haben, ist ziemlich eintönig, nur an einzelnen
Stellen, so z. B. an der Mündung des Lofu im südwestlichen
Theile des Sees, trifft man auf imposante und charakte=
ristische Formen. Der See, dessen Ufer im südlichen Theile
und auf der Ostseite, sowie in der Mitte der Westseite
mehrere tiefe Einbuchtungen hat (Cameron=Bai, Hore=Bai),
ist nur von kleinen Inseln besetzt, worunter die nahe dem
Ausflusse des Lukuga befindliche Gruppe der Kasenge=Inseln
und die Kabogo=Inseln im Süden des gleichnamigen, steil
abfallenden und hohen Vorgebirges zu nennen sind. Nach
der Aussage der Eingebornen und arabischen Händler soll das

Waſſer des Sees ſeit mehreren Jahren beſtändig im Steigen
begriffen ſein; Hore, welcher im Jahre 1879 einen Pegel
errichtete, fand jedoch, daß der Spiegel im Auguſt 1880
um nahezu 3 Mtr. gefallen war, eine Erſcheinung, die
damit im Zuſammenhange ſtehen mag, daß das Waſſer des
Sees in der Zwiſchenzeit die Pflanzenbarre am Abfluß des
Lukuga aus dem See durchbrochen hatte und nun ungehindert
zum Lualaba floß, wie das Thomſon im Jahre 1880
ſah, der den Fluß bei Makalumbi 457—549 Mtr. breit
und 6—9 Mtr. tief mit einer Strömung von 0·6 Mtr. in
der Secunde beobachtete. Zur Regenzeit, welche hier außer-
ordentlich variirt, ſowohl ihrer Dauer nach als nach der
Menge des Niederſchlages, ſteigt der Spiegel des Sees um
0·4—1 Mtr., und nach mehreren aufeinanderfolgenden naſſen
Jahren kann es geſchehen, daß der Spiegel des Sees dann
um 3—4 Mtr. höher ſteht.

Der See empfängt aus den ihn umgebenden Hochländern von Uſipa, Kawendi und Urundi auf dem Oſtufer,
von Ugoma und Marungu am Weſtufer, aus Uzige
im Norden und Ulungu im Süden zahlreiche Zuflüſſe,
deren bedeutendſter der ſüdlich von dem vielgenannten Orte
Udſchidſchi mündende Malagarazi iſt. Derſelbe entſteht aus
der Vereinigung dreier Flüſſe, von welchen der in der Land-
ſchaft Uſui auf der Waſſerſcheide zwiſchen Nil und Congo-
ſyſtem als Meruzi entſpringende Lukoke der waſſerreichſte
iſt, während ſowohl der Ngombe Nullah, als auch der im
Unterlaufe Sindi genannte Wale, welche beide in der Land-
ſchaft Unſamjembe ihre Quelle beſitzen, im Oberlaufe zur
Trockenzeit nur ſpärliches, oder kein fließendes Waſſer führen.
Der Wale Nullah wird erſt nach Aufnahme des Ugalla,
der wieder den Mtambu und Niomanzi aufnimmt, als

Sindi wasserreicher. Der Ngombe als auch der Wale sind zur Trockenzeit nur 18 Mtr. breite Flußbetten mit Wassertümpeln von 1—1½ Mtr. Tiefe, hingegen ist der Sindi nahe seiner Mündung in den Malagarazi 91 Mtr. breit, 1—4 Mtr. tief, der Lukoke 90—120 Mtr. breit und 3 bis 7 Mtr. tief. Durch die Vereinigung dieser Nebenflüsse erweitert sich der Malagarazi bis auf 137—200 Mtr. Breite und führt 12—15 Mtr. tiefes trübes, bräunliches Wasser, dessen ganze Masse sich 32 Km. vor ihrer 600 Mtr. breiten Mündung in den Tanganjika-See über eine Reihe von Katarakten stürzt, wodurch der Fluß unschiffbar wird. Ein Nebenfluß des Ugalla bildet oberhalb der Mündung desselben in den Malagarazi den circa 34 Qu.-Km. großen Sirwue-See. Die Strömung des Malagarazi in seinem Unterlaufe ist sehr stark und beträgt 2·4 Mtr. in der Secunde. Auf seinem 426 Km. langen Laufe (von der Meruzi-Quelle) hat er ein Gefälle von 460 Mtr. oder per Kilometer 1·08 Mtr.

Im Norden des Sees mündet der Rusizi, ein 27 Mtr. breiter und seichter Fluß, der den Kivusee an der Wasserscheide des Congo- und Nilsystems entwässert. Unter den Zuflüssen der Westseite ist zunächst der Lofu zu nennen, dessen Quellen (der Lampussi) im Hochlande von Urungu südsüdwestlich des Tanganjika-Sees liegen und der nach einem 320 Km. langen S-förmigen Lauf in die Cameron-Bai mündet. Der unmittelbar vor seiner Mündung sich buchtartig erweiternde Fluß, mündet durch einen schmalen Spalt, dessen Wände die Bucht verbergen. Im Oberlaufe ist der Fluß 20 Mtr. breit und 2 Mtr. tief und besitzt ein 90—120 Mtr. breites Inundationsgebiet; im Mittellaufe, nach Aufnahme seines bedeutendsten rechtsseitigen Nebenflusses, des Urungu, beträgt seine Breite schon 90 Mtr.

bei 1·3 Mtr. Tiefe, an der Mündung, d. h. jener buchtartigen Erweiterung, hat der Fluß 270—400 Mtr. Breite. Der Lofuku, in der Landschaft Mpala mündend und gleich dem Lofunzo in den Bergen von Itande entspringend, hat in seinem Oberlaufe nur 27 Mtr. Breite und geringe Tiefe; desgleichen ist der aus den Bergen von Ugoma herab= kommende Lugumbu nur ein 27—40 Mtr. breites, 1 bis 2 Mtr. tiefes Flüßchen mit reißender Strömung.

Wie schon erwähnt, findet die Wassermasse des Sees am Westufer an einer tief nach Westen eingeschnittenen Einbuch= tung südlich der Kasenge=Inseln durch den Lukuga einen Abfluß zum Lualaba. Die Austrittsstelle des Lukuga ist nach Stanley 2286 Mtr. breit, verengt sich jedoch bald auf 730 und 360 Mtr., jedoch ist dies nur die Breite des durch Rohr= dickichte umsäumten Flußbettes; die Breite des schiffbaren Fahrwassers schwankt zwischen 37 und 410 Mtr., die Tiefe in diesem zwischen 2—3·5 Mtr. Zur Zeit Stanley's (1876) hörte das fahrbare Wasser schon wenige Kilometer im Westen der Austrittsstelle auf, die Strömung betrug nur 0·07 Mtr. in der Secunde. Es mußte demnach das Wasser des Tanganjika= Sees damals nahezu seinen tiefsten Stand erreicht haben, und der Lukuga durch eine Pflanzenbarre abgesperrt sein. Thomson, welcher den Lukuga im Jänner 1880 besuchte, fand den Fluß frei und mit der schon vorher erwähnten Strömung rasch nach Westen fließend. Nachdem er auf linker Seite den Njemba, auf der rechten Seite aus den Bergen von Uguha den Katamba und Luwika aufgenommen, mündet er zwischen 5 und 6° südl. Br. in den Lualaba.*)

Bevor wir den Lauf des Lualaba weiter nordwärts

*) Siehe Map of the Route of the R. G. S. East African Expe-
dition to Lakes Nyassa and Tanganyika. Journ. R. Geogr. Soc. 1880.

verfolgen, wollen wir den zweiten gleichfalls Lualaba ge=
nannten Schwesterstrom des Congo betrachten, dessen Quell=
reservoir der von Cameron entdeckte Kassali=See bildet. Die
Quelle des auch Kamorondo im Unterlaufe genannten
Stromes liegt auf der südäquatorialen Wasserscheide in den
Kone=Bergen. Der Fluß erreicht schon ca. 100 Km. nörd=
lich der Quelle, dort, wo ihn 1806 die Pombeiros über=
schritten, 91 Mtr. Breite, durchfließt später unter 10° südl.
Br. den Lohemba=See und mündet, nachdem er noch kurz
vorher auf dem linken Ufer den Luburi aufgenommen hat,
in den Kassali=See, ein Becken von ca. 5000 Qu.=Km. Fläche,
dessen Achse der Richtung des Lualaba entsprechend, von
Südwest nach Nordost verläuft. Die von Cameron an=
gegebene Seehöhe von 533 Mtr. ist jedenfalls um 150 bis
200 Mtr. zu gering, da das 450 Km. nördlicher liegende
Njangwe am Lualaba 620 Mtr. hoch liegt.*)

Am Nordostrande des Sees empfängt derselbe noch einen
zweiten größeren Zufluß, den Lufira, dessen Quelle in den Konde=
Irunga=Bergen zu suchen ist, der in seinem Oberlaufe ca. 21 Mtr.
breit ist und vor seiner Einmündung die Tscharwe=Fälle bilden
soll. Ihm geht auf dem linken Ufer unterhalb dieser Fälle
der unweit des Lufira entspringende Lekulwe zu, welcher
im Unterlaufe zwei Seen, den Kimvera= und Kattara=See
durchströmen soll. Der Lualaba verläßt den Kassali=See,
welcher am nordwestlichen Ufer noch den kleinen Lovoi auf=
genommen hat, an seiner Nordostecke und durchfließt in

*) Siehe Map Illustrating V. L. Camerons Route across Africa
1873—75. Die mit Spannung erwarteten Resultate der Cameron'schen
Reise sind bis heute noch unpublicirt geblieben, jedenfalls scheinen so=
wohl die astronomischen Beobachtungen als auch die Höhenmessungen
den Erwartungen nicht entsprochen zu haben.

nordöstlicher Richtung die fünf Seen, Kowamba, Kahando, Ahimbe, Bembe und Siwambo, um sich vor der seeartigen Erweiterung des Luapula (Kamolondo=See) mit diesem zum Lualaba zu vereinigen. Seine Lauflänge läßt sich auf ca. 950 Km. schätzen. Die fünf letztgenannten Seen, welche vom Lualaba durchflossen werden, sind nach den Erkundigungen Camerons kleine Seebecken, deren Größe zwischen 50 bis 150 Qu.=Km. schwanken mag; eine größere Fläche bedeckt der Lohemba=See. Auf Autopsie beruhende Angaben über diesen westlichen Lualaba-und seine Zuflüsse, und über die von ihm durchströmten Seen fehlen noch; was wir darüber wissen, beruht auf den von den Eingebornen eingezogenen Erkundigungen und den Mittheilungen der arabischen Händler, welche das ganze Gebiet schon seit langer Zeit durchreisen.

Die Wassermenge, welche der Luapula oder Luwwa durch die Vereinigung mit diesem westlichen Schwesterstrome erhält, muß immerhin bedeutend sein, da der nunmehr Lualaba genannte einheitliche Strom an der Mündung des Luamo, eines aus der Landschaft Ugoma am Westufer des Tanganjika=Sees entspringenden und durch mehr als 76 Nebenflüsse gespeisten 365—400 Mtr. breiten, 1·8—3 Mtr. tiefen Bergstroms, schon 1300 Mtr. Breite besitzt. Die Einmündung des die Landschaft Bambarre und einen Theil der Kannibalen=Landschaft Manjuema entwässernden Luamo nöthigt den Lualaba zu einer scharfen Wendung nach West und Nordwest, in welcher Richtung er nach einem Laufe von 1530 Km. Länge den 4⁰. südl. Br. überschreitet und an Njangwe, dem in der Erforschungsgeschichte Afrikas vielgenannten Manjuema=markt, als imposanter Strom vorüberfließt.

Am Ende des Oberlaufes des Congo=Stroms angelangt, empfiehlt es sich, noch einen raschen Ueberblick über

die Hydrographie desselben im Quellgebiete zu werfen und
die Frage zu beantworten, ob der Strom bis zu den Quell=
seen schiffbar sei oder nicht. Das Gebiet, welches der Congo
bisher entwässert, liegt ausschließlich auf der südlichen Hemi=
sphäre und zwar in klimatischer Hinsicht in der Zone der
tropischen Regen mit theilweise zweifacher durch eine kurze
Trockenzeit getrennter Regenzeit, wie z. B. in den Land=
schaften auf den ostafrikanischen Hochländern südlich des
4.⁰ südl. Br., woselbst die erste Regenzeit vom October bis
Anfangs Februar und die zweite von der zweiten Hälfte
desselben Monats bis Ende Mai währt; oder mit einfacher
ununterbrochener Regenzeit, deren Beginn sich im selben
Maße mit dem fortschreitenden Zenithstande der Sonne
gegen Süden zu verspätet, weshalb z. B. die Regenzeit am
Tanganjika=See von November bis April, am Bangweolo=
See und auf der Wasserscheide zwischen Congo= und Tschambesi=
system um 3—4 Wochen später, d. h. Anfangs December
beginnt und bis Mai währt.

Damit hängt auch die gänzlich verschiedene Schwell=
zeit des Congostroms im Ober= und Unterlaufe zusammen.
Die Niederschlagsmenge, welche hier zur Regenzeit fällt, ist
in den einzelnen Jahren sehr schwankend, sie beträgt nach
den Aufzeichnungen der Forschungsreisenden und Missionäre
zu Udschidschi 756—1200 Mm. (1879, ein regenarmes Jahr,
756 Mm.);*) am Bangweolo=See schätzte sie Livingstone
auf 1080—1350 Mm.**) Für die Schwellhöhe des Lualaba

---

*) Lake Tanganyika by E. Hore. Proc. R. Geogr. Soc. 1882. p. 23.
Zu Karema fielen in den Monaten Jänner und Februar 1880, 211 Mm.
Regen. (Association Internationale Africaine. Nr. 4. Rapports. 1880.)
**) Livingstone's Reisen in Inner=Afrika 1866—1873. Von
E. Behm. Peterm. Mittheil. 1875. S. 166.

ist die Wassermenge des Tanganjika-Sees wie wir bereits gesehen haben, von untergeordneter Bedeutung, da die seitliche Stellung des Seebeckens und der Charakter des Lukuga die Abgabe größerer Wassermassen an den Lualaba verhindert; die Wassermenge des Bangweolo-Sees und die zahlreichen durch die schon erwähnten Schwämme zur Regenzeit angeschwellten Zuflüsse des Sees sowie des Stromes selbst liefern dem Lualaba ein Volumen, welches jenes zur Trockenzeit um das zwei- und dreifache übertrifft. Der Charakter der Zuflüsse des Bangweolo, welche, namentlich der Tschisera, eine breite Alluvialebene durchströmen, ähnelt in mancher Hinsicht jenem der Nilzuflüsse auf dem leichtgewellten Hochlande von Uganda und Unjoro, nur ist hier das Inundationsgebiet in Folge der zahlreichen, die Flußläufe begleitenden Sümpfe (Schwämme) noch entwickelter. Die Frage nach der Schiffbarkeit des Lualaba vom Unterlaufe des Tschambesi bis Njangwe läßt sich gegenwärtig, wo der Lauf des Luapula-Lualaba vom Ausflusse aus dem Bangweolo-See bis zur Luamomündung noch unerforscht ist, nicht entscheiden. Jedenfalls hat der Fluß bis dahin bei einem beträchtlichen Gefälle eine rasche Strömung.

Es beträgt nämlich:

	die Seehöhe	die Entfern. zwischen	das Gefälle	pr. Km.
	Mtr.	in Km.	Mtr.	Mtr.
der Tschambesiquellen*)	1610			
		350	386	1·1
des Bangweolo-Sees	1124			
		230	210	0·9
» Moero-Sees	914			
		650	294	0·45
von Njangwe	620			

*) J. Stewart. Route Survey between Lake Nyassa and Tanganyika. Proc. R. Geogr. Soc. 1880. Nach Thompson (Altitudes

Da indessen der Strom den Rand des Hochlandes erst
nördlich vom Njangwe durchbricht*) und das Gefälle des
Stromes zwischen dem Bangweolo-See und Moero-See
gegen jenes des Nil zwischen den Riponfällen und Magungo um die Hälfte geringer ist, so könnte der Strom
wohl frei von Stromschnellen und Fällen sein. Eine Entscheidung läßt sich indeß auch deshalb nicht treffen, da die
Seehöhe des Bangweolo- und Moero-Sees keineswegs
ganz sicher steht.

Bei Njangwe zeigt sich der Lualaba (Congo) als ein
herrlicher von zahlreichen bewaldeten Inseln besetzter Strom
mit graubraunem Wasser. Der Strom hat hier eine Breite
von 1250—1350 Mtr., seine durchschnittliche Tiefe ist zur
Trockenzeit 5·9, seine größte Tiefe 8·4 Mtr.,**) seine Strömung
nach Livingstone***) 0·8 Mtr. in der Secunde, somit das
in der Secunde fortbewegte Volumen 6136 Kbmtr. Während
der Monate April bis in die ersten Tage des Juli ist das
Strombett voll und außerdem werden die Niederungen nach
Westen zu auf 2·4 Km. Breite überschwemmt. Dann wälzt
der Lualaba seine Wassermassen auf 4800 Mtr. Breite und
10—12 Mtr. Tiefe nach Nordwesten. Wird seine Strömungs-
geschwindigkeit auf nur 1 Mtr. in der Secunde geschätzt,
so beträgt dann das in der Secunde fortbewegte Volumen
48.000—57.600 Kbmtr., eine Wassermenge, welche die des

in East Central-Africa between Pungwe and Makalumbi. Journ.
R. Geogr. Soc. 50. Vol. p. 268) schwankt die Höhe des Quellgebietes
des Tschambesi zwischen 1295 und 1859 Mtr.

*) Nach Stanley soll der Lualaba schon an der Lijamündung
einige Kilometer oberhalb Njangwe einen kleinen Fall bilden.

**) Stanley: »Durch den dunklen Erdtheil«. II. S. 134.

***) Dr. Livingstone's »Erforschung des oberen Congo« von
F. Behm. Peterm. Mittheil. 1872. S. 407.

Nil bei Kairo, zur höchsten Schwelle desselben, um mehr als
das Doppelte übertrifft. Verfolgen wir nun den Lauf des
Hauptstromes bis zu seiner Mündung. In der Hauptsache
bis zum Aequator und 25° 20′ östl. L. v. Gr. nordnord-
westlich bis nördlich fließend (einzelne Stromwindungen in
nordöstlicher und westlicher Richtung abgerechnet), durchbricht
derselbe auf dieser 280 Km. langen Strecke den Westrand
des ostafrikanischen Hochlandes in einer Reihe von 11 Katarakten und Fällen.

Schon 10 Km. nordwestlich von Njangwe läuft
ein breiter Zug von Klippen durch das Strombett, 15 Km.
unterhalb dieser an der Mündung des Kajuku stürzt die
Wassermasse des Flusses abermals über eine Klippenbank,
das Bett des Stromes, von 10—20 Mtr. hohen Ufern
eingesäumt, verengt sich bis auf 1000 Mtr. und weniger,
um nördlich der Ruikimündung bei dem Dorfe Nkampenba
in einem 750 Mtr. engen Rinnsal voll Strudel und Wirbel
mit reißender Strömung ein Gefälle von 3 Mtr. auf 800 Mtr.
Länge zu überwinden. Unterhalb dieser Stromschnelle verbreitert sich das Strombett wieder auf 1500 Mtr. und
mit einer Geschwindigkeit von 0·7 Mtr. in der Secunde
strömt das Wasser, durch zahlreiche langgestreckte bewaldete
Inseln und Sandbänke getheilt, unbehindert bis zur Mündung
des Lomami, indem seine Breite auf dieser Strecke zwischen
1650 und 2700 Mtr. schwankt und seine Tiefe zur Trockenzeit zwischen 3—9 Mtr. hohen Ufern 5—10 Mtr. beträgt.

Schon 3 Km. nördlich der Lomamimündung tritt der
Strom in ein enges, von 6—30 Mtr. hohen Ufern ge-
bildetes Defilé und stürzt sich über die erste durch die Fälle
Baswa, Scheandoah, Mtunduru, Ober- und Unter-Ajjama
gebildete Abtheilung der Stanleyfälle mit einem Falle von

0·3 Mtr. auf 3 Mtr. Länge über niedrige Terrassen in einer Breite von 800 Mtr. Die Fälle werden mit Ausnahme des Ntundurufalls, bei welchem ein Felsenkamm den gegen 1800 Mtr. breiten, 10—14 Mtr. tiefen und mit einer Geschwindigkeit von 1·1 Mtr. in der Secunde dahinbrausenden Strom ungetheilt durchsetzt, durch eine bis zwei Inseln unterbrochen, so daß der Strom in drei bis vier Armen von ungleicher Breite die den Strom zumeist in einem concaven Bogen durchquerenden Felsenriffe und Bänke überwindet.*)

Es sind großartige Wasserscenen, welche sich auf einer Strecke von 15 Km. dem Beobachter eröffnen, da innerhalb der einzelnen Fälle das Wasser des Stromes fortwährend über Schnellen tost und die bewegte Wassermasse eine kolossale ist. Für die nächsten Kilometer seines Laufes mäßigt sich die Geschwindigkeit des Laufes; der gänzlich klippenfreie Strom, 1800—2700 Mtr. breit, wird erst unter dem Aequator (wenige Kilometer südlich desselben) abermals eingeengt und stürzt über den sechsten Katarakt (Wane-Rukura), worauf der Strom sich entschieden nach Nordwesten wendet, unter 25° östl. L. v. Gr. durch eine langgestreckte Insel in zwei Arme getheilt wird und nach weiteren 41 Km. Lauflänge den letzten oder Wenja-Katarakt überwindet. Hier ist der Strom 1200 Mtr. breit, wovon 490 Mtr. auf die Wasserfläche und der Rest auf die dem rechten Ufer vorgelagerte Insel Wenja entfallen. Mit heftiger Strömung stürzt der 450 Mtr. breite Hauptstrom 3 Mtr. tief in einen kesselartigen Schlund. Der Strom hat nun noch eine schmale durch Klippen besetzte Stelle vor der Mündung des Mbura

---

*) Stanley, »Durch den dunklen Welttheil«. II. S. 147. Der Strom wird auf der Strecke zwischen 18° und 21° östl. L. v. Gr. von den anwohnenden Stämmen kurzweg »Ibari«, d. h. Fluß, genannt.

zu durchbrechen und hat das große Alluvialbecken seines
Mittellaufes erreicht, in welchem er völlig unbehindert seine
kolossalen Wassermengen nach einem 1627 Km. langen Laufe
dem Meere zusendet, indeß nicht ohne nochmals im Unterlaufe den heftigsten Kampf mit dem Felsgestein des Hochlandes auszufechten.

An der Mburamündung, welche die Insel Miola in
zwei Arme spaltet, ist der Congo schon wieder 2300 Mtr.
breit und 16·7 Mtr. tief; ein Strom der Ebene, entwickelt sich der nur von 1·5—3 Mtr. hohen Ufern einge-
faßte Strom bald zu 3000, 3400 und 5000 Mtr. Breite;
sein Bett ist unabsehbar, da es von zahllosen Inseln in
ebensoviele Canäle getheilt wird, in welchen das Wasser mit
einer Tiefe von 6—9 Mtr. und einer Stromgeschwindigkeit
von 0·4 Mtr. in der Secunde ruhig nach Westen strömt.
Unter 21° 35' östl. L. v. Gr. erreicht der Congolauf seinen
nördlichsten Punkt unter 1° 52' nördl. Br. Sein bisher
nordwestlicher und westnordwestlicher Lauf wird nun rein
westlich und westsüdwestlich. An seinem Nordufer tritt hier
ein Hügelzug, die Upotohügel, heran und fällt ziemlich
steil zum Flusse ab, der zur Schwellzeit das Land auf
12—18 Km. Breite überschwemmt, während sein Bett selbst
von Ufer zu Ufer 6—16 Km. breit ist, so daß das von ihm
in der Secunde bewegte Wasservolumen zu Trockenzeit circa
30.000, zur Schwellzeit aber mindestens 60—70.000 Kbmtr.
betragen muß.

Die Wassermenge eines »Bangala« genannten Stromes
im Vereine mit der Configuration des Hochlandes nördlich
des Congobeckens nöthigt den von seinen Anwohnern Ikuta
ya Congo genannten Strom unter 19° östl. L. v. Gr. scharf
nach Südsüdwesten zu wenden. Unter 3° südl. Br. tritt der

Binnenabfall des westlichen Hochlandsrandes an den Fluß
heran, zugleich erhöht sich auch das südliche, beziehungsweise östliche Ufer, die Strombreite nimmt continuirlich von
6000 auf 3700, an der Sankurumündung auf 2800 und
an der Lefinimündung auf 2300 Mtr. ab, bis sie plötzlich
wieder unter 4° 20′ südl. Br. und 15° 47′ östl. L. v. Gr. zu-
nimmt und der Congo das von mehreren Inseln besetzte, seeartige
Becken, Stanley-Pool genannt, bildet. Hier in dem 12 Qu.-Km.
großen Becken sammelt der Strom seine Wassermassen, welche
in einem 24—50 Mtr. tiefen Bette strömen, zu der seit
Jahrtausenden währenden Erosionsarbeit an seinem Thal-
wege durch den Hochlandsrand.

Es ist eine gigantische Leistung die der Strom seither
auf der 345 Km. langen Strecke bis Boma vollbracht hat.
Zu beiden Seiten thürmen sich nun die Ufer zu 120—250 Mtr.
Höhe auf, sehr oft steil, ja wandartig zum Flusse abfallend,
kaum den nöthigen Raum zur Anlage einer Straße längs
des Stromrandes freilassend. 900—2300 Mtr. breit fließt der
Strom noch 8 Km. nach Südwesten, mit der durchschnitt-
lichen Geschwindigkeit von 0·8 Mtr. in der Secunde; doch
nun beginnt unterhalb der französischen Station Ntamo oder
Brazzaville jene Reihe von 32 Fällen und noch zahlreicheren
Stromschnellen, welche Stanley die Livingstone-Fälle des
Congo genannt hat. In zahlreichen Windungen hat sich der
Strom bemüht, das harte Urgestein des westlichen Hochlandsrandes auszunagen, um das 314 Mtr. tiefer liegende
Niveau seines Mündungsgebietes zu erreichen. Weder in
der alten noch neuen Welt läßt sich für diese Erosions-
leistung eines Stromes ein Analogon aufstellen. Wohl ist
der Fall des Niagara imposanter, allein dort hatte das
Wasser nur ältere Sedimente auszunagen; der Congo hat

sein Bett in den krystallinischen Schiefern der Hochlandsmasse eingegraben.

Dieser Hochlandsrand, seit den Forschungen der deutschen Loango-Expedition als westafrikanisches Schiefergebirge bekannt, besteht nach Dr. Pechuel-Lösche aus einer ausgezeichnet entwickelten Reihe krystallinischer Schiefer: Quarzsandstein, Phyllite, Glimmerschiefer und Quarzite. Die Schichten streichen von Südsüdost nach Nordnordwest, Granitmassen sind ihnen im Westen am Unterlaufe des Congo vorgelagert und bilden hier die beiden charakteristischen Fetischfelsen am Südufer, und Blitzfelsen am Nordufer, durch welche der Austritt des mächtigen Stromes aus dem Hochlande markirt wird. Die Nähe des bedeutenden Granitdurchbruches erklärt genügend die Schichtenstörungen, welche in der Kataraktenregion des Congo stattgefunden, wo der Glimmerschiefer sich in den verschiedensten Stadien der Zersetzung findet.

Der Strom ist von Ntamo ab ein riesiger Wildbach geworden, welcher in einem steil abschüssigen Bette rauschend hinabstürzt. Granitrisse, ganze Reihen von Felsmauern versperren ihm den Weg. Mit einer Geschwindigkeit von 13·5 Mtr. in der Secunde stürzt die Wassermasse des Congo zunächst über den Ntamofall, der eigentlich von drei Katarakten, »der Vater, die Mutter, das Kind«, gebildet wird, hinab und jagt tosend und schäumend über Stromschnellen zum zweiten und zum dritten der Kululufälle, über die sich der 400 Mtr. breite und 42 Mtr. tiefe Strom stürzt. Es folgen drei kleinere Fälle, und nach einer 30 Km. langen nur durch Stromschnellen gestörten Strecke westlich des Nkenke-Flusses ein weiterer. Der in Fesseln geschlagene Strom durch die Felsufer an der Ausbreitung verhindert

(seine Breite schwankt zwischen 400—800 Mtr.), sucht Raum
nach der Tiefe, und erreicht stellenweise 90 Mtr. Tiefe und
mehr.

Es folgt nun wieder eine nur durch einzelne Strom=
schnellen unterbrochene Strecke, dann aber eine 38 Km. lange
Strecke, auf welcher Fall auf Fall folgt, so die Inkissi=,
Njeto=, Mowa=, Massasse= und Zingasälle und zwischen ihnen
Stromschnellen, welche das Wasser in stetem wilden Aufruhr
erhalten. An einzelnen Stellen, so z. B. oberhalb der Mowa=
und Zingasälle=, erweitert sich das Flußbett zu kesselförmigen
Becken von 800—1000 Mtr. Breite, scheinbar um neue
Kraft für den Riesenkampf mit den Felsen zu sammeln. Nach=
dem der Strom den Mbelo=Katarakt überwunden, fließt er
30 Km. fast unbehindert weiter und stürzt sich dann über
die Mansau= und Ngombi=Fälle. Nach weiterem 64 Km.
langen durch Stromschnellen gestörten Laufe folgen die
Itunzima=Fälle. Der Strom, welcher bisher in südwestlicher
Richtung abwärts stürmte, macht oberhalb der beiden Isangila=
Fälle eine scharfe Wendung nach Südsüdwest und Süden,
und überwindet auf dieser 35 Km. langen Biegung die
letzten Endrisse, die Jellala=Fälle, von welchen der Njongo=
Jellala=Fall eine Höhe von 4·5 Mtr. hat. Schon unterhalb
der Itunzima=Fälle hat der Strom sich auf 1200 Mtr.
Breite erweitert, bei Kilolo beträgt seine Breite schon 1300 Mtr.
und nimmt, nachdem er zwischen den beiden Jellala=Fällen
sich die letzte Einengung auf 400—500 Mtr. gefallen läßt,
continuirlich an Breite zu. Ruhig und glatt strömen die
dunkelbraunen Gewässer des Stromes nach Westsüdwest,
nichts verräth den Riesenkampf, den sie ausgefochten haben,
um das Küstenflachland zu erreichen. Wir müssen uns hier
auf diese flüchtige Skizze der Kataraktenregion des Congo

8*

beschränken, obwohl sie allein hinreichenden Stoff zu einer
eingehenden und für den Geographen interessanten Arbeit
abgeben könnte.*) Die Scenerie in dieser gigantischen Thalschlucht
des Congo wird noch dadurch großartiger, daß von Strecke
zu Strecke, bald am rechten, bald am linken Ufer 20—50 Mtr.
breite Flüsse in herrlichen Cascaden 60—90 Mtr. tief
zum Strome herabstürzen.

Bei dem Berge Noki erreicht der Strom wieder eine Breite
von 780 Mtr., die Berge treten beiderseits zurück und geben
dem Strom freien Spielraum zur Entfaltung seiner riesigen Wassermasse. Wohl erschweren noch einzelne Felsen die
Schifffahrt, doch sie sind leicht zu umgehen, da der Strom
immer breiter wird, und endlich oberhalb Boma 3200 Mtr.
Breite erreicht. Hier tritt derselbe nun in die Alluvialebene seines Unterlaufes. Eine Zeit lang begleiten auch oberhalb Boma hohe Ufer den Strom, dann aber ist Alles, Uferrand und Inseln bis zur Mündung ein unabsehbarer, überreich getränkter Alluvialboden; bei Hochwasser ist kaum irgendwo ein trockenes Plätzchen zum Landen zu erblicken. Der
erste Abschnitt des Fluß-Archipels, bis Punta da Lenha
(64 Km.), zeigt ein großartiges Inselgewirre. Die langgedehnten Inseln sind hier derartig im Flußbette vertheilt,
daß ein charakteristischer Hauptstrom nicht mehr zu erkennen
ist.**)

Zuerst zeigt sich eine Kette von Inseln, die ziemlich
die Mitte des Flusses innehalten, so daß dieser dadurch in
einen nördlichen und südlichen Arm zerlegt wird. Die haupt

*) Stanley, »Durch den dunklen Welttheil«. 2. Bd. S. 369—500.
**) »Der untere Congo.« Peterm. Mittheil. 1877, S. 298 u. ff.
Aufnahme des Congo und seiner Delta-Verzweigungen, von Medlycott und Flood 1875. 1 : 150,000. Peterm. Mittheil. 1877, Taf. 16.

sächlichsten dieser Inseln sind die Buka-, Kete-, Chombe-
und die östlichen Stoking-Inseln. Auf der zweiten Hälfte
der Strecke ordnen sich die Inseln wesentlich in zwei langgestreckte parallele Streifen an, so daß drei Flußarme
entstehen. Der nördliche Flußarm heißt Noangwa (Maxwell-
Fluß der Seekarten), der mittlere Canal, welcher allein zur
Schifffahrt benutzt wird, heißt der Mamballa oder Njchibul,
der südliche Rio Sonho. Die breiteste Stelle des Congo-
Deltas innerhalb dieses Inselarchipels mißt 9·3 Km., wovon
allerdings mehr als die Hälfte die Inseln einnehmen. Den
Schluß des Archipels bilden die, Punta da Lenha vorgelagerten Draper-Inseln und Gras-Inseln. Bei dieser
Handelsfactorei beginnt die zweite abweichende Inselbildung
des Congo, wobei die Hauptmasse des Stromes eine 3 bis
6 Km. breite inselfreie Stromfläche bildet, welche nach beiden
Seiten zahllose enge und gewundene Zweigarme entsendet,
die sich vielfach untereinander kreuzen und verschlingen, um
schließlich wieder ihre Gewässer mit dem Strom zu vereinigen.*)

Es wird dies eine Bayouxbildung genannt, wie denn
überhaupt das Delta des Congo kein eigentliches im strengen
Sinne des Wortes ist. Das alte Flußbett, das heißt der
ganze von diesem Flußnetze und seinem Alluvium einge-
schlossene Raum, hat hier eine Breite von 32 Km., während
die Breite des Hauptstromes 3·2—5·6 Km. beträgt. Die
äußerste Mündung des Congo wird durch zwei vorspringende
Landzungen, die Banana-Halbinsel im Norden und die
Antonio-Halbinsel im Süden, bezeichnet. Auf der nördlichen

---

*) Viele dieser Verzweigungen sind reine Schlammbette geworden,
welche zur Regenzeit in Tümpeln Wasser führen.

befindet sich das French=Cap benannte Cap, auf der südlichen bildet die zu Ehren des Congo=Entdeckers Diego Cam durch einen marmornen Denkpfeiler bezeichnete Punta de Padrão den Thorpfeiler der Congomündung, welche eine Breite von 10 Km. besitzt und durch eine Barre gesperrt wird. In diesem breiten Bette wälzt der Congo bei einer Tiefe, welche zwischen 37 und 1646 Mtr. schwankt, und einer Strömung, welche auf der Strecke unterhalb der Jellala=Fälle bis zur Mündung 1·6—3·1 Mtr. in der Secunde beträgt, eine Wassermasse, welche zur Trockenzeit mindestens 70—80.000, zur Zeit des Maximums der Fluß= schwelle aber jedenfalls 120.000 Kbmtr. in der Secunde erreicht. Die starke Strömung führt das Wasser des Congo weit in den Ocean hinaus, schon 12 Km. südlich der Mün= dung geht das Grün des Meeres in ein lichtes Braun über, das zur Schwellzeit des Stromes röthlich wird. Noch 22 Km. westlich der Mündung ist das Wasser vollkommen süß und lehmbraun, ja noch 64 Km. seewärts ist das Wasser brackisch und sticht vom Meerwasser durch die schmutzige Farbe ab. Die Strömung des Riesenflusses soll noch 480 Km. weit im Ocean bemerkbar sein, und zur Regenzeit durch bis 90 Mtr. lange schwimmende Gras= inseln erkenntlich werden.

Der Einfluß der Gezeiten macht sich nur bis oberhalb Boma bemerkbar, indem sich das Wasser des Stromes um 0·2—0·4 Mtr. hebt. Indessen dringt das brackische Wasser über dem süßen nicht über Punta da Lenha hinaus und vermag die Fluth die Strömung nicht aufzuheben.

Diese hydrographischen Verhältnisse des Flusses von Njangwe bis zur Mündung werden durch das Gefälle des Stromes in seinen einzelnen Abschnitten erläutert. Es beträgt:

	die Seehöhe Mtr.	b. Entfern. zwischen Km.	das Gefälle Mtr.	pr. Km. Mtr.
Njangwe	620			
Loowa-Mündung . . .	503	350	117	0·33
Stanley-Fälle:		167	41	0·24
Wena-Kukuru-Fall . .	462	56	12	0·18
Wenja-Fall	450	830	41	0·05
32 Km. südl. v. Bangala	409	408	22	0·05
Bolobo	387	380	60	0·15
Stanley-Pool	327	52	99	1·90
Mbewa	228	293	215	0·70
Boma	13	133	13	0·08
Cong-Münd. b. Cap Padrão	0			

Bevor wir schließlich die Schwellzeiten und Schwellhöhe des Stromes besprechen, müssen wir noch der Zuflüsse desselben gedenken, welche diese Momente im Unterlaufe des Stromes in eigenthümlicher Weise beeinflussen, da ein Theil derselben, nämlich die südlichen, in ihren Schwellzeiten von den nördlichen um fünf bis sechs Monate verschieden sind.

Die südlichen Zuflüsse des Congo, deren Ursprung auf der südäquatorialen großen Wasserscheide des Continentes liegt, charakterisirt zunächst ein auffallender Parallelismus auf weite Strecken ihres Oberlaufes hin. Wenn man von Westen von der Provinz Angola nach Osten etwa unter 10° südl. Br. vordringt, überschreitet man auf der Strecke zwischen 17 und 24° östl. Länge v. Gr. außer 15 größeren Flußläufen mindestens weitere 80 bis 100 kleine Zuflüsse dieser großen Rinnsale, welche jedoch auf ziemliche Strecken hin einen zum Hauptflusse wenig convergirenden Lauf haben; der Abfall des Hochlandes nach Norden erscheint daher wie eine von zahlreichen Furchen und dazwischen liegenden im Allgemeinen nordsüdlich verlaufenden Boden=wellen durchzogene, geneigte Fläche. Fast ausnahmslos sind die Flüsse tief eingeschnitten mit ziemlich hohen und steilen Ufern, welche sie zur Schwellzeit überschreiten und ein Inundationsgebiet von wechselnder Breite schaffen.*) Im Allgemeinen ist ihr Wasserreichthum zur Trockenzeit nicht so bedeutend wie in der äquatorialen Region des Nilsystems.

Von Ost nach West fortschreitend, finden wir zunächst eine Reihe kleinerer 150—350 Km. langer Nebenflüsse, von denen der oberhalb Njangwe mündende Ruiki an der Mündung 100 Mtr. breit und 3·5 Mtr. tief ist. Aus seiner geringen Strömung von 0·5 Mtr. in der Secunde erhellt, daß seine Quelle schon auf einem tieferen Theile der Ab=dachung des Hochlandes liegen muß; auch von dem an der Mündung 60 Mtr. breiten Kajuku gilt dies.

Der erste bedeutendere Nebenstrom des Congo vom Süden her ist der Lomani, dessen Mündung nach Stanley 550 Mtr. breit sein soll und dessen Quelle unter ca. 9° südl. Br. auf der schwach gewellten Abdachung des Hochlandes auf der Wasserscheide zwischen den südlichen Congo=Neben=flüssen des Mittellaufes und den Zuflüssen des Kamolondo (Lualaba) liegt. Er soll nach den Erkundigungen Camerons am linken Ufer den Luwenbi aufnehmen, welcher den Iki=See durchströmt. Seine Laufentwickelung läßt sich auf ca. 1100 Km. schätzen; er mündet oberhalb der Assama=Fälle (Stanley=Fälle). Der nächste bedeutende Nebenstrom des Congo (soweit uns ein solcher aus den Berichten Stanley's über seine Congofahrt bekannt wurde) ist der an seiner

*) Die Schütt'sche Expedition. Mittheil. der Afrik. Gesellschaft in Deutschland. Bd. I. S. 197.

Mündung 450 Mtr. breite Sankuru.*) Nach den überein=
stimmenden Erkundigungen Schütt's, Buchner's, Pogge's
und Wißman's, der Pionniere der deutschen Afrikanischen
Gesellschaft, soll derselbe einen ca. 60—75 Km. langen und
schmalen See (Mucamba, Sankora) entwässern, der seiner=
seits wieder einen großen Zufluß aus Süden aufnehmen
soll. Gewisses ist bis zur Stunde nicht bekannt, wie denn
überhaupt das ganze Gebiet zwischen dem großen Congo=
bogen und 6—7° südl. Br. vollkommen unerforscht ist.**)

Der Fürst unter den südlichen Nebenströmen des Congo
scheint indeß nach Allem, was wir gegenwärtig wissen, der
an der Mündung Ikelemba, im Mittellaufe N'Zaire,
im Oberlaufe Kassai und an der Quelle Cauen genannte
Strom zu sein. Nach Capello und Ivens***) liegt seine
Quelle auf dem Hochlande der Kioko zwischen 11 und 13°
südl. Br., jedenfalls in einer Seehöhe, welche zwischen
1600—1700 Mtr. schwankt. Schon nach wenigen Kilometern
Lauflänge ist der zunächst nach Ostnordost fließende Kassai
ein Gewässer von 15—20 Mtr. Breite und 1—1½ Mtr.
Tiefe und stürzt oberhalb Katende über einen hohen Wasser=
fall, wendet sich sodann über 22° östl. L. v. Gr. nach
Norden und behält mit einer schwachen Neigung gegen
Nordwesten diese Laufrichtung, soweit sie bis hieher bekannt

*) Es bedarf keiner weiteren Erörterung, daß in dem Zwischen=
raume zwischen Lomami und Sankuru wahrscheinlich zahlreiche
kleinere und gewiß auch bedeutendere Nebenströme dem Congo zu=
gehen werden.
**) In nicht zu ferner Zeit wird auch dieses große Gebiet der
Forschung erschlossen sein, da sowohl vom Congo als auch vom
Süden aus mit der größten Rührigkeit an der Aufhellung dieser
Terra incognita gearbeitet wird.
***) Peterm. Mittheil. 1880. S. 347—352.

wurde, bis zur Mündung bei.*) Südlich von Difunda soll
er abermals über mehrere Fälle und Schnellen herabströmen;
unter 8° südl. Br. hat der Strom eine Breite von 120 Mtr.,
ist zur Trockenzeit 3·5 Mtr. tief und hat eine Strömung
von 0·8 Mtr. in der Secunde. Bei Kikassa im Pende=Lande
unter ca. 6° südl. Br. ist der Strom schon 300—350 Mtr.
breit und 5—6 Mtr. tief und durchströmt mit mäßiger Ge=
schwindigkeit eine abwechselnd von dichten Urwäldern und
lichten Campinen (Savannen) gebildete hügelige Land=
schaft.**)

An der Mündung in den Congo muß er eine bedeutende
Wassermenge in diesen führen, da nach Stanley sein
Wasser noch auf 200 Km. abwärts die Färbung schwarzen
Thees beibehält und sich scharf von den Fluthen des
Congo scheidet. Nach den Erkundigungen Schütts sowohl,
als auch Pogge's und Wißman's soll der Kassai unter
7° östl. L. 300 Mtr. breit und 5—6 Mtr. tief sein und
einen 10—12 Mtr. hohen Fall „Mbimbe" bilden, so daß
er auf mehr als die Hälfte seines 1900 Km. langen Laufes
der Schifffahrt unzugänglich bleibt. Hier scheint auch der
Rand des Hochlandabfalles zum großen, ebenen und von
Urwäldern bedeckten Congobecken am weitesten nach Norden
zu reichen. Da die Quelle des Kassai ca. 1650 Mtr. hoch
liegt und der Kassai oberhalb des Mbimbe=Falles nach Schütt
noch 557 Mtr. hoch liegen soll, so hätte der Strom auf

---

*) Die Pogge=Wißman'sche Expedition. Mittheil. der Afrik.
Gesellschaft in Deutschland. Bd. III. S. 216.

**) Beiträge zur Entdeckungsgeschichte Afrikas. 3. Heft. Im
Reiche des Muata=Jamvo. Von Dr. P. Pogge. Berlin 1880. Siehe die
von Dr. R. Kiepert redigirte Karte der südlichen Hälfte des Congo=
beckens.

der ca. 800 Km. langen Bergstrecke seines Laufes ein Gefälle
von 1093 Mtr. oder 1·3 Mtr. per Kilometer.

Die Zahl seiner auf große Strecken mit ihm parallel
laufenden Nebenflüsse ist sehr groß. Soweit dieselben bekannt
sind, empfängt der Kassai auf dem rechten Ufer den Lulua,
einen Fluß, welcher auf der Wasserscheide des Congosystems
entspringt und nach einem ca. 750—800 Km. langen Laufe
etwa unter 5° südl. Br. in den Kassai münden soll. Bei
Becua Mulamba fanden ihn Pogge und Wißman 250 bis
300 Mtr. breit, nicht sehr tief; drei Grad südlicher ist der
Fluß noch immer 200 Mtr. breit und 4—6 Mtr. tief,
bildet aber bei Kabinga zahlreiche Katarakte. Auf dem rechten
Ufer gehen ihm zahlreiche bedeutendere Zuflüsse zu, unter
welchen die Luisa mit dem Kalalimo, der Kalandschi und
der Lubilasch; Flüsse, welche schon im frühesten Oberlaufe
10—15 Mtr. breit und 3—4 Mtr. tief mit reißender Strömung dem Lulua zueilen. Auf dem rechten Ufer empfängt
der Kassai zunächst den im Unterlaufe Kuemb, im Oberlaufe Luembe genannten Fluß und folgen in Entfernungen
von 10—50 Km. sechs größere Zuflüsse, welche dem Kassai
noch südlich des 4. südl. Breitengrades zugehen sollen. Es
sind dies der Tschihumbo, der Luaschimo, der Tschikapa,
der Lowo und der Loango mit dem Luschiko; Flüsse,
welche schon nahe an ihrer Quelle eine Breite von 8 bis
20 Mtr. und 1—3 Mtr. Tiefe erreichen und in steil abfallenden Betten mit starkem Gefälle und zumeist nach Ueberwindung mehrerer Katarakte und Stromschnellen mit reißender Strömung das Hochland durcheilen und nach 150 bis
250 Km. langem Laufe, je nach der südlicheren oder nörd-
licheren Lage ihrer Quellen auf der Hochlandsabbachung,
das ebene Becken des Stromes erreichen, dem sie tributär sind.

Im Mittellaufe erreichen diese Flüsse schon eine Breite
von 60—220 Mtr. bei einer Tiefe von 2—5 Mtr.*) Der
Tschikapa, welcher unter 8⁰ südl. Br. und in einer Seehöhe
von 754 Mtr. eine Breite von 90 Mtr. und 6 Mtr. Tiefe
besitzt, bildet einen 4 Mtr. hohen Wasserfall, ebenso ist der
Loango durch Wasserfälle und Stromschnellen im Oberlaufe
ausgezeichnet. Der Luaschimo, dessen Quellen auf dem Hochplateau der Kioko liegen, dürfte unter diesen sechs Nebenflüssen des Kassai als der längste betrachtet werden; seine
Lauflänge läßt sich auf ca. 550—600 Km. schätzen. Jeder
dieser Nebenflüsse nimmt im Oberlaufe eine Reihe von
Seitenflüßchen auf, welche dasselbe Verhalten wie die ersteren
zum Kassai erkennen lassen. Wir müssen hier darauf ver-
zichten, sie auch nur namentlich anzuführen, da ihre Zahl
zu groß ist.

Der nächste große Tributär des Congo ist der Cuilu,
welcher nach den übereinstimmenden Aussagen der Eingebornen bis nahe zu seinen Quellen von Schnellen und
Katarakten frei sein soll und daher für das Vordringen in
das centrale Congobecken vom Strome aus eine vorzüg-
·liche Operationslinie abgeben könnte. Im Gegensatze zu
seinen östlichen Nachbarn fließt er schon unter 8⁰ südl. Br.
in einem breiten und tiefen Thale und erreicht daselbst
110 Mtr. Breite und 3—5 Mtr. Tiefe, ja selbst 50 Km.
unterhalb seiner Quelle, welche auf der Binnenseite des Abfalles

---

*) Beiträge zur Entdeckungsgeschichte Afrikas. 4. Heft. Reisen
im südwestlichen Becken des Congo von Otto H. Schütt. Heraus-
gegeben von R. Lindenberg. Siehe die im Maßstabe 1:100.000 von
Dr. R. Kiepert bearbeitete Karte der Aufnahmen und Erkundigungen
Schütt's. — Die Buchner'sche Expedition. Mittheil. der Afrik. Gesellschaft
in Deutschland. Bd. III. S. 88 u. ff. mit Karte.

der Mossamba-Berge liegen dürfte, welche die östliche Thal=
wand des Quangothales bilden und fälschlich als Mossamba=
gebirge bezeichnet wurden, hat der Fluß schon 30 bis
35 Mtr. Breite und 1—3 Mtr. Tiefe.

Der letzte bedeutende Tributär des Congo auf dem
linken (südlichen) Ufer ist der Quango. Er entspringt wie
der Kassai auf dem Hochplateau der Kioko unter 11° 30'
südl. Br. in einer Seehöhe von circa 1600 Mtr. In seinem
Oberlaufe ein reißender Bergstrom von 21 Mtr. Breite,
fließt er in tief eingeschnittenem Bette mit anfänglich steilen
und hohen Ufern über zahlreiche Fälle, Katarakte und
Stromschnellen, von denen der Caparanga=, Toaze= und
und N'zamba=Fall zwischen 9° 20' und 11° südl. Br. die
bedeutendsten sind und an welchen der 35—70 Mtr.
breite Fluß mit reißender Strömung, am Caparanga=Fall
z. B. 50 Mtr. hoch, herabfällt. In gewundenem, nach
Nordosten gerichtetem Laufe erreicht der Fluß in circa
900 Mtr. Seehöhe die breite Thalebene bei Cassandsche,
welche im Westen von den Talamogongo=Bergen, im Osten
von den Mossamba=Bergen (circa 1200—1250 Mtr. hoch),
welche den Rand des Hochlandes gegen das Thal des
Quango markiren, umrahmt wird.

Der Strom hat auf dieser circa 280 Km. langen
Strecke ein Gefälle von über 700 Mtr. oder 2·6 Mtr.
per Km. Nach weiteren 230 Km. Lauf stürzt der nun=
mehr über 200 Mtr. breite Fluß über den Suco=ia=
Muquita=Fall unter 7° 50' südl. Br. und soll dann
schiffbar werden und dem Congo zufließen, in welchen
er nach Stanley's Darstellung als 410 Mtr. breiter
Strom unter dem Namen Ibari nkutu südlich von Misongo
nach einem circa 1050 Km. langen, vielfach gewundenen

Laufe mündet.*) Sowohl von dem Talamogongo-Bergen als
auch von den Mossamba-Bergen gehen demselben zahlreiche
Nebenflüsse zu, unter welchen am rechten Ufer der reißende
18 Mtr. breite und 3 Mtr. tiefe Kukumbi, der 30 Mtr.
breite Luhe und der schon im Oberlaufe 21 Mtr. breite
und 2 Mtr. tiefe Cuengo zu erwähnen sind. Am linken
Ufer sind der 21 Mtr. breite Luale und der reißende 50
bis 70 Mtr. breite, aber nur 1—1½ Mtr. tiefe Lui,**)
der nördlich der Muquitafälle mündende Cambo und der
zahlreiche kleine Seen, darunter den Culo-See, entwässernde
Cugho die bedeutendsten.***)

Westlich des Quango empfängt der Congo zahlreiche
kleinere Zuflüsse, welche in der Kataraktenregion zwischen
Stanley-Pool und Boma münden und von welchen einzelne
in hohen Cascaden über die Steilufer des Congo hinab-
stürzen. Die bedeutendsten Nebenflüsse auf dieser letzten
Strecke sind der im Mittellaufe 27 Mtr. breite und tiefe
Kwilo, der gleichbreite Luvu und der 32 Mtr. breite
und 3—5 Mtr. tiefe Mpozo, welche alle auf dem Hochplateau von Zombo entspringen und von welchen der letztere
unweit der Jellala-Fälle mündet.****)

*) Die Forschungen des B. Capello und R. Ivens im Gebiete
des Luanza und Quango. Peterm. Mittheil. 1880, S. 347—352.

**) A. E. Lux, »Von Loanda nach Kimbundu«. Wien, 1880.
— Die Schütt'sche Expedition. Mittheil. der Afrik. Gesellsch. in
Deutschland. Band II, S. 11—17.

***) Nach den Forschungen von Capello und Ivens existirt
der auf den früheren Karten (bis 1877) verzeichnete Aquilonda-See
nicht, an seine Stelle tritt eine Region kleiner, theils abflußloser, theils
durch den Quango und seine Nebenflüsse entwässerter Seen.

****) Brief Account of recent Journeys in the Interior of Congo.
By the Rev. Comber. Proc. R. Geogr. Soc. 1881, pag. 20.

Der südhemisphärischen Lage ihres Quellgebietes nach führen alle südlichen Zuflüsse des Congo während unseres Winters, d. h. zur Zeit des dortigen Sommers im December die größte Wassermenge. Die Schwellhöhe der Flüsse ist sehr verschieden, sie beträgt z. B. im Mittellaufe des Quango 2—3 Mtr., alle Flüsse indessen besitzen zur Regenzeit ein mehr oder minder breites Inundationsgebiet.

Soweit das Gebiet der südlichen Congo-Nebenströme bisher erforscht wurde, ist es verhältnißmäßig arm an Landseen. Von dem schon erwähnten Mucamba- und Iki-See abgesehen, finden wir nur den kleinen, 3 Km. langen, 1·6 Km. breiten Mohrja-See in 939 Mtr. Seehöhe auf der Wasserscheide zwischen dem Kamolondo-Lualaba und Lomami, den Kanumbu-See, den nach Dr. Buchner's Erkundigungen der mit dem Quele vereinigte Luwo durchströmen soll, und eine Reihe kleiner Seen im Gebiete des Quango, beziehungsweise seines links-seitigen Nebenflusses Cugho.

Lassen sich die südlichen Nebenflüsse des Congo als vorwiegend Ebenenflüsse mit kürzerem Berggebiet charakteri-siren, so ist bei den nördlichen Nebenströmen des Congo das Verhältniß ein entgegengesetztes. Da das Becken des Congo hauptsächlich auf dem südlichen Ufer des Flusses seine größte Ausdehnung erreicht, der Strom seinen Lauf gewissermaßen am Abfallsrande der nordäquatorialen Bodenschwelle und Wasserscheide nimmt, so ist auch der Lauf der Nebenströme, welche dem Congo auf dem rechten Ufer zugehen, von Njangwe ab nach Norden überwiegend ein im Berggebiete zurückgelegter. Es sind dies vorläufig allerdings nur An-nahmen, welche sich auf ganz analoge Verhältnisse bei den anderen großen Strömen des Erdtheils stützen.

Nördlich des Luamo bis über die Wenja-Fälle hinaus empfängt der Congo auf dem rechten Ufer nebst zahlreichen kleineren Gewässern fünf größere (im Verhältniß zu den südlichen Zuflüssen, bezüglich der Mündungsbreite diese übertreffend) Flüsse, nämlich: den 275 Mtr. (an der Mündung) breiten und 9 Mtr. tiefen Lira, den 365—450 Mtr. breiten Urindi, den 910—1000 Mtr. breiten Lowwa, welcher durch den Lulu verstärkt werden soll, den 180 Mtr. breiten Leopoldsfluß und endlich den 275 Mtr. breiten Mbura, Mit Ausnahme ihrer Mündungen, die Stanley auf seiner Congofahrt beobachtete, kennen wir heute von keinem derselben den Lauf und die Quelle. Ein Blick auf die Karte zeigt uns, daß ihnen ein verhältnißmäßig kleiner Raum zur Entwicklung ihres Laufes geboten ist, ferner auch, daß sie vom Westrande des ostafrikanischen Hochlandes herabkommen müssen.

Für die kleineren unter ihnen läßt sich ganz gut die an ihrer Mündung in den Congo beobachtete Wassermenge und Breite mit einem circa 4—500 Km. langen Laufe in Einklang bringen. Der Lira, der Urindi mögen ihre Quellen im Berglande am Westufer des Tanganjika in den Landschaften Ubembe und Usige haben und als reißende Bergströme rasch dem Congo zueilen. Die Lage des Quellgebietes nahe dem Calmengürtel mit Regen zu allen Monaten, oder mindestens in der anstoßenden Zone mit acht- bis neunmonatlicher Regenzeit zur Zeit des südhemisphärischen Sommers, erklärt hinlänglich ihre beträchtliche Wassermenge selbst bei verhältnißmäßig kurzem Laufe. Für den an der Mündung 910—1000 Mtr. breiten Lowwa scheint mir der ihm zur Verfügung stehende Raum zur Entwicklung seines Laufes zu gering, wenn wir nicht an-

nehmen wollen, daß er das große, von Stanley entdeckte
äquatoriale Seebecken des Muta-Nzige entwässert. Daß
dieses Seebecken dem Nil nicht tributär ist, darf außer
Frage gestellt werden; wenn es aber überhaupt einen Abfluß
hat, und abflußlose Hochlandsseen von der Größe des Muta-
Nzige (nach den am Hofe Rumanika's eingezogenen Erkundigungen Stanley's dürfte die Fläche des Sees wenig jener
des Tanganjika nachgeben)*) halte ich für eine unzulässige
Conjectur, so kann nach der geographischen Lage des Sees
derselbe nur dem Congo tributär sein. Bei der einfachen
Gliederung des ostafrikanischen Hochlandes ist nicht gut anzunehmen, daß der See seinen Abfluß in der Richtung nach
Nordwesten nimmt, da dieser in diesem Falle den von Bergzügen (der südlichen Fortsetzung der Blauen Berge Backer's)
gekrönten Rand des Hochlandes senkrecht durchbrechen müßte,
vielmehr scheint es mir wahrscheinlicher, daß der See an
der Südwestseite einen Abfluß findet, der aus den vorerwähnten Gründen wahrscheinlich den Lovwa oder einen
seiner Nebenflüsse speist. Inwieweit diese Conjectur der Thatsache nahekommt, muß die hoffentlich bald erfolgende Erforschung des Sees zeigen.**)

Nachdem der Congostrom die Ebene seines centralen
Beckens betreten und, von Inseln seiner ganzen Breite nach
besetzt, nördlich des Aequators den convexen Scheitel seines

---

*) Stanley, »Durch den dunklen Welttheil«. I. Bd. S. 515.
**) Der See dürfte nach Stanley's Beobachtungen in circa
1200—1250 Mtr. Seehöhe liegen und erhält fast gerade unter dem
Aequator am Ostufer den 36 Mtr. breiten und 1 Mtr. tiefen durch die
Mpanga verstärkten Rusango. Der südliche Theil des Sees soll Mikin-
jaga-See heißen und mehrere Inselgruppen enthalten. Der Muta-Nzige
enthält auch die große Insel oder Halbinsel (?) Usongora.

großen Bogens durchläuft, gehen ihm drei mächtige Neben=
flüsse: der Aruwimi, der Ukere und Bangala zu, Flüsse,
über deren Lauf und Ursprung noch völliges Dunkel
herrscht, da wir nur deren Mündung kennen, welche bei dem
Aruwimi 1800 Mtr. Breite erreicht. Stanley*) bezeichnet
den Strom an der Mündung (über circa 23⁰ 30' östl. L.
v. Gr.) als ziemlich seicht und gleich dem Congo mit reicher
Inselbildung. Die Breite des Ukere und Bangala konnte
Stanley nicht beobachten.

Wir sind hiermit auf einen der heikelsten Punkte,
zugleich die größte und empfindlichste Lücke in der Kenntniß
der Hydrographie Afrikas gerathen. Es würde nun aller=
dings genügen, sich mit der vorläufigen Thatsache abzufinden,
daß der Aruwimi sowohl als auch die beiden anderen ge=
nannten größeren Flüsse irgendwo in dem Raume zwischen 2⁰
und 6⁰ nördl. Br. auf der nordäquatorialen, wasserscheidenden
Bodenschwelle ihre Quellen haben müssen, um die sogenannte
Congo=Uëlle=Frage außer Discussion zu lassen. Da indeß
unter den Forschungsreisenden und Geographen sich in
dieser Streitfrage zwei Ansichten gegenüberstehen, welche dia=
metrale Gegensätze in sich schließen, so dürfte dem Ver=
suche, die Streitfrage auf Basis des vorhandenen Materials
zu lösen, einige Berechtigung zuzuerkennen sein.

Nach Auffassung des einen Theiles der Geographen
ist der Uëlle nichts anderes, als der Oberlauf des in den
Tsade mündenden Schari, eine Ansicht, welche von Schwein=
furth, Duveyrier, Hutchinson u. A. verfochten wird,
während andere, unter ihnen Nachtigal, den Uëlle als
dem Congo tributär auffassen.

---

*) »Durch den dunklen Welttheil.« II. Band, S. 145.

Um diese Frage zu lösen, müssen wir erstlich die Höhenverhältnisse zwischen dem Uëlle und dem Schari einerseits,
dem Congo andererseits untersuchen, wir müssen ferner das
Volumen der drei Flüsse und die Schwellzeiten, sowie
Schwellhöhen der Flüsse, welche von der geographischen Lage
des Quellgebietes abhängig sind, ins Auge fassen. Bevor ich
aber dies erörtere, wird es sich empfehlen, den Uëlle bis zu
dem äußersten erforschten Punkte zu verfolgen.

Der Uëlle entspringt nach den Forschungen von Junker
am Westabfalle der Blauen Berge unter 2⁰ 20' bis 2⁰ 30'
nördl. Br. und zwischen 30⁰ und 31⁰ östl. L. v. Gr. im
Lande der Uſi, westlich vom Lande der Luri, aus mehreren
Quellen, welche sich zum Kubi vereinigen, der eine Strecke
von circa 40 Km. nördlich fließt und sich dann unter dem
Namen Kibali nach Westen und westnordwestlich wendet.
Auf dem rechten Ufer erhält der junge Fluß zahlreiche
Rinnsale, welche von der Nilwasserscheide süd- und südwest-
wärts fließen, darunter den Dongo, welcher den Akka und
Garamba aufnimmt, die aus der Landschaft Mundu herabkommen. Unter 28⁰ östl. L. v. Gr. wendet sich der Kibali
nach Westsüdwest, nimmt am rechten Ufer den Duru und
Kapili, letzterer ein 13 Mtr. breites, 1·3 Mtr. tiefes,
zwischen 12 Mtr. hohen Ufern strömendes Gewässer, auf,
nachdem er schon vorher bei Kissango, wo er 104 Mtr.
breit, 4 Mtr. tief ist, und eine Strömung von durchschnittlich
0·3 Mtr. in der Secunde hat, über eine Reihe großer und
hoher Stromschnellen herabströmt. Unterhalb dieser Schnellen
bei Kubi's Sitz, wo ihm auf dem linken Ufer die 49 Mtr.
breite und 1 Mtr. tiefe, zwischen 7 Mtr. hohen Ufern
fließende Gabda zugeht, hat der Kibali eine Breite von
372 Mtr., verengert sich aber unter 27⁰ 45' östl. L. v. Gr.

9*

an dem Punkte, wo ihn Schweinfurth im März 1870 überschritt, auf 260 Mtr. Breite bei 3·8—4·8 Mtr. Tiefe und 0·3 Mtr. Strömung in der Secunde, und fließt zwischen 7 Mtr. hohen Ufern mit geringen abweichenden Krümmungen nach Westen.

Es sind dies Dimensionen, welche der Uëlle zur Zeit des tiefsten Wasserstandes Mitte März zeigte.*) Auf seinem weiteren westlichen Laufe geht ihm der 57 Mtr. breite Mbruole und die 38 Mtr. breite Gurba am rechten Ufer, der 13 Mtr. breite Kliua nebst anderen zahlreichen Flüßchen am linken Ufer zu, worauf er sich etwas nach Nordwesten wendet, später aber wieder die westliche Richtung einschlägt und den 49 Mtr. breiten, durch zahlreiche Zuflüsse verstärkten Uërre am rechten Ufer empfängt.**) Bis zur Mündung der Gurba, beziehungsweise Bakangoi, bis wohin Miani 1872 gelangt war, ist der Fluß, der bisher eine Länge von circa 580 Km. hat, unzweifelhaft bekannt, wenn auch nur auf kurzen Theil= strecken direct erforscht. Nach den Erkundigungen Junker's soll der Uëlle in westlicher bis südwestlicher Richtung weiter= fließen und auf dem linken Ufer zwei bedeutende Flüsse, den Majo (Schweinfurth's Nomajo), der durch den Nalobe verstärkt wird, und südlich desselben den Bapi aufnehmen.***) 260 Km. im Westen der Gurbamündung, bei dem Orte

*) Siehe Schweinfurth: »Im Herzen von Afrika«. Bd. I, S. 589—591. — Dr. W. Junker's »Reisen in Central=Afrika.« Peterm. Mittheil. 1880. Taf. 4.

**) Rundreise in dem südlichen Niamniamlande. Von Dr. W. Junker. Peterm. Mittheil. 1881, S. 252 u. ff. Die Dimensionen des Mbruole, Gurba und Uërre beziehen sich auf die Schwellzeit.

***) Briefe von Dr. Junker aus den Niamniamländern. Peterm. Mittheil. 1881, S. 150, 208, 252 u. ff.

Jngimma soll der Uölle als Bere und Bomo unter 3° südl. Br. am Nordfuße einer Bergkette (König Georgs-Berge) nach Westen weiterfließen. Diese letzteren Angaben rühren von einem griechischen Arzte Dr. Potagos her, welcher in den Jahren 1876—1877 eine Reise im Gebiete westlich des Bahr el Gebel unternommen hatte, und auf welcher er den Ort Jngimma erreicht haben will. Nach desselben Reisenden Mittheilungen*) nimmt der Uölle am rechten Ufer mehrere größere auf der Nilwasserscheide (7° nördl. Br.) entspringende Nebenflüsse auf, so den Bomo, welcher durch den Beti, Mangua und andere Zuflüsse verstärkt wird, und der circa 60 Km. westlich von Jngimma mündet, den Ura, im Oberlaufe Prungo genannt, und den Tsigo, welche beide circa 220—250 Km. westlich von Jngimma in den Uölle, bez. Bomo münden sollen, welcher die Georgsberge durchbrechen und in südlicher bis südwestlicher Richtung dem Congo zuströmen soll. Dies ist der Stand der Erkundigungen über den Verlauf des Flusses bis circa 840 Km. von der Quelle nach Westen.

Ohne auf die Angaben Potagos' allzugroßen Werth zu legen,**) kann nach den Erkundigungen Junker's angenommen werden, daß der Uölle thatsächlich bis etwa 25° östl. L. v. Gr. zumeist eine westliche bis südwestliche Richtung einhält; es darf weiter behauptet werden, daß der Uölle an dieser entferntesten Stelle, durch zahlreiche Neben=

*) Dr. Potagos. Voyage a l'ouest du Haut Nil. Bull. de la Soc. du Géogr. Paris Juillet 1880.

**) Der Reisebericht Potagos' verzeichnet unter den Erkundi= gungen über den Lauf des Uölle mehrere, jeder Wahrscheinlichkeit voll= kommen entbehrende Versionen, enthält so viele Widersprüche, daß es schwer wird, die Spreu vom Weizen zu sondern.

flüsse verstärkt, schon einen bedeutenden Fluß mit beträcht=
lichem Volumen darstellt, umsomehr als die Quellen seiner
südlichen Zuflüsse (Majo und Bapi) zweifellos auf dem
Westabfalle der Blauen Berge unter 1—3° nördl. Br. und
mithin im Calmengürtel zu suchen sind. Auf der 580 Km.
langen Strecke bis Bakangoi dürfte der Fluß ein Gefälle
von ca. 700 Mtr. besitzen, wovon der größere Theil schon
in den ersten 300—400 Km. seines Laufes überwunden sein
mag, da die Strömung des Uelle an der Uebergangsstelle
Schweinfurth's auf kein großes Gefälle schließen läßt. Ich
nehme hierbei die Seehöhe der Quellen zu 1400 Mtr. an
(Abuga's Dorf ca. 40 Km. unterhalb der Quellen nach
Junker, bez. Zöppritz 1330 Mtr.)*) und schätze die See=
höhe von Bakangoi zu ca. 700 Mtr. (Munsa's Residenz nach
Schweinfurth 825·4 Mtr., nach der Correctur durch die
Differenz in der Seehöhe von Chartum 796 Mtr.).

Wäre der Uelle der Oberlauf des Schari, so müßte
der Fluß für die weitere Lauflänge von ca. 1700 Km. ein
Gefälle von 432 Mtr. besitzen, als Oberlauf des Aruwimi
oder Ukere hingegen auf ca. 720 Km. Lauf ein solches von
260 Mtr, wobei einerseits die Seehöhe des Tsade zu 268, jene
der Aruwimi= beziehungsweise Ukere=Mündung zu 440 Mtr.
angenommen ist.**) Die Höhenverhältnisse also sind in diesem
Falle ganz irrelevant für die Entscheidung der Zugehörigkeit des
Uelle, umsomehr, als wir über die Stromgeschwindigkeit des
Aruwimi beziehungsweise Ukere gar keine Angaben besitzen.***)

---

*) Peterm. Mittheil. 1880, S. 142.

**) »Afrika im Lichte unserer Tage.« S. 123. — Die mittlere Höhe
Afrikas. S. 32.

***) Ich lasse hiermit die Frage offen, ob der Uelle als Aruwimi
oder Ukere in den Congo mündet, es ist dies auch für die Lösung

Ziehen wir nun das Volumen der Flüsse in Betracht, so hat der Uëlle an der Uebersetzungsstelle Schweinfurth's 335 Kbmtr. (zur Zeit des tiefsten Wasserstandes); zur Schwell= zeit mag dieses Volumen sich auf das Drei= bis Vierfache erhöhen. Der Schari zeigt nach Barth bei Mele eine Breite von 549 Mtr., 2·2 Mtr. Tiefe und 1·5 Mtr. Strömung in der Secunde, mithin ein Volumen von 1811·7 Kbmtr. (zur Zeit niedrigen, aber nicht des tiefsten Wasserstandes), zur Schwellzeit betrug das Volumen nach Barth 7129 Kbmtr. Das Volumen des Aruwimi an der Mündung läßt sich nach den Angaben Stanley's auf ca. 5200 Kbmtr. zur Zeit des niedrigsten Wasserstandes schätzen. Erwägt man nun, daß der Uëlle auf seinem Laufe, an der Stelle, wo Schweinfurth ihn überschritt, bis 25° östl. L. v. Gr. namentlich am linken Ufer mehrere sehr wasserreiche Gebirgsflüsse aufnehmen soll, sein Volumen zu Ingimma also wahrscheinlich schon jedenfalls mehr als 1000 Kbmtr. in der Secunde betragen dürfte, so ist kaum anzunehmen daß derselbe Fluß nach einem Laufe von mehr als 1500 Km., auf welcher Strecke derselbe auf beiden Seiten noch weite Zuflüsse in großer Zahl aufnimmt, nur ein Volumen von ca. 1800 Kbmtr. haben sollte. Die Wahrscheinlichkeit ist noch geringer, wenn wir das Volumen des Schari zur Schwell= zeit betrachten und im Auge behalten, daß das Verhältniß

des Uëlle=Problems ganz nebensächlich. Die Darstellung Potagos' läßt den Uëlle (Bomo) noch bis ca. 23° östl. Länge von Greenwich in westlicher Richtung verlaufen und dann erst nach Südwesten umbiegen. Da nun die Aruwimi=Mündung nach Stanley unter 23° 30', die Uëlle=Mündung aber unter 21° 45' östl. Länge von Greenwich zu liegen kommt, so scheint mir die Richtung des Uëlle mit der Mündung des Ukere, sowie die Entfernung von nur einem Breitengrad zwischen beiden besser zu stimmen, als mit dem Aruwimi.

der Wasserzufuhr im Oberlaufe des Uëlle zu jener im weiteren
Laufe sich rücksichtlich der entwässerten Fläche wie 1:5·5
verhält.

Umgekehrt drängt sich die Frage auf, woher nimmt
der Aruwimi, beziehungsweise Ukere die Wasserfülle von
7200 Kbmtr. zur Zeit des niedrigsten Wasserstandes, wenn
das Gebiet, welches er entwässert, im Falle der Zugehörig=
keit des Uëlle zum Schari kaum 50--60.000 Qu.=Km. be=
tragen könnte. Als Schweinfurth die Frage aufwarf,
wenn der Uëlle weder zum Schari noch zum Gazellenfluß
strömt u. s. w., wo käme aber alsdann der Schari her?
hatte man noch von dem Laufe des Congo, des „Bahr
Kubanda" Barth's, keine Ahnung, wußte auch nicht, daß der=
selbe in einer nördlichen Breite von nahezu 2° noch mehrere
mächtige wasserreiche Ströme vom Norden her aufnehme.
Heute wird die Frage nach der Herkunft des Aruwimi oder
Ukere (wenn nicht der Uëlle in Verbindung gebracht wird)
dadurch noch verwickelter.*)

Bei nüchterner Betrachtung der hydrographischen Ver=
hältnisse müssen wir indeß zugestehen, daß auch das Volumen
der Flüsse uns keine unwiderleglichen Argumente für die
Begründung der einen oder der anderen Auffassung bietet.
Es erübrigt uns daher noch die Erörterung der Schwell=

---

*) Schweinfurth, »Im Herzen von Afrika.« Bd. I. S. 594. Die
Strömungs=Geschwindigkeit des Schari mit 2½—3½ engl. M. gleich
4000—5600 Mtr. in der Stunde scheint mir zu hoch geschätzt, da
der Strom im Gebiete der Tummok 450 Km. oberhalb seiner Mündung,
nach Nachtigal (Sahara und Sudan, II. Bd. S. 660), nur 50 Mtr.
höher liegen soll als der Spiegel des Tsade, das Gefälle des
Stromes auf dieser Strecke daher nur 0·12 Mtr. per Kilometer beträgt,
und das Volumen des Flusses zur Trockenzeit auch nicht ein starke
Strömung bedingendes ist.

zeiten und der sie bedingenden Regenzeiten im Gebiete des Congo, Schari und Uelle.

Das Quellgebiet des Uelle liegt theilweise im Calmengürtel Afrikas, theilweise (die nördlichen Zuflüsse) im Gebiete der gewöhnlichen tropischen Regen mit einfachem Maximum. Im Calmengürtel mit Regen zu allen Monaten, beziehungsweise keiner deutlich ausgesprochenen Trockenzeit, erreicht die Niederschlagsmenge zweimal im Jahre zur Zeit der Aequinoctien (mit einer Verspätung von 3—4 Wochen) zwei Maxima, und zwar das erste, hauptsächliche, im October, das zweite, secundäre, im April. Die Breite des Calmengürtels schwankt aber sowohl in der jährlichen Periode, als auch in den einzelnen aufeinanderfolgenden Jahren; mit Bestimmtheit läßt sich indeß die Nordgrenze desselben unter $3^1/_2$" nördl. Br., die Südgrenze unter $2^1/_2$" südl. Br. ziehen. Je mehr wir uns den Wendekreisen nähern, desto kürzer wird das Intervall zwischen den beiden Maxima, bis es etwa unter 15° nördl. und südl. Br. gänzlich verschwindet und die Regenmenge ein einziges Maximum nach dem Sommer- oder Wintersolstitium (je nach der nord- oder südhemisphärischen Lage des Gebietes) zeigt. Die Dauer dieser einfachen Regenzeit ist sehr ungleich und schwankt zwischen 3—7 Monaten, je nach der geographischen Breite.

In den südlichen Niamniamländern währt z. B. die Regenzeit, entsprechend ihrer Nähe am Calmengürtel, vom Ende März bis Juni, worauf die Regen im Juli nachlassen, um im August bis October ihr Maximum zu erreichen, worauf erst in den Monaten December bis Februar die trockene Jahreszeit eintritt. Zu Kuka und selbst im südlichen Baghirmi unter 11°—13° südl. Br. (also am Unterlaufe des Schari) hat die Regenzeit schon ganz den Charakter der einfachen tropischen Regen, sie beginnt im Mai oder Juni und währt bis Ende September, bisweilen bis in die zweite Hälfte des October, da die Regenzeit in den einzelnen Jahren in der Dauer um 5—7 Wochen schwanken kann.*)

Die Regenmenge, welche im Jahresdurchschnitt in diesen Gebieten zur Erde fällt, ist, wie aus den Berichten der Forschungsreisenden deutlich hervorgeht, in den einzelnen Jahren sehr variabel und läßt sich in Ermangelung wirklicher Messungen nur annäherungsweise schätzen. Sie wird zweifellos im Calmengürtel und in der zunächst angrenzenden Zone bis etwa 5⁰ nördl. Br. über 1200—1500 Mmtr. betragen, nach Norden hin abnehmen, so daß sie in den Ländern zwischen 5⁰ und 15⁰ nördl. Br. zwischen 1200 und 700 Mmtr. schwanken dürfte. Wenn wir diese Daten im Auge behalten und wissen, daß die Schwellzeit sowohl als auch die Schwellhöhe der Flüsse von dem Termine, der Dauer und der Menge des Niederschlages abhängig ist, so erhalten wir zuverlässigere Anhaltspunkte zur Entscheidung der Streitfrage, als sie uns das Volumen der Flüsse und die hypsometrischen Daten zu liefern vermögen.

Nach Barth erreicht der Schari Ende April seinen tiefsten Wasserstand, beginnt unmittelbar darauf in den ersten Tagen des Mai zu steigen und erreicht das Maximum seiner Schwellhöhe, welche 6—8 Mtr. im Unterlaufe beträgt, im September, worauf er Mitte October zu sinken

*) »Ueber die richtige Lage und die Theorie des Calmengürtels auf den Continenten«, von A. Mühry. Zeitschrift der österr. Gesellsch. für Meteorologie, 1869. S. 155, 189 und ff. Ferner die Uebersichten der klimatischen Verhältnisse zu Chartum, Gondokoro, Camerunberge, Chinchoxo, Muka, Tanganjika-See, Ladô, Rubaga, in derselben Zeitschrift, Jahrgang 1871—1882.

beginnt. Seit dem Erscheinen von Barth's Reisewerk:
»Reisen und Entdeckungen in Nord- und Centralafrika in
den Jahren 1849—1855,« Gotha 1857, wird in allen
auf die hydrographischen Verhältnisse Afrikas bezugnehmenden
Arbeiten und Schriften consequent die ganz irrige Version
citirt, daß der Strom nach Barth schon im März zu steigen
beginne oder gar schon hoch angeschwollen sei, woraus auf
eine weite südliche Herkunft der Quellflüsse des Schari
geschlossen wird. Daß H. Barth für diese Annahme in
keinem Falle als Gewährsmann bezeichnet werden
darf, geht aus seinem oben bezeichneten Werke klar und
deutlich hervor, denn in demselben, Bd. 3, Seite 324
heißt es wörtlich: »Sonntag den 25. April (1852). Ich zog
jetzt zum vierten Male die Ufer des Flusses entlang, letzterer
hatte gegenwärtig seinen niedrigsten Stand erreicht
(Bä nedónge, wie die Baghirmier sagen) und war, seitdem
ich ihn zuletzt gesehen hatte, 1—2 Fuß gefallen,
so daß ein weiterer beträchtlicher Theil der Sandbank bloß-
gelegt war.« Barth hatte nun den Schari (Ba Busso) am
28. März 1852 zum dritten Male gesehen und war
über die geringe Mächtigkeit des Flusses bei Bugoman erstaunt.

Wir besitzen von Dr. Nachtigal, welcher den Schari
und dessen Arme (Logone, Ba Ili, Ba Batschikam) überschritt, leider keine ausreichenden präcisen hydrographischen
Angaben; aus seinen Schilderungen und Daten über den
Schari bei Miskin und Bugoman, wo er den Strom sowohl
im März zur Zeit seines Sinkens, als auch im August
zur Zeit des höchsten Wasserstandes überschritt, ist es nicht
leicht, die Vorstellung eines besonders mächtigen Stromes
zu gewinnen. Barth, welcher z. B. den Logone an derselben

Stelle (bei Karnak Logone) und zur selben Zeit (Mitte März), wie Nachtigal, überschritt, gibt dem Strom 385 bis 420 Mtr. Breite (550—600 Schritte, wobei ich den normalen Gehschritt zu 0'7 Mtr. annehme). Nachtigal (»Sahara und Sudan«, 2. Bd., S. 522) schätzt die Breite auf 350 Mtr. (500 Schritte). Die Tiefe läßt sich nach beiden Reisenden auf durchschnittlich 2 Mtr. schätzen, und die Strömung wird von Barth auf 1'2 Mtr. in der Secunde angegeben, was einem Volumen von 924 Kbmtr. in der Secunde entspräche. Den vereinigten Schari bei Gulfeï schätzt Nachtigal, der ihn im März überschritt, zu 800 Mtr. Breite, 2 Mtr. Tiefe und 1 Mtr. Strömung in der Secunde, was einem Volumen von 1600 Kbmtr. in der Secunde entspricht.

Daß der Schari im März nicht zu steigen beginnt, mithin aus dem Calmengürtel keinen bedeutenden Zufluß erhält, scheint mir auch aus dem Reiseberichte Nachtigal's und dessen meteorologischem Tagebuche (»Sahara und Sudan«, 2. Bd., S. 783 und ff.) und desgleichen aus »Barth's Bruchstücke eines meteorologischen Tagebuchs« (Bd. 3, S. 594 und ff.) evident hervorzugehen. Sowohl Barth im Jahre 1852, als auch Nachtigal im Jahre 1872, verzeichnen in der zweiten Hälfte des April einige schwache Regenfälle, erst im Mai treten 4—5 stärkere Regengüsse von mehrstündiger Dauer ein; die eigentliche Regenzeit begann sowohl 1852 als 1872 erst im Juni, welcher letztere (Juni 1872) nur 10 regenfreie Tage zählte.

Halten wir nun diesen Daten jene für den Uëlle gegenüber. Der Uëlle beginnt nach Schweinfurth in der ersten Hälfte des April zu steigen*) und erreicht (so weit das

*) Schweinfurth, »Im Herzen von Afrika«, S. 590.

Regime bisher erforscht wurde) Ende October seinen höchsten Wasserstand, welcher sich bis Mitte November erhält, worauf der Fluß zu sinken beginnt, und in der zweiten Hälfte des März seinen tiefsten Stand erreicht.*)

Der Congo mit Zuflüssen aus der nördlichen und südlichen Hemisphäre zeigt im Unterlaufe zwei Schwellzeiten. Ende April beginnt der Congo im Unterlaufe zu steigen und scheint Ende Mai seinen höchsten Stand zu erreichen, sinkt dann und erreicht im August seinen tiefsten Stand. Im September beginnt der Fluß neuerdings zu steigen und erreicht zum zweiten Male im Jänner seinen höchsten Stand, sinkt in dem folgenden Monate und erreicht im März seinen tiefsten Stand.**) Es entspricht diese doppelte Schwellzeit ganz genau

*) Dr. W. Junker schreibt diesbezüglich: »Von der genannten Seriba Ali setzte ich Ende October über die Gadda, nur einige hundert Schritte vor der Einmündung derselben in den Kibali. Dieser wurde ... erreicht und bei seinem höchsten Wasserstande überschritten.« Peterm. Mittheil. 1881. S. 259. Ob der Uälle eine zweifache Schwellperiode besitzt, also etwa im Mai und October (wie ich es für wahrscheinlich halte), läßt sich vorläufig nicht nachweisen, da er im Mai oder Juni noch von keinem Forschungsreisenden beobachtet wurde.

**) Vom 30. April bis 22. Mai 1877 beobachtete Stanley ein Steigen des Congo in der Bucht von Nzabi um 4·7 Mtr., während vom 24. Februar bis 21. Mai 39 Regentage gezählt wurden, welche zumeist von heftigen Gewittern begleitet waren. Eine genaue Bestimmung der mittleren Schwellzeiten und Schwellhöhe der afrikanischen Flüsse, wie wir sie z. B. für den Nil im Unterlaufe besitzen, ist noch ein unerfüllter Wunsch und deshalb haftet auch allen auf den vorliegenden Daten basirten Conjecturen einige Unsicherheit an. Nur gleichzeitige Beobachtungen würden diese Unsicherheit beheben, da es sich zeigt, daß die Termine und Dauer der Regenzeiten von Jahr zu Jahr großen Schwankungen unterliegen und man selbst im Calmengürtel regenarme und regenreiche Jahre unterscheiden kann.

der Zweitheilung der Regenzeit im Gebiete seiner Zuflüsse. Die Regenmengen im Unterlaufe des Flusses selbst erreichen Ende Jänner ihr Maximum, so daß auch die Schwellhöhe des Stromes sich auf dem Effecte der localen Regen aufbaut und der Strom um 4—5 Mtr. höher steht.

Halten wir nun diese Daten für Schari, Congo und Uëlle einander gegenüber, so bedarf es wohl keiner weiteren Erörterung, daß der Ende October hoch angeschwollene Uëlle (falls derselbe der Quellfluß des Schari wäre) zur Zurück= legung der ca. 1600 Km. langen Strecke bis Bugoman mindestens zwei Wochen bedarf und dann der Schari bei Bugoman noch Mitte November einen dem höchsten sehr nahen Stand haben müßte, während andererseits der Strom in der zweiten Hälfte des April schon deutlich zu steigen begin= nen müßte. Soweit aber über das Regime des Schari Angaben vorliegen, läßt sich weder das eine noch das andere Moment nachweisen. Hingegen ist das Regime des Uëlle mit jenem des Lualaba=Congo ganz gut in Uebereinstimmung zu bringen. Ober= halb Njangwe ist die Schwellhöhe und Schwellzeit des Lualaba einzig und allein Effect der Zuflüsse desselben auf der Süd= Hemisphäre; dem entsprechend beginnt der Lualaba Anfangs November zu steigen, erreicht im Jänner seinen höchsten Stand, und sinkt allmählich, bis er im September seinen tiefsten Stand einnimmt.*) Daraus geht hervor, daß die erste Schwelle des Congo im Unterlaufe vorzüglich ein Effect der nörd= lichen Zuflüsse ist, welche in der ersten Hälfte des April zu

---

*) Daß der Lualaba nur einmal einen hohen Wasserstand er= reichen sollte, scheint mir nicht wahrscheinlich, da in der Zone zwischen 6° und 12° südl. Breite eine kleine und große Regenzeit unterschieden wird. Dem entsprechend dürfte der Fluß im Mai ein secundäres Maxi= mum seines Wasserstandes zeigen.

steigen beginnen und in deren Gebiet die Regen zur Zeit
des Sommersolstitiums bedeutend nachlassen, so daß auch
die Flüsse zu fallen beginnen, im October hingegen in
Folge des Maximums der Niederschlagsmenge ihren höchsten
Stand erreichen und sich diesmal zur Zeit des Winter-
solstitiums (mit 4—5wöchentlicher Verspätung) mit der
Schwellhöhe der südlichen Zuflüsse zur Gesammtschwelle des
unteren Congo vereinigen.

Ich werde bei der Besprechung des Tsadsee-Beckens
noch Gelegenheit finden, die Wassermenge dieses Sees zu
erörtern, und den Nachweis zu führen versuchen, daß der Tsade
überhaupt aus dem Calmengürtel keine bedeutenden Zuflüsse
erhält. Schon aus dem Vorhergesagten läßt sich erkennen,
daß der Uëlle mit einiger Wahrscheinlichkeit sich als Tributär
des Congo erweisen dürfte.

Verfolgen wir nun die weiteren Zuflüsse des Congo auf dem
rechten Ufer im Westen des Bangala. Aus dem Hochlande (dem
westafrikanischen Schiefergebirge) empfängt der Congo nebst
zahlreichen kleinen, sechs größere Zuflüsse von ca. 300—550 Km.
Länge, welche theils auf der Wasserscheide zwischen Congo und
Ogowe, theils auf jener zwischen Congo und den Küstenflüssen der Loangoküste ihren Ursprung nehmen. Es sind
dies von Ost nach West die Kunja, wahrscheinlich der Unterlauf der von Brazza entdeckten Licona, eines im Unterlaufe 100 Mtr. breiten, 3—5 Mtr. tiefen (zur Schwellzeit
6—8 Mtr. tiefen) Flusses, welcher auf seinem linken Ufer
nahe dem Aequator den Lebai Nguca und Oba aufnimmt
und in östlicher bis südöstlicher Richtung zum Congo strömt,
in den er südlich der Kassai-Mündung gehen soll.

Im Westen der Licona folgt die Alima, welche ihre
Quellen im Süden der Licona-Quellen besitzt und in ihrem

Oberlaufe, wo sie auf dem linken Ufer den 40 Mtr. breiten
3 Mtr. tiefen Lefeti und die 30 Mtr. breite Ngyele auf=
nimmt, ein 150 Mtr. breiter, 5 Mtr. tiefer Fluß ist, der
mit ca. 1 Mtr. Geschwindigkeit in der Secunde in östlicher
und südöstlicher Richtung nahezu parallel zur Licona dem
Congo zugeht. Die Mpafa, der nächstfolgende Fluß, ein im
Oberlaufe 30 Mtr. breiter Lauf, entspringt gleich dem vorigen
auf dem ca. 800 Mtr. hohen Plateau und mündet unter
ca. 2° südl. Br. in den Congo. Es folgt der Lefini (Stanley's
Lawsonfluß), ein im Oberlaufe 20 Mtr. breiter, 4 Mtr. tiefer
Fluß, welcher an seiner Mündung in den Congo ca. 230 Mtr.
breit ist.*) Die folgenden: Gordon=Bennett=Fluß, der Djoué
Brazza's (70 Mtr. breit), Nkeufe (90 Mtr. breit), Edwin Ar=
nold=Fluß (55 Mtr. breit), Koni (24 Mtr. breit), Luala u. s. w.
münden in den angeführten Dimensionen in der Katarakt=
Region des unteren Congo. Zahlreiche kleine Flüsse und
der größere Edwin Arnold=Fluß stürzen hier 90 Mtr. und
mehr tief in großartigen Fällen über das Steilufer des
Congo in den Strom hinab.**) Ob, wie Brazza annimmt,
die Alima, Licona und die Mpafa bei ihrem großen Gefälle,
400 Mtr. und mehr bei 500 und 550 Km. Lauflänge, durch=
aus schiffbar sind, muß vorläufig dahingestellt bleiben; ich
halte es für unwahrscheinlich, da der Abfall des Plateaus
zum Congobecken steil erfolgt und die Flüsse in der

---

*) Carte provisoire des itinéraires de Mr. de Brazza dans
l'Ogooué, le Congo et Niari 1880—1882. Comptes rendus des Séances
de la Soc. de Géogr. Paris, Nr. 13. — Tracé provisoire des itinéraires
de l'Ogooué au Congo par de Brazza 1880. Bull. de la Soc. de Géogr.
Paris 1881, Décembre.

**) Stanley, »Durch den dunklen Welttheil.« II. Bd. S. 457.

Nähe des Absturzes, wie z. B. der Lefini, noch bedeutende Höhendifferenzen gegen den Congostrom zeigen. Nach der Lage ihres Quellgebietes, theils unter dem Aequator, theils zwischen diesem und 4° südl. Br., besitzen sie alle zwei Schwellzeiten, im April und September, und führen beträchtliche Wassermengen in tief eingeschnittenen, von Steilufern begrenzten Betten dem Congo zu.

Schließlich mögen noch hier einige Worte über die Bedeutung des Congo für die weitere Erforschung und Civilisirung Central-Afrikas Platz finden. Unter allen afrikanischen Strömen bietet der einzige Congo die Möglichkeit, das Herz des Welttheils, das nach den übereinstimmenden Berichten der Forschungsreisenden einen unerschöpflichen Reichthum an Naturschätzen aller Art besitzt, mit Aussicht auf Erfolg dem Welthandel und der Civilisation zu erschließen. Diese Erkenntniß führte den hochherzigen Förderer der Afrikaforschung Leopold II., König der Belgier, zum Entschlusse, die Erforschung des Congobeckens mit allen Kräften in Angriff zu nehmen. Stanley, der Erforscher des Congo, stellte sich an die Spitze des Unternehmens, und heute, nach dreijährigen Arbeiten, ist die Kataraktenregion des Congo-Unterlaufes durch eine gangbare Straße am Steilufer des Stromes überwunden, und zerlegbare Schiffe werden nun vom Stanley-Pool aufwärts den Strom und seine Nebenflüsse bis an die Grenze ihrer Schiffbarkeit befahren. Mit einem Schlage wird dann ein Gebiet von mehr als 600.000 Qu.-Km. der Forschung erschlossen sein und nicht lange wird es währen, so wird der Handelsmann in die Fußstapfen des Pionniers treten und die Länder im Herzen Afrikas dem Weltmarkte zugänglich machen, während Missionäre aller christlichen Nuancen sich schon jetzt den Pionnieren der Forschung an-

Chavanne, Ströme und Flüsse Afrikas. 10

geschlossen haben, um die Völker des Congobeckens für die Culturmission des Christenthums empfänglich zu machen. Frankreich, Großbritannien, Holland, Belgien, die Vereinigten Staaten wetteifern in Vorbereitungen, sich die Früchte dieser Forschungen und Unternehmungen zu sichern.*)

Der Niger.

Laufentwicklung und Stromgebiet räumen dem Niger unter den Strömen Afrikas den dritten Rang ein, während sein Volumen im Unterlaufe nur jenem des Congo nachsteht. Mit dem Nil hat derselbe insoferne einige Aehnlichkeit, als auch er auf einer bedeutenden Strecke, einem astlosen Stamme gleich, an der Südgrenze des regenarmen Wüstengürtels der Sahara fließt, im Gegensatze zum Nil aber fällt diese zuflußarme Strecke bei ihm auf den Mittellauf. Sein Stromgebiet, fast die ganze Westhälfte des Tropengürtels von Afrika umfassend, bedeckt eine Fläche von 2,650.200 Qu.=Km., sein Lauf hat eine Gesammtlänge von 4160 Km., bei einem directen Abstande der Quelle von der Mündung mit 1900 Km., ein Verhältniß, das sofort den großen bogenförmigen Lauf des Stromes kennzeichnet. Unter den großen Strömen Afrikas liegen seine Quellen am niedrigsten, daher auch das Gefälle des Flusses ein geringes ist und sich durch die Configuration des Bodens im westlichen Suden eigenthümlich vertheilt.

Die Wasserscheide dieses Stromgebietes ist nur auf kleinen Strecken hin erforscht, ein beträchtlicher Theil derselben, die nördliche nämlich, hat, da sie im regenarmen Gebiete der westlichen und centralen Sahara verläuft, nur

---

*) Siehe: Die Anfänge der Erschließung des Congobeckens von Westen her. Peterm. Mittheil. 1882, S. 17.

theoretische Bedeutung. Wenn wir von der Mündung aus
am rechten Ufer des Stromes die Wasserscheide verfolgen,
so finden wir, daß sie von der Mündung des Beninflusses
nordöstlich verläuft, etwa 100 Km. von der Küste schwach
nach Nordwesten umbiegt und in dieser Richtung die culminirende Stufe des Kongplateaus erreicht (circa 10⁰ nördl. Br.),
auf welcher nun die Wasserscheide in einer westlichen, scharf
nach Süden vorspringenden Bogenlinie verläuft und stetig
ansteigt. Auf der Hochfläche des Kong, den man sich keines-
falls als Gebirge vorstellen darf, ist der Verlauf der
Wasserscheide noch gänzlich unerforscht, wir kennen sie erst
im Raume zwischen 10 und 11⁰ östl. L. v. Gr., dort, wo
im Jahre 1879 Zweifel und Moustier die Nigirquelle
entdeckt haben und wo eine Reihe von isolirten Bergen und
Bergzügen der Hochfläche aufgesetzt sind. Da die beiden
Entdecker die absolute Höhe der Berge Daro, Curuworo ꝛc.
nur zu 1178—1340 Mtr. schätzen, die relative Höhe derselben aber zu 200—350 Mtr. angegeben wird, so schätze
ich die Seehöhe der Nigirhauptquelle bei Nelia*) annäherungsweise zu 850 Mtr.

Von 10⁰ 33′ westl. L. v. Gr. und 8⁰ 36′ nördl. Br.
(Quelle des Tembi) verläuft die Wasserscheide in einer vielfach
gewundenen Linie in vorwiegend nordnordwestlicher Richtung
bis circa 10⁰ 20′ nördl. Br. und 11⁰ westl. L. v. Gr., wahrscheinlich auf der obersten Stufe des Hochlandes, dem die Ge-
birgsmasse von Futa-Djallon aufgesetzt ist und das die Wasserscheide zwischen Senegal-Gambia und den zahlreichen Küstenflüssen der Sierra-Leoneküste bildet. Die Nigirwasserscheide
wendet sich nun scharf nach Ostnordost und tritt so hart

---

*) Vermind's Expedition nach den Nigirquellen unter Zweifel
und Moustier. 1879. Peterm. Mittheil. 1880, S. 255 und Taf. 12.

10*

an den Fluß selbst heran, daß die Zuflüsse auf dem linken Ufer des Stromes kaum mehr als 30—40 Km. Lauflänge besitzen. Zwischen 11 und 13" nördl. Br. tritt der wasserscheidende Absturzrand des Hochplateaus der Madingo sogar stellenweise bis auf 10 Km. an den Fluß heran.*) Erst nördlich von Bamako weicht die Wasserscheide wieder nach Nordnordosten auf größere Abstände zurück und verläuft nun in nordöstlicher Richtung über die steinigen Hochflächen der südlichen Sahara (Affanad, südliches Tassili u. f. w.) nach dem centralen Berglande der Ahaggar.**)

In vielfach gewundener Linie geht die Wasserscheide immer noch in vorherrschend nordöstlicher Richtung auf den südwestlichen Steilabsturz des nördlichen Tassili über, dem sie bis zur Egerischlucht folgt und sich hier scharf nach Südsüdwesten wendet, um das Bergland Aïr oder Asben zu erreichen. In ihrer Fortsetzung nach Südsüdwesten übersteigt sie das Wüstenplateau südlich von Agades, senkt sich auf die niedrigere Stufe der Grenzgebiete zwischen dieser und der Plateauzone des Sudan herab, und wendet sich, nachdem sie diese letztere erreicht, unter circa 11" 30' nördl. Br. und 7" 30' östl. L. v. Gr. nach Osten durch die Haussastaaten und Theile von Bornu. In der Landschaft Mußgu dürfte die Wasserscheide nach Südosten und Süden umbiegen und die nordäquatoriale Bodenschwelle in den von Flegel erkundigten Ganderebergen gewinnen. Der weitere Verlauf

---

*) Gallieni's Expedition in die Gebiete am oberen Senegal und Nigir. Peterm. Mittheil. 1882, S. 296 und Taf. 14.

**) Nach Barth und Duveyrier erreichten die Rinnsale des Südabfalles des Attakor n' Ahaggar und des nördlichen Tassili noch in historischer Zeit als Ballul-Basso den Nigir (nach Barth den Gülbi n' Socoto).

nach Westen läßt sich nur hypothetisch skizziren. Zwischen 10 und 15° östl. L. v. Gr. scheint sie sich wieder nach Nordwesten zu wenden und in einem durchschnittlichen Abstande von 100—180 Km. dem Benuë-Nigir zu folgen und das Mündungsgebiet des Bonnyrivers zu erreichen. Auf nahezu zwei Drittel ihrer Erstreckung scheidet sie das Gebiet des Stromes vom abflußlosen Gebiete der Sahara und des mittleren Sudan (Tsadebecken). Die bereits in der Einleitung hervorgehobene einseitige Entwicklung der Nebenflüsse bei mehreren Strömen Afrikas tritt besonders markant am Nigir auf, der überhaupt nur einen ihm selbst fast ebenbürtigen Fluß, den Benuë aufnimmt, dem er auch die Wasserfülle seines Unterlaufes verdankt. Alle anderen dem Strome zugehenden Gewässer sind verhältnißmäßig unbedeutend.

Die Erklärung für diesen eigenthümlichen hydrographischen Charakter liefert uns die physikalische Beschaffenheit seines Stromgebietes, von welchem der ganze nördliche Theil Wüste ist, mit minimen Regenmengen zur Zeit nach dem Sommersolstitium im südlichen an den Sudan grenzenden Streifen. Nächst der circa 1,158.400 Qu.-Km. bedeckenden Wüste sind 490.000 Qu.-Km. Steppe, die sich zonenartig quer durch den großen Bogen des Stromes erstrecken, weitere 721.800 Qu.-Km. südlich dieser Steppenzone Savannenland und an dem 280.000 Qu.-Km. großen auf Wald- und Culturland entfallenden Rest participirt das Gebiet des Benuë mit mehr als 70 Percent.*) Aber auch die Bodenconfiguration des Strom-

*) Unter der Voraussetzung, daß das unerforschte Quellgebiet des Benuë auf der nordäquatorialen Bodenschwelle annähernd den Landschaften im äquatorialen Seegebiet und im Calmengürtel physiognomisch ähnlich ist.

gebietes bedingt diese Armuth an Zuflüssen auf der über
1500 Km. langen Strecke seines Mittellaufes. Bei der
allgemeinen Abdachung des Kong nach Norden erklärt sich
die fächerförmige Ausbreitung der zahlreichen Quellzuflüsse
des Stromes, während andererseits die schwach undulirten
Plateauflächen der südlichen Sahara und Westsudans, welche
sich nirgends mehr als 100—150 Mtr. über das Niveau
des Strombettes erheben, die Entwicklung größerer Fluß=
läufe nicht fördern können.

Wesentlich anders gestalten sich beide Factoren im Ge=
biete des Benuë, der nach allen hydrographischen Merk=
malen ein echter Gebirgsfluß ist und dessen Quelle vielleicht
in der Nähe des Calmengürtels, während sein ganzer weiterer
Lauf im Gebiete der tropischen Regen mit einfachem Maximum
nach dem Sommersolstitium liegt. Von der Lauflänge abgesehen,
könnte man mit Rücksicht auf die eigenthümliche Gabel=
stellung beider Ströme versucht sein, dem Benuë sogar den
Vorrang einzuräumen.

Folgen wir nun vorerst der Entwicklung des Nigir
bis zur Confluenz mit dem Benuë. Nach den Berichten
von Zweifel und Moustier*) entspringt der Nigir
aus drei Quellarmen: Tamicono, Falico und Tembi,
von welchen der Tembi die Hauptquelle bildet und unter
8° 36' nördl. Br. und 10° 33' westl. L. v. Gr. entspringt.
Dem Tembi zunächst rangirt der Falico, dessen Quelle
in unmittelbarer Nachbarschaft unter 8° 45' nördl. Br.
und 10° 25' westl. L. v. Gr. zu suchen ist, während die
Quelle des Tamicono, der schwächsten Quellader, 1° nörd=
licher liegt. Etwa 130 Km. nördlich der Tembiquelle ver=

*) Expédition C. A. Verminck, Voyage aux Sources du Niger.
Marseille 1880.

einigt sich der durch den Tamicono verstärkte Falico mit dem Tembi und setzt seinen in der Hauptsache nördlichen Lauf als Djoliba bis 10° nördl. Br. fort. Vor ihrer Vereinigung bei Liah hat der Tembi zur Trockenzeit 60 Mtr., der Falico 10 Mtr. Breite, 1·5 und 0·5 Mtr. Tiefe, zur Regenzeit überschwemmen beide Quellarme das Land auf beiden Seiten auf 300 und 150 Mtr. Breite. Unterhalb Liah, beziehungsweise nördlich des 10. Grades nördl. Br. verläßt der Strom sein eigentliches Berggebiet und betritt das ebene Lateritgebiet, das sich bis zur geographischen Breite von Timbuktu ausdehnt und durch einen 2—300 Km. breiten nach dem Senegal verlaufenden Streifen von goldführendem Detritus durchzogen wird.*)

Unter den afrikanischen Strömen ist der Nigir einer jener, welche schon nach kaum 150 Km. Lauf sich in einer breiten Thalebene entwickeln können, ohne indessen auch gleichzeitig die nöthige Tiefe zu freier Beschiffbarkeit zu erlangen. Nördlich des 10. Grades nördl. Br. wendet sich der Strom in einem scharfen Bogen nach Nordost, mit stellenweise nördlichen bis östlichen Krümmungen, und behält diese Stromrichtung bis zur Stadt Sansandig des Segureiches. Sein auf dieser Strecke vorherrschend sandiges Bett, aus dem Gold gewaschen wird, erreicht bei Bamako, 12° 40′ nördl. Br., 400 Mtr. Breite bei durchschnittlich 2 Mtr. Tiefe, welche indessen an zahlreichen Stellen auf 1 Mtr. herabsinkt, da der Fluß zur Trockenzeit viele gangbare Furthen besitzt. Hier in den Mandingolandschaften von der Mündung des Bafi (Tankisso) bis zur Stadt Nyamina des Segureiches tritt die sudanische Plateaustufe in Ober-Senegambien bis

*) Geologische Karte von West-Afrika von Dr. O. Lenz, 1 : 12,500.000. Peterm. Mittheil. 1882, Taf. 1.

auf 20—5 Km. an das linke Ufer des Flusses heran, ohne indessen die Thalebene des Nigir um mehr als 50—150 Mtr. zu überhöhen; an einzelnen Einschnitten und Sätteln ist die Höhendifferenz so gering, daß nach Dr. Bayol der Nigir zur Regenzeit mit dem Baulé (einem rechtsseitigen Neben= flusse des Senegal) durch ein großes Sumpfbecken (Marigot) in Verbindung stehen soll. Das nahe Herantreten der Wasser= scheide an den Fluß auf mehr als 200 Km. Länge ist für die Configuration der Plateauzone des Sudans charakteristisch.*)

Von langen und schmalen Inseln besetzt, nimmt der Strom von Bamako ab rasch an Breite zu, bei Nyamina beträgt diese schon 750 Mtr., bei Segu Sikoro, der Residenz Ahmadu's, 1000—1350 Mtr., bei einer wechselnden Tiefe von 1·8—2·5 Mtr. und ziemlich starker Strömung. Ohne irgendwelches Hinderniß durch die Terrain=Configuration der Plateaustufe zu erfahren, wendet sich der Strom bei Sansandig deutlich nach Osten und wird durch den gleichfalls aus dem Konghochlande herabkommenden Bakhoy genöthigt, seine Lauf= richtung wieder zu ändern und in nördlicher bis nordnord= östlicher Richtung weiter zu fließen.

Da dem Flusse von der Einmündung des Bakhoy abwärts bis zur Confluenz des Benuë keine bedeutenderen Nebenflüsse zugehen, so seien hier die Nebenflüsse seines Oberlaufes angeführt. Dem Djoliba geht zunächst auf dem linken Ufer der in der Nähe der Tamiconoquelle entspringende Tentaraba zu, ein im Oberlaufe 6 Mtr. breites Rinnsal, das nach etwa 150 Km. Lauf in den Strom mündet. Es

---

*) Siehe Gallieni's Expedition in die Gebiete am obern Senegal und Nigir 1880—1881. Peterm. Mittheil. 1882, Tafel 14. — Voyage au pays de Bamako sur le haut Nigir par le Dr. Bayol. Bull. de la Soc. de Géogr. Paris 1881, II. p. 25, 123 et ff.

folgen nun mehrere kleine, den Ausläufern des Futa-Djallon-Berglandes entspringende Flüßchen (Tombali, Sissi, Koba ꝛc.) und der aus zwei Quelladern entspringende Tankisso, im Unterlaufe Bafi (schwarzer Fluß) genannt, ein nahe seiner Mündung 150—180 Mtr. breiter seichter Fluß, dessen Sand goldführend ist. Die nun folgenden linksseitigen Neben-flüßchen (Amarakoba, Nianinko, Frinau. s. w.) sind unbedeu-tende Wasser-Rinnsale von kurzem Laufe und immer geringerer Wassermenge, je näher sie dem Südrande der Sahara liegen.

Auf dem rechten Ufer nimmt der Djoliba in der Reihenfolge von West nach Ost den Mafu, Yanda, Sussa, Fandubé, Faya und den Bakhoy auf, von welchen der Bakhoy der bedeutendste ist und in gewisser Hinsicht als zweite Quellader des Djoliba gelten kann. Alle diese Neben-flüsse, welche sich nach Süden, dem Konghochlande zu fächer-förmig ausbreiten, durchströmen bis zu ihrer Mündung das Gebiet des goldführenden Detritus, in der ausgedehnten Lateritebene der Mandingoländer. Die Lauflänge dieser Flüsse schwankt zwischen 100 Km. (Faya) und 830 Km. (Bakhoy). Dieser letztere nimmt seinerseits wieder zahlreiche Zuflüsse auf, unter welchen der Mahel Balerei, der Fau-dubé die bedeutendsten sind. Der als Ulaba auf dem Kong entspringende Bakhoy fließt anfänglich, gleich dem Djoliba, nach Nordosten, beschreibt aber bald darauf einen Bogen nach Nordwesten und Norden, wodurch er sich unter 13° nördl. Br. dem Djoliba bis auf 50 und 45 Km. nähert und fast parallel mit diesem verläuft, bis er unter 6° östl. L. v. Gr. in denselben mündet. Unterhalb Sansandig (5° östl. L. v. Gr.) spaltet sich der Djoliba in zwei Arme und bildet eine 180 Km. lange und bis 120 Km. breite Insel (Buugu) und bald darauf eine zweite über 400 Km. lange, aber nur

30—50 Km. breite Insel (Dschimballa), deren Nordostende
in die Nähe des Vorhafens von Timbuktu, Korome, reicht. Der
Strom, dessen Breite im östlichen Hauptarme bis Korome
zwischen 700—1600 Mtr. schwankt, wendet sich nördlich
der Confluenz des Bakhoy zwischen flachen und hügeligen
Ufern, die er zur Schwellzeit auf 2—6 Km. Breite überschwemmt, nordwärts und von Sja ab in starken Krümmungen
nach Nordosten, bis in die Nähe von Korome, wo er ein
scharfes Knie nach Osten bildet und für weitere 300 Km.
in dieser Hauptrichtung verharrt.

Der Charakter des Stromes nördlich der Bakhoymün-
dung ändert sich entsprechend dem physikalischen Wechsel der
Landschaft und des Terrains; ähnlich wie der Nil in der
äquatorialen Sumpfregion, durchströmt auch der Nigir jenen
quer durch Nordafrika vom Atlantischen Ocean bis Sennaar
reichenden Savannengürtel, und hat hier reichlichen Raum
zur Ablagerung seiner Sedimente und theilweise zur Entwicklung von Erscheinungen, welche ich bereits am Nil
geschildert habe. Der Strom ist mit einem weitverzweigten
Netze von Hinter- und Seitenwässern in Verbindung, während
zahlreiche Inseln sein Bett ausfüllen und das eigentliche
Fahrwasser einschränken. Hier fehlt nur, entsprechend der
höheren Breite, die Vegetation und die Regenmenge, um
Zustände zu schaffen, wie sie am Nil herrschen. An Stelle
des dichten Unterholzes und der Ambatschbestände treten am
Nigir und seinen Seitenarmen Tamarindenbestände, von Dum-
palmen überragt auf, welche die Ufer auf lange Strecken
hin einsäumen.

Die Verzweigungen des Stromes, hier Mayo-Bolléo
oder Issa genannt, in mehrere Arme, erreichen namentlich südwestlich von Timbuktu große Ausdehnung. Auf dem linken

Ufer entwässert der Strom eine Reihe von Daias, die zur
Schwellzeit des Flusses sich seeartig erweitern, auf dem
rechten Ufer bildet der Arm von Sjaraivamo und jener von
Dire eine große Insel von über 2000 Qu.-Km. Fläche,
während ein anderer Arm am linken Ufer die große Dschim-
balla-Insel bei Dire durchschneidet. Die Breite der einzelnen
Arme ist sehr verschieden, nächst dem Hauptarm, welcher an
Arkodscha und Dire vorüberfließt, so ziemlich die Mitte
des ganzen Netzes von Verzweigungen einhält und unterhalb der Kora-Insel circa 1100 Mtr. breit ist, wechselt
jene des Sjaraivamoarmes zwischen 630 und 850 Mtr. bei
einer Tiefe von durchschnittlich 5 Mtr.*)

Eine Seltenheit für diesen Theil Nordafrikas sind einige
kleinere Seen (Nyengai-See, Dö-See), welche theils vom
Nigir entwässert werden, theils abflußlos sind.

Ein Arm des Stromes, am linken Ufer die Day-Inseln
bildend, dringt bei Korome (beziehungsweise an dem Punkte
wo der Strom seinen bisher nordöstlichen Lauf scharf nach Osten
ändert) nach Norden in einer Breite von 210 Mtr. bis Kabara,
dem Hafen von Timbuktu. Im Osten von Korome entwickelt
der von den Tuaregstämmen Eghirrëu**) genannte Strom,
dessen Breite mit Einschluß der oft paarweise das Bett
besetzenden Inseln zwischen 1806 und 4000 Mtr. schwankt,
ein dichtes Netz von ca. 1—1½ Mtr. tiefen Hinterwässern,
welche Sümpfe speisen und die Weidegründe der Tuareg,
die sich dem Flusse entlang ziehen, bewässern, die binnenwärts wieder von Sandbünen begrenzt werden. Zugleich
nehmen die Ufer immer mehr an Höhe zu, wodurch das

*) Barth, »Reisen und Entdeckungen«. 4. Bd. S. 344—402.
**) Daraus ist der Name des Flusses Nigir und nicht Niger
abgeleitet.

Inundationsgebiet des Stromes, das zur Zeit der höchsten
Schwelle bis in die Nähe von Timbuktu hinanreicht
(15 Km. vom Flusse entfernt), eingeschränkt wird. Stellen=
weise rückt der steinige Wüstenboden, von Granitblöcken be=
deckt, hart bis an das nördliche (linke) Ufer, im Allgemeinen
aber sind beide Ufergründe gut angebaut oder wenigstens
Grasland. Zweihundertsechzig Kilometer weiter östlich von
Timbuktu, bei der Insel Samgoy, setzen Felsen im Strom=
bette und Schnellen der ungehinderten Benützung des Flusses
das erste Hinderniß entgegen, dem nun auf der ganzen
Strecke bis Rabba im Unterlaufe mehrere, gruppenweise
und sich gegen Rabba zu häufend, folgen. Schon
60 Km. östlich dieses ersten Hindernisses, etwa unter dem
Nullmeridian von Greenwich, wird das Fahrwasser des
Stromes durch Inseln, welche in drei Reihen das Bett
besetzen, und endlich durch zwei mächtige Felsen, und bald
darauf in der Enge Tossaye der Strom selbst auf ca.
90 Mtr. beschränkt.*)

Im Nullmeridian von Greenwich wendet sich der Strom
neuerdings, und diesmal in einem scharfen Knie nach Süd=
südosten und Südosten, wozu ihn hauptsächlich die krystal=
linischen Massen des Wüstenplateaus von Kidal und Aderar
zwingen, und in welcher Richtung derselbe bis Gomba fließt.
Die Ausläufer der im Centrum des großen Bogens im
Laufe des Nigir gelegenen Hombori=Berge auf dem rechten
Ufer, der Abfall des Wüstenplateaus Aderar auf dem linken
Ufer treten nun wiederholt an das Ufer heran und fallen
steil zum Strom hinab, während dieser selbst voll Felsen

---

*) Barth, »Reisen und Entdeckungen«. IV. Bd. Karte der Route
zwischen Say und Timbuktu.

und Stromschnellen ist. So oberhalb und unterhalb des
Sourhai=Dorfes Dergónne, unterhalb der Insel Tjoda, wo
der Strom auf 300 Mtr. Breite eingeengt ist, in den beiden,
durch die lange Ansiongo=Insel gebildeten Armen, wo der
Fluß am rechten Ufer von 20—30 Mtr. hohen Felsen=
pfeilern eingesäumt wird, und Mungo Park von den Iba
Mussa bei der Fahrt auf dem Strome abwärts angegriffen
wurde. Felsenriffe durchsetzen den Fluß in doppelten Reihen
nördlich der Mündung des Galindu=Flusses bei der Katubu=
Insel und ca. 20 Km. südlicher, wo der Fluß bei niedrigem
Wasserstande der zahlreichen Schnellen halber ganz unpassir=
bar ist, ebenso unterhalb der Mündung des Gorendschende
und oberhalb der Städte Garú und Esinder, wo die Baselé=
Berge auf mehr als 120 Km. das rechte Ufer des Stromes
begleiten.

Zwischen Esinder und Gomba ist der Nigir von Hinder=
nissen frei, hingegen beginnen wieder südlich von Gomba,
wo der Fluß unter 11⁰ nördl. Br. sich nach Süden wendet,
Felsenbarrieren den von zahlreichen Inseln bedeckten Strom
zu durchziehen, so südlich der Molando=Mündung, zwischen
Malale und Garapiri, zwischen diesem Orte und Emiwas=
sägi, oder Eyaféde, bei dem Felsberge Ketsa, wo der Strom
einen großen Bogen nach Ostnordost beschreibt, und bis
Rabba, der Grenze der Schiffbarkeit des Nigir für Dampfer
und größere Schiffe.*)

Breite und Tiefe des Stromes zwischen der Enge
Tossaye und Rabba wechseln sehr häufig, so z. B. ist der
Strom bei Esay, wo ihn Barth überschritt, 610—730 Mtr.

---

*) Ed. Flegel's Reise von Rabba nach Sokoto und zurück.
Mittheil. d. Afrik. Gesellsch. für Deutschland. Bd. III. Taf. 2, S. 34 ff.

breit und strömt mit 1·3 Mtr. in der Secunde zwischen 6—9 Mtr. hohen Ufern; zwischen der Tossaye-Enge und Gogo an mehreren Stellen über 2000 Mtr. breit, bei Gomba 400 Mtr., bei Libata 800 Mtr., ober Malale hingegen wird ein jeder Arm des durch eine Inselreihe in der Mitte ge= spaltenen Stromes 70—80 Mtr. breit, wie überhaupt der Fluß an allen Stellen, wo Felsen sein Bett durchsetzen, stets auf ⅕—¹/₁₀ seiner gewöhnlichen Breite eingeengt wird und einem tosenden Gebirgsstrome gleicht. Erst südlich von Rabba erweitert sich der Strom auf 250—500 und später bei der Confluenz des Benuë auf 700—1000 Mtr. Ebenso wechselnd ist die Tiefe; an den Schnellen, deren höchste im Districte von Horara (oberhalb der Goredschende-Mündung) 0·4 Mtr. hoch ist, ist sie oft so gering, daß selbst Canoe nicht passiren können, in den freien Strecken des Flusses, namentlich zwischen Eyakede und Rabba und zwischen Gomba und Gebe erreicht sie bis zu 6 Mtr. und mehr. Alle diese Zahlen beziehen sich auf die Zeit des normalen Wasser= standes, zur Schwellzeit ist sowohl die Breite als auch die Tiefe beträchtlich größer, letztere steigt dann an den freien Stellen bis auf 9 Mtr., bei Eyakede z. B. nachweislich um 3 Mtr. Die Strömung zwischen Gomba und Rabba ist durchgehends sehr stark und variirt zwischen 1·3 und 1·9 Mtr. in der Secunde.

Unterhalb Rabba wendet sich der Strom nach Osten, kurz darauf, bei Egan nach Südosten, um nördlich der Benuë-Confluenz eine letzte Wendung nach Südsüdwesten zu vollziehen und in dieser Hauptrichtung in einem großen Delta in den Golf von Guinea zu münden. Nach Aufnahme des Benuë ist der nun von Gomba ab Kwora genannte Strom ein stattliches Gewässer von 1000 und mehr Meter

Breite mit reicher Inselbildung und höchst wechselnder Tiefe. Bei Ibbah z. B. ist der Strom voll Sandbänke und das Fahrwasser durch dieselben sehr eingeengt, an anderen Stellen hingegen erreicht die Tiefe 20 Mtr. und mehr. Bis Ibba begleiten mehr oder minder hohe Ufer, namentlich am rechten Ufer den Strom, hier tritt jedoch der Abfall der subani= schen Plateauzone sowohl, als auch der nordäquatorialen Bodenschwelle zurück, und der Strom betritt das Schwemm= land, das er sich im Laufe der Jahrtausende bis in den Ocean hinaus vorgebaut hat. Zur Schwellzeit überfluthet dann der Strom, dessen Wasser um 10—24 Mtr. anschwellen sollen,*) die sumpfigen Ufer auf mehrere Kilometer Breite und schafft nach dem Fallen jene Fieber= und verderben= schwangere Atmosphäre, welche den Unterlauf des Nigir seit jeher für Europäer schwer zugänglich gemacht hat.

Das Delta des Stromes bedeckt, bei einer Küstenent= wickelung von 326 Km. und einer Länge (von der Wurzel bis zur Mündung des Hauptarmes) von 130 Km., eine Fläche von 24.226 Qu.=Km. Seiner Configuration nach ist es sowohl von jenem des Nil, als auch jenem des Congo (das ich kaum als eigentliches Delta bezeichnen möchte) verschieden. Die einzelnen Haupt=Mündungsarme entwickeln sich nicht schon, wie z. B. beim Nil, von der Wurzel aus, sondern sind einfach die Ausgänge der vielfach verschlungenen Ver= zweigungen des eigentlichen Hauptarmes, des Rio Nun.**) Der äußerste Saum des Deltas ist durch ein Netz von Alt=

---

*) Notes on the River Niger. By Rev. Bishop Crowther. Proc. R. Geogr. Soc. XXI, p. 481.

**) Chart of Creeks and Rivers between Bonny Riv. and Brass Riv. by Boler and Knight. Journ. R. Geogr. Soc. Vol. 46, p. 411.

wässern und Seitenwässern in ein Sumpfland verwandelt,
das von dichten Mangrove-Waldungen bestanden ist, deren
Stelzenwurzeln den eigentlichen Küstensaum bilden. Nur dort,
wo der Meeressand leichte Dünenbänke gebildet hat, trifft
man Ansiedlungen der Europäer, die namentlich der Palm-
ölhandel hierhergezogen hat. Von West nach Ost folgen sich
folgende Passagen, welche theilweise als selbstständige Flüsse
bezeichnet werden. Rio Benin, der nur im Unterlaufe mit
dem Delta des Nigir in Verbindung steht, Rio Forcados,
Rio Dodo, Rio Nun (die eigentliche Nigirmündung), Braß
River, Rio San Nicholas, Rio Santa Barbara, Rio S.
Bartolomeo, Rio Sombrero, New Calebar River und
Bonny River.

Ob der New Calebar River wirklich eine directe Verbindung mit Ibo und Nidoni am Nun herstellt, ist noch
nicht völlig sichergestellt. Die Fluth des Ocean vermag
selbst in der Hauptmündung nur bis zur Sonntag-Insel,
32 Km. vom Meere aufwärts zu dringen, und dies nur zur
Zeit des niederen Wasserstandes. Das Volumen des Wassers,
welches der Strom in der Secunde dem Meere zuführt, läßt
sich annäherungsweise zur Trockenzeit auf 28—30.000 Kbmtr.
in der Secunde schätzen, da die Tiefe der östlichen Mündungen des Stromes im Delta zwischen 4 und 72 Mtr.
und ihre Breite durchschnittlich 2500—3000 Mtr. beträgt,
die Strömung hingegen sehr schwach ist. Welche Unmassen
von festen Bestandtheilen der Strom, namentlich aber sein
größter Nebenfluß, der Benné, im Delta abgelagert hat, zeigt
sich darin, daß die Schlammmassen in demselben 10—15 Mtr.
Mächtigkeit haben. Die Gefällsverhältnisse des Stromes von
seiner Quelle ab sind ganz eigenthümliche und von jenen des
Nil und Congo ganz verschieden.

Es beträgt nämlich:

	die Seehöhe Mtr.	die Entfern. zwischen Km.	das Gefälle Mtr.	pr. Km. Mtr.
der Tembi-Quelle .	850			
von Bamako . . .	328	530	522	0·98
„ Flußspiegels*) bei		1310	93	0·06
Korome	235			
von Rabba . . .	136	1570	99	0·06
der Benuë-Mündung	81	300	50	0·18
„ Nun-Mündung .	0	450	81	0·18

Mit Ausnahme des kurzen 530 Km. langen Berggebietes hat der Nigir bei Voraussetzung eines gleichmäßigen Gefälles zwischen Bamako und der Mündung 0·09 Mtr. per Kilometer Lauflänge.

Von Nebenflüssen auf dem rechten Ufer, deren Quellen in den Landschaften Libtako, Hombori u. s. w. innerhalb des großen Bogens liegen, zu welchem die Ausläufer des Kong einerseits, die Wüstenplateaus von Ajauad und Abghagh andererseits den Strom nöthigen, sind der in einem Delta mündende, im Hauptarm 23 Mtr. breite und 0·7 Mtr. tiefe Goredjchende, der als Yali in den Bergen von Libtako entspringt; der schon im Oberlaufe 183 Mtr. breite und 1·2 Mtr. tiefe Tederimt, der im Oberlaufe 30 Mtr. breite, 3·5 Mtr. tiefe, an der Mündung hingegen 61 Mtr. breite und nur

*) Ich habe die Seehöhe des Nigirspiegels im Süden von Timbuktu aus der von Lenz (Itinerar von Dr. Oscar Lenz' Reise durch Marokko und die Sahara nach Timbuktu und von da durch den Sudan zum Senegal. Zeitschr. der Gesellsch. für Erdkunde. Berlin. 16. Bd. Taf. 11.) angegebenen Seehöhe von Timbuktu zu 245 Mtr. abgeleitet, indem ich die Höhe der Stadt über dem Nigir zu 10 Mtr. annahm.

0·3 Mtr. tiefe in felsigem Bette strömende Sirba,[*]) der
Mussa, der 30 Mtr. breite Dschi, Akpaia, Méme und Ado
die bedeutendsten Flüsse, welche eine Lauflänge von 100 bis
250 Km. besitzen, im übrigen aber nur geringe Wasser=
mengen führen.[**])

Auf dem linken Ufer empfängt der Nigir zwischen
Sansandig und Timbuktu nur kleine, wasserarme Zuflüsse, da
das ganze in der Savanne und Steppenzone liegende Land
meist nur von kleinen abflußlosen Wasserbecken und Sümpfen
(Daias, Marigots) bedeckt ist. Von Timbuktu bis Gomba
empfängt der Strom kein permanent fließendes Gewässer.
Einige Rinnsale (Akerir, Akalu u. s. w.), welche das Plateau
von Adghagh entwässern, tragen den Charakter der Wadis
und das Wasser erreicht nur selten nach heftigen Regengüssen
den Strom, meist versiegt das Wasser während der nach
dem Sommersolstitium selten fallenden Niederschläge schon
vorher im Sande der Dünen, welche bis 16° 30' nördl. Br.
das Uferland des Stromes bedecken. Bedeutender durch seine
Länge ist der im südlichen Theile Et met Taberret oder
Ballul Basso genannte Wadi, der aus der Vereinigung zweier
Flußthäler, des Wadi Tafasasset und Wadi Tin Tarabin,
gebildet wird; der erstere sammelt alle Rinnsale des Süd=
abfalles des nördlichen Tassili im Berglande der Hogar oder
Ahaggar und der Anahefkette (Wadi Tedschidschet, Wadi
Asahlele), der zweite jene des südwestlichen bis südöstlichen Ab=
falles der centralen Massivs Atakor n' Ahaggar und die
nordöstlichen Abhänge des südlichen Tassili (Tassili=wan=
Ahaggar) im Wadi Tin Tarabin und Wadi Tasuli. Doch

[*) Barth, »Reisen und Entdeckungen.« IV. Bd. S. 272—284.
[**) Notes of a Journey from Lagos up the River Niger to Bida
and Ilorin. Proc. R. Geogr. Soc. 1881, p. 26—37.

auch dieses über 1500 Km. lange Flußthal, dem überdies auf der linken Seite der Wadi Enuaggeb aus dem Berglande Aïr zugeht, führt nur in einzelnen Jahren nach längeren Regengüssen hinreichende Mengen von Wasser, um das große Infiltrationsvermögen des sandigen Bodens und die mächtige Verdunstung zu besiegen und als schwacher Wasserfaden bis in die Nähe des Nigir zu gelangen.

In früheren Epochen, und zwar in historischer Zeit noch, als die Karthager den afrikanischen Elephanten im Atlas zähmten und Reptilien (Krokodile) die Wässer des Tassiliplateaus und des Dschebbi bevölkerten, das Flußpferd bis in die Breite von Tripolis vorkam und Wälder die Abhänge des Dschebel Aures und Amur bedeckten, mußte der Ballul Basso ein stattlicher, großer Fluß sein, und eine immerhin ansehnliche Wassermenge dem Nigir zugeführt haben. Gegenwärtig aber, wo selbst das Ahaggar-Bergland zu den regenärmsten Theilen der alten Welt gehört, hat die Führung der Wasserscheide in der angegebenen Weise nur theoretische Bedeutung. Ueber die eventuelle Mündung des Flußthals in den Nigir sind die Ansichten noch getheilt; während Barth ihn dem Gülbi n' Sokoto zuweist, leitet Duveyrier das Flußthal direct in den Nigir zwischen Ssay und Gomba.*)

Der erste permanente und bedeutende Nebenfluß des Nigir auf dem linken Ufer ist der Gülbi n' Ginbi, der Unterlauf des Gülbi n' Kebbi oder Gülbi n' Sokoto, ein Fluß, der nahe der Mündung in den Nigir 75 Mtr. breit und 2 bis 3 Mtr. tief ist und mehrere Zuflüsse erhält, welche 10 bis 15 Mtr. Breite und 1—3 Mtr. Tiefe haben. Seine Quellen

*) Duveyrier, Les Touareg du Nord, Carte du plateau Central du Sahara.

11*

liegen am Nordabfalle der judanischen Plateauzone in den Haussa=Staaten nahe der Wasserscheide zwischen Nigir und Tsadegebiet. Die Ufer des über 550 Km. langen Flußlaufes, welcher von Flegel näher erforscht und zum Theil beschifft wurde, sind auf weite Strecken sumpfig und werden zur Schwellzeit überfluthet, obwohl sie zumeist 2·5 Mtr. hoch sind. *)

Bedeutender noch als der Gülbi n' Ginbi ist der nächste Zufluß, der Kaduna oder Lifum, dessen Quellen im Gora= gebirge liegen und der nach einem 450 Km. langen Laufe zwischen Rabba und Egan in den Nigir mündet. An der Mündung 400 Mtr. breit, ist der Strom circa 80 Km. aufwärts bei Dokonta noch 90 Mtr. breit und nach Milum mit Dampfschiffen befahrbar. **) Er empfängt zahlreiche Zu= flüsse, unter welchen der auf dem rechten Ufer mündende Marigo der bedeutendste ist. Ein ziemlich wasserreicher Nebenfluß ist ferner der folgende Gurara, der circa 90 Mtr. breit, südlich von Ibere mündet.

Alle diese Nebenflüsse des Nigir übertrifft aber der nun folgende Benuë, ein Strom, der an seiner delta= förmigen Mündung (oberhalb Igbegbe) den Hauptstrom selbst an Wasserfülle übertrifft. Die nähere Erforschung seines Laufes und seines hydrographischen Charakters verdanken wir nächst Barth und Crowther dem Pionnier der deutschen Afrikanischen Gesellschaft, R. Flegel, welcher ihn mit Ashcroft bis an die Grenze seiner Schiffbarkeit mit

---

*) Die Flegel'sche Expedition. Mittheil. d. Afrik. Gesellsch. in Teutschland. Bd. III, S. 34 u. ff.

**) Notes of a Journey from Lagos up the River Niger. Proc. R. Geogr. Soc. 1881, pag. 36—37.

Dampfbooten, bis Gurua (13° 26' öftl. L. v. Gr.) befuhr.*)
Seine Quellen follen, wie bereits erwähnt, in den Gandere=
bergen der Landschaft Bubodubi circa 10 Tagreisen südöstlich
von Ribago liegen und der Fluß bis dahin einen vor=
herrschend nordwestlichen Lauf haben. Hier erreicht derselbe
schon 90—270 Mtr. Breite und 6—9 Mtr. Tiefe und
wendet sich canalähnlich in einer Schlangenlinie zwischen
stark bewaldeten Ufern, die er auch zur Zeit des höchsten
Wasserstandes hier nicht überfluthen foll, nach Westnord=
westen bis zur Mündung des Mao=Tiel, wo er sich
nach Westsüdwesten wendet und in dieser Hauptrichtung bis
zur Mündung verharrt. Zur trockenen Jahreszeit bildet der
Fluß in manchen Jahren nur eine Reihe von abgeschlossenen
Wassertümpeln und ist überhaupt oberhalb der Faromündung
zu durchwaten, während seine Tiefe zur Schwellzeit die oben
angegebenen Dimensionen erreicht. Unter 13° 21' öftl. L. v. Gr.
bildet der Fluß Stromschnellen, die indeß von Dampfbooten
zu überwinden find, seine sumpfigen Ufer find nach Westen
hin von breiten Seitenwässern begleitet.

An der Mündung des Faro, des bedeutendsten seiner
Zuflüsse am linken Ufer und überhaupt, erreicht der Strom
bereits 500, zur Schwellzeit 840 Mtr. Breite, 3 bis
3½ Mtr. Tiefe und besitzt eine starke Strömung, welche
namentlich bei Rume Gilla sehr heftig wird. Zur Schwell=
zeit überschreitet der Fluß die durchschnittlich 3—4 Mtr.
hohen Ufer auf 1—2 Km. Breite.

*) Ascent of the River Binuë in August 1879 with Remarks on
the Systems of the Shari and Binuë. By E. Hutchinson. Proc. R.
Geogr. Soc. 1880, pag. 289—306. — Der Benuë von Djen bis Ribago.
Von E. R. Flegel. Peterm. Mittheil. 1880, S. 146—153 und
Karte Taf. 7.

Ein stattlicher Strom, nur sehr selten von langgestreckten Inseln besetzt, erreicht er bei 3—6 Mtr. Tiefe und einer Strömung von 2·4—2·1 Mtr. in der Secunde bei Dulti eine Breite von 730 Mtr, die unterhalb der Sjungo=mündung bis auf 1000 Mtr. anwächst, wovon indessen ein Drittel auf die den Strom besetzenden Inseln entfällt. Eine große Insel, über 25 Km. lang, bildet der Strom ober=halb der Kaberamündung. Die Ufer des Stromes sind abwechselnd flach und sumpfig, oder 3—8 Mtr. hoch, das Flußthal bis Schibu meist 15—30 Km. breit, dann aber verengt sich das Flußthal bis auf 10 und weniger Kilometer und öffnet sich erst westlich der Sjungomündung. Nach circa 1400 Km. langem Laufe mündet der Benuë mit rascher Strönung und einer Wassermenge von circa 12= bis 15.000 Kbmtr. in der Secunde oberhalb Igbegbe.

Auf dem rechten Ufer nimmt der Benuë, soweit sein Lauf erforscht oder erkundigt ist, den Mao=Kebbi auf, ein Fluß, welcher nach Barth*) zur Schwellzeit den Tuburi=sumpf in der Landschaft Mußgu theilweise entwässern soll, während gleichzeitig der Scherbewuël und ein Seiten=arm des Logone (Schari) gleichfalls das Wasser des Sumpfes nach Norden leiten. Es wäre dies die einzig mögliche Ver=bindung zwischen Nigir= und Scharisystem, deren Wahr=scheinlichkeit vorläufig noch nicht näher geprüft werden kann, da hinreichende hypsometrische Daten für das Zwischengebiet noch fehlen.

Ist die Seehöhe des Benuë bei Ribago mit 274 Mtr. einerseits und jene des Tsadsee mit 268 Mtr. oder nach anderer Version jene beider Punkte mit 244 Mtr.

*) »Reisen und Entdeckungen.« Bd. III. S. 198—200.

richtig, so müßte, um einen Zusammenhang zwischen dem Tuburisumpf und dem Benuë zu ermöglichen, die Seehöhe des ersteren zum mindesten um einige Meter größer sein, als jene des Benuë bei Ribago, und dies wäre nach E. Vogel der Fall, welcher dem Tuburisumpf eine Seehöhe von circa 308 Mtr. gibt. Die Quellen des Mao-Kebbi liegen indeß jedenfalls auf dem Südabfalle der isolirten Massive des nördlichen Adamaua (Gebel, Mindif u. s. w.), zur Schwellzeit mag der Tuburisumpf seinen Wasserüberfluß nach dem Mao-Kebbi leiten. Der nächste Nebenfluß ist der Mao-Tiel, wahrscheinlich der Unterlauf des Gongola, welcher im Goragebirge entspringt, anfänglich nach Ostnordost fließt, sich aber dann 11° östl. L. v. Gr. nach Südosten wendet. Es ist ein Fluß, der im Mittellaufe circa 120 Mtr. breit und 1½ Mtr. tief ist. Im Westen des Murigebirges, welches das Thal des Benuë im Norden umsäumt, mündet der Kabbera, ebenfalls ein Bergstrom, der aus dem Berglande Bautschi herabfließt und in südöstlicher Richtung dem Benuë zugeht. Dasselbe gilt vom Sjungo, welcher auf dem höchsten Theile des Plateaus in der Landschaft Sôjo entspringt. Der Kogna endlich, dessen Quellen westlich des Sjungo liegen und dem Rohlfs zur Trockenzeit 200 Mtr. Breite und 0·4 Mtr. Tiefe im Mittellaufe gibt, der aber nach Flegel im Unterlaufe, wo er Okua heißt und den Aueni aufgenommen hat, nur 40—50 Mtr. breit sein soll, mündet oberhalb Yimaha nach vorherrschend südwestlichem Laufe. *)

*) Rohlfs, »Quer durch Afrika«. Bd. II. S. 196. — Originalkarte von G. Rohlfs' Reise von Gudjba nach Lagos. Peterm. Mittheil. Ergzhft. 34, Taf. 2. — R. Ed. Flegel's Expedition nach Adamaua. Peterm. Mittheil. 1882, S. 228.

Auf dem linken Ufer empfängt der Benuë den statt=
lichen Faro, dessen Quellen (als Mayo Nelbi) im Berglande
der Beia liegen, der anfänglich nach Nordwesten und später
nach Nordnordosten fließt und bei Taepe mündet, nachdem
er den auf dem Hossere=Labul=Massiv entspringenden Mayo=
Beli oder Jbbe am linken Ufer aufgenommen hat. An der
Mündung fand Barth den Faro zur Zeit niedrigen Wasser=
standes 183 Mtr. breit, zur Schwellzeit hingegen war er
549 Mtr. breit, aber nur 0·7 Mtr. tief und floß mit
1·8 Mtr. Strömung in der Secunde in den Benuë. Zur
Trockenzeit soll er sehr seicht und selbst der Benuë bei
Wukari und Loko nicht mehr als 0·8 Mtr. tief sein.*)
Ohne die Bedeutung der Nebenflüsse des oberen Nil oder
Congo zu haben, sind jene des Benuë immerhin Wasser=
läufe von 200—420 Km. Länge und respectabler Füllung
zur Zeit der Flußschwelle.

Es erübrigen mir noch einige Worte über das Regime
des Nigir. H. Barth, der den Strom in den ersten Tagen
des Jänner 1854 seinen höchsten Stand bei Timbuktu er=
reichen sah, mußte über diese Anomalie erstaunt sein,**) da
ihm weder die Lage der Quellen des Nigir genau bekannt,
noch der klimatische Charakter der Guinealänder damals
genügend klar festgestellt war. Heute sind beide Factoren
bekannt, und läßt sich deshalb diese scheinbare Anomalie im
Regime des Flusses leicht erklären. Das Stromgebiet des
Nigir liegt durchaus auf der nördlichen Hemisphäre, und
so viel wir aus der Schwellzeit des Benuë entnehmen

---

*) R. Eb. Flegel's Expedition nach Adamaua. Peterm.
Mittheil. 1882, S. 228.
**) »Reisen und Entdeckungen.« Bd. V, S. 5—9.

können, liegen die Quellen aller Zuflüsse des ganzen Systems
außerhalb des Calmengürtels. Wenn trotzdem in der Schwell=
zeit des Nigir bei Timbuktu und des Benuë bei Yola ein
Intervall von 3 vollen Monaten besteht, so weist dieses
darauf hin, daß die Regenzeit im Quellgebiete des Nigir=
stromes selbst wahrscheinlich bis in die Nähe des süd=
lichen Solstitiums dauern muß. Wenn wir die meteoro=
logischen Beobachtungen der Pfeffer= und Elfenbeinküste
consultiren, so erfahren wir, daß daselbst die große Regen=
zeit im Allgemeinen vom Beginne des April bis Mitte Juli
währt, daß sodann eine kurze Trockenpause von sechs= bis
neunwöchentlicher Dauer platzgreift und während der Monate
October bis Mitte December nochmals Regen fällt.*) Es
entspricht diese Vertheilung des Niederschlages ganz und gar
der Herrschaft des Südwestmonsuns, der sich an der Guinea=
küste bis in die Nähe des Senegal fühlbar macht. Mit
der in den einzelnen Jahren verschiedenen Dauer und Menge
des Niederschlages in diesen beiden Regenperioden hängt auch
die beobachtete Unregelmäßigkeit des Steigens und Fallens
des Nigir zusammen. Daß im Quellgebiete des Nigir Regen
noch in größerer Menge bis Ende October fallen, wird uns
von Caillié und jüngst durch Zweifel und Moustier
bestätigt.

Bei dem geringen Gefälle und der geringen Strömung des
Nigir auf der 1840 Km. langen Strecke bis Korome (Tim=
buktu), muß er daher an letzterem Orte zu jeder Zeit, auch
30—40 Tage später, im Anschwellen begriffen sein. Wesent=

---

*) Nach A. Borius ist übrigens kein Monat vollständig regen=
frei. Recherches sur le Climat des établissements français de la côte
septentrionale du Golfe du Guinée. Paris 1880, pag. 15.

lich anders liegen die Bedingungen des Anschwellens im
Unterlaufe, etwa an der Mündung des Benuë. Im Stromgebiete des Benuë und seiner Zuflüsse währt die Regenzeit
von Ende April bis Mitte September (in den Haussastaaten
etwas später beginnend). Der Benuë beginnt daher im Mai
zu steigen und erreicht in der zweiten Hälfte des September
seinen höchsten Stand, so daß bei der heftigen Strömung
des Benuë die Hochfluth sich in Igbegbe Ende September
auf den bereits allmählich, wenn auch schwach angeschwollenen
Nigir aufbaut, weshalb die Schwellhöhe des Nigir bei
Lokodscha 15 und mehr Meter beträgt. Diese Wasserfluth
des Benuë beginnt aber im October schon abzufließen, der
Benuë sowohl als auch durch ihn der Nigir beginnt zu
sinken, ehe noch die Schwellfluth des obern Nigir die
3710 Km. lange Strecke zurückzulegen vermag. So geschieht
es denn, daß der Nigir bei Lokodscha zuweilen im Februar
abermals steigt, während er im Oberlaufe sinkt und der
Benuë seinem tiefsten Stande entgegengeht. Die mittlere
Schwellzeit des Stromes läßt sich daher für den Unterlauf
nicht genau fixiren.

Ich übergehe nun zur hydrographischen Beschreibung
der übrigen dem Atlantischen Ocean tributären Flüsse und
zwar in topischer Reihenfolge von der Straße von Gibraltar
bis Cap Agulhas. Entsprechend der in der Einleitung angeführten Eintheilung beginne ich mit den Küstenflüssen
zwischen der Gibraltarstraße und dem Senegal. Das Gebiet
der auf dieser Strecke dem Ocean tributären Gewässer bedeckt
800.060 Qu.-Km., wovon 167.070 Qu.-Km. auf jenes des
bedeutendsten und längsten unter denselben, des Draa,
entfallen. Die Wasserscheide des Gebietes aller dieser Küstenflüsse verläuft von der Punta Blanca in der Gibraltarstraße

auf etwa 25 Km. zunächst südwestlich parallel zur Nordküste und gewinnt den Kamm des Rifgebirges, auf welchem sie bis 3° 40' östl. L. v. Gr. nach Südosten verläuft, und nun durch die Landschaft Thesa ziehend das Massiv des Dschebel Araschin gewinnt, diesen nach Süden übersteigt und nun auf der das linke Ufer des Draa begleitenden Hammada=fläche südwärts und südwestlich zieht, im Gebiete der Larosin sich bis auf 150—100 Km. der Küste des Oceans nähert und nördlich des Senegal die Küste selbst erreicht. Südlich der Landschaft Tekna hat die Wasserscheide nur theoretische Bedeutung, da auf der ganzen Küstenstrecke zwischen Cap Bojador und der Senegalmündung kein den Namen eines Flusses verdienendes Rinnsal sich vorfindet.

Soweit noch die Region der subtropischen Regen reicht, namentlich aber nördlich des Atlas, haben die Flüsse der atlantischen Küste vorwiegend den Charakter permanenter Wasserläufe, die im Frühjahre zur Zeit der Schneeschmelze im Atlas und der vom November bis April fallenden Regen*) hoch anschwellen, im Sommer aber auf minime Dimen=sionen zusammenschrumpfen, ohne jedoch ganz zu versiegen, wie die Rinnsale der östlichen Küste des Mittelmeeres. Süd=lich der Hauptkette des Atlas reicht die Wassermenge der Flußläufe nicht hin, um im Unterlaufe der Verdunstung und Infiltration das Gleichgewicht zu halten, sie bilden stagnirende Wasserlachen oder versiegen gänzlich an der Oberfläche des Bodens.

Unter den zahlreichen Flußläufen, welche dem Atlan=tischen Ocean bis zum 27.° nördl. Br. hinab zugehen, seien hier nur die bedeutendsten hervorgehoben. Von Norden nach

---

*) Bulletin de la Soc. Géogr. Paris 1868, p. 338. 1872, p. 150, 305. (Klima von Mogador.)

Süden vorgehend stoßen wir zunächst auf den Ued el Kebir, der sich mit dem Ued el Kharrub vereint, nach circa 60 Km. langem westlichen Laufe in den Ocean ergießt. Bei El Araïch mündet der daselbst über 100 Mtr. breite und zur Regenzeit 5½ Mtr. tiefe, im Oberlaufe bei Ksar el Kebir (den Ruinen von Oppidum novum) nur 0·6 Mtr. tiefe Ued Lukkus, nach circa 100 Km. langem mäanderartig gewundenen nordwestlichen Laufe. Seine Mündung hat sich nachweisbar in historischer Zeit mannigfach verändert.*)

Diese beiden überragt der Sebu oder Sbu, ein zur Zeit der Frühjahrsregen 200 Mtr. breiter, 3 Mtr. tiefer und mit 0·8 Mtr. in der Secunde fließender Gebirgsstrom, dessen Quellen theils in den Bergen der Landschaft Theia, theils aber, und zwar die Hauptquelle, an dem Westabhange des Dschebel Tamarakuit liegen und der mit seinen Nebenflüssen Wadi Uargha und Wadi Rdem ein Gebiet von mehr als 60.000 Qu.Km. entwässert. Im Oberlaufe an mehreren Stellen kleine Cascaden bildend, fließt der Sebu bis zu den Ruinen der römischen Colonie Aelia Banasa in vielfach gewundenem Laufe nach Nordwesten und wendet sich hier in zahlreichen Krümmungen nach Südwesten, um bei Mehdia zu münden. An seiner Mündung ist der Sebu 150 Mtr. breit und selbst zur trockenen Jahreszeit 3 Mtr. tief; seine 7 Mtr. hohen Ufer werden stellenweise überschwemmt. Von seinem circa 370 Km. langen Laufe entfallen nur 140 Km. auf die Küstenebene, den Rest durchfließt der Fluß im Gebirge. Zwischen Rbat und Sla (Sala) mündet der Ued Bu Ragrag, ein Flüßchen, das aus der südöstlich liegenden Außenkette des Atlas (Dschebel Gureigura) herabkommt.

---

*) C. Tissot, Itinéraire de Tanger à Rbat. Bull. de la Soc. de Géogr. Paris 1876. II. p. 225.

Bedeutender noch als der Sebu ist der Umm er Rebia, dessen Quellen und Zuflüsse ihren Ursprung auf der Haupt= kette des Großen Atlas (Jdrar n'Deren) nordöstlich der Stadt Marokko nehmen, während ein Nebenfluß desselben, der Ued Tessaut, sogar die Atlaskette in einer tiefen und großartigen Schlucht durchbricht und am Südostabhange der Hauptkette entspringt. Nach einem circa 380 Km. langen nordwestlichen und stark gewundenen Laufe mündet dieser 150—200 Mtr. breite, permanent wasserführende Fluß bei Asemmur in den Ocean. Dem Umm er Rebia folgt der Tensyft, der gleichfalls am Westabhange der Hauptkette des Atlas entspringt und nach circa 250 Km. langem Laufe als circa 50—80 Mtr. breites Rinnsal mündet.*) Der nächste ansehnliche Flußlauf ist der Ued Sus, dessen ganzer Lauf bereits am Südabhange der Atlaskette liegt. Das Flußbett dieses circa 320 Km. langen, meist nach Westen gerichteten Rinnsals ist zur Sommer= zeit 100 Mtr. breit, wovon indeß nur 4—10 Mtr. auf den Wasserlauf selbst kommen; zur Zeit der Frühjahrsregen und der Schneeschmelze im Atlas hingegen tritt der Fluß über die Ufer und überschwemmt das Thal auf 300—400 Mtr. Breite. Zur Trockenzeit ist das Wasser im Flußbette meist nur 0·3—1 Mtr. tief und hat eine Strömung von 0·3 Mtr. in der Secunde. Er mündet südlich von La Fuente.**) In heißen Sommern versiegen sowohl der Sus als der nun folgende, die gleichnamige Landschaft bewässernde Ued Nun oder Asaka vollständig.

---

*) Siehe A. Petermann's Karte des Mittelmeeres in acht Blättern. Blatt 5.

**) J. Gatell, Description du Sous. Bull. de la Soc. de Géogr. Paris 1871. I. p. 81.

Den ersten Rang unter den Küstenflüssen des Oceans auf der in Rede stehenden Strecke nimmt unstreitig der Draa oder Ued Draa ein. Seine Quellen (Ued Marghen, Ued Dades) liegen einestheils am Nordabhange der höchsten Spitzen des Atlas, anderntheils an den Abhängen der als Antiatlas bezeichneten südlichen Parallelkette (Dschebel Sagrehru), welche der Fluß in einer wildromantischen Schlucht durchbricht und nun bis südlich der Oase Abuafil einen südsüdöstlichen Lauf verfolgt, hier sich aber entschieden nach Westsüdwest wendet und in dieser Richtung nach einem circa 1150 Km. langen Laufe in den Ocean mündet. Kurz nach seiner Wendung nach Westen durchfließt, oder richtiger gesagt, bildet der Fluß eine seeartige Erweiterung, El Debaïa, welche indeß nur zur Regenzeit angefüllt ist, im Sommer hingegen trocken liegt, und deren Boden dann angebaut wird. Im Oberlaufe ist der Draa selbst im Sommer ein permanenter und ziemlich bedeutende Wassermenge führender Gebirgsfluß; sobald er aber den Dschebel Saghreru durchbrochen hat, wird ihm der größte Theil des Wassers in einem dichten Netze von Irrigationscanälen entzogen, so daß er dann im Unterlaufe entweder gänzlich versiegt oder nur als schwacher Wasserfaden von 10—30 Mtr. Breite die Mündung erreicht.*)

In normalen Jahren ist der Draa im Unterlaufe selbst im Sommer 0·5—0·7 Mtr. tief und führt in einem 150 Mtr. breiten Bette, bei einer Breite von 190—2000 Mtr. des Flußthales überhaupt, auf 30—40 Mtr. Breite Wasser bei sehr geringer Strömung und schwachem Gefälle, wobei trotzdem der Fluß sehr viel Schlick ablagert. Zur Zeit der Winter- und Frühjahrsregen erfüllt der Strom das ganze

*) H. de Castries, Notice sur la Région de l'Oued Draa. Bull. de la Soc. de Géogr. Paris 1880. II. p. 497.

Bett, tritt stellenweise sogar aus und führt dann 1˙5 bis 2 Mtr. tiefes Wasser. Von seinen rechtsseitigen Nebenflüssen führen die wenigsten zur Sommerszeit Wasser. Unter· den 24 Flüssen der Landschaften Nun und Tekna, von welchen nach Gatell 10 zu jeder Zeit Wasser führen sollen, was ziemlich unwahrscheinlich klingt, da selbst der Draa manches Jahr versiegt, erwähnen wir noch die Schipka und Seggia el Hamra. Erstere ist ein im Sommer kaum sichtbares Rinnsal mit wenigem, brackischem Wasser, zur Regenzeit ein 6—14 Mtr. breiter Wasserlauf in einem 300 Mtr. breiten flachen Flußbette; letzterer gleicht dem Unterlaufe des Draa in der Dimension des Flußbettes, führt aber nur im Oberlaufe permanent Wasser, der Unterlauf ist ganz versandet. Beide Flußläufe haben ihre Quelle nahe den isolirten Bergmassen im Süden der Landschaft El Gaba und münden jeder für sich, ersterer nördlich, letzterer südlich des Cap Dschuby in den Ocean.*)

Mit Senegambien betreten wir wieder die Zone tropischer Regen und im Zusammenhange damit treffen wir hier wieder ein reich entwickeltes Flußnetz, in welchem der Senegal den ersten Rang einnimmt. Es ist ein Strom der zu jeder Jahreszeit circa 810 Km. aufwärts mit Dampfbooten befahrbar ist. Er entsteht aus der Vereinigung zweier Quellflüsse, des im Oberlaufe Baleo genannten Bafing und des Faleme, deren Quellen kaum 10 Km. auseinander in der Nähe (nordwestlich) der Hauptstadt Timbo des Futa-Djallonreiches liegen. Der Bafing umfließt zunächst das Plateau, auf welchem Timbo liegt, in einem südlichen Bogen und

*) J. Gatell, L' Onad Nun et le Tekna. Bull. dela Soc. de Géogr. Paris 1869. II. p. 257.— H. Rohlfs, Tekna und Nun. Peterm. Mittheil. 1877. S. 422.

wendet sich dann nach Nordost, Nord und Nordwesten, um sich oberhalb Bakel mit dem Faleme zu vereinigen, der gleich vom Beginne an eine in der Hauptsache nördliche bis nordwestliche Richtung einschlägt. Bei dem großen Wasser=reichthum des Hochlandes, dessen Seehöhe durchschnittlich 600—700 Mtr. beträgt, zeigt der Bafing schon nach wenigen Kilometern Lauf eine Breite von 27 Mtr., und nach circa 60 Km. langem Lauf, den er über zahlreiche Felsenschnellen und Katarakte zurücklegt, 60 Mtr. Breite. Bis zu seiner Vereinigung mit seinem rechtsseitigen Nebenflusse, dem Bakhoy, und darüber hinaus bis Medine 625 Km. von der Quelle entfernt, ist der Bafing ein rascher stürmischer Gebirgs=strom, der nur mit Gefahr Schifffahrt zuläßt, sein Schwester=fluß, der Faleme, hingegen hat nur im frühesten Oberlaufe einige Stromschnellen, unterhalb welcher er auf seinem ganzen weiteren 560 Km. langen Laufe schiffbar ist und sich bei Senudebu, nahe seiner Vereinigung mit dem Bafing, als 300 Mtr. breiter und 8 Mtr. tiefer Fluß präsentirt.*) Seine Nebenflüsse sind von geringer Bedeutung, der Bafing hingegen erhält auf dem rechten Ufer mehrere beträchtliche Zuflüsse, denen er es zu verdanken hat, wenn der zur Trockenzeit im Mittellaufe sehr wasserarme Fluß unterhalb Bafulabe sich zu Beginn der Regenzeit als 800 Mtr. breiter Strom zeigt.

Unter diesen Zuflüssen ist wieder der ca. 350 Km. lange Bakhoy, dessen Quellen kaum 15 Km. nordwestlich vom Nigirthale liegen, der bedeutendste, obwohl er durch eine

---

*) Die Unternehmungen der Franzosen zur Erschließung von Futa=Djallon. Peterm. Mittheil. 1882. S. 281. — Englische Expedition unter Dr. Gouldsbury nach dem oberen Gambia und Futa=Djallon. Peterm. Mittheil. 1882. S. 290.

Reihe von Stromschnellen und Fällen (Solintaschnellen, Billyfälle) unschiffbar gemacht wird. Sowohl aus dem Hoch=
plateau von Fuladugu als auch weit aus dem Süden vom inneren Rande des Hochlandes im Westen des Nigir erhält der Bakhoy größere Zuflüsse, wie den durch den Bandi kô verstärkten Baulé (Rother Fluß) und den Kokoro auf dem rechten, den Bale auf dem linken Ufer. Nächst dem Bakhoy · gehen dem Bafing am rechten Ufer der Boke mit dem Furkuma zu. Alle diese Flüsse strömen in vielfach gewun=
denem Laufe durch das Bergland in hauptsächlich nord=
westlicher Richtung, die sich bei dem östlichsten (dem Baulé) bald in eine westliche verwandelt und deren vereinte Wasser=
menge den in nördlicher Richtung strömenden Bafing bei Bafulabe gleichfalls zur Aenderung seines Laufes nach Nord=
westen nöthigt.

Daß der Bakhoy (360 Km. lang) und sein Nebenfluß Baulé (310 Km.) selbst respectable Flüsse sind, geht aus ihren Dimensionen hervor. Während der Bafing ober=
halb Kundian 120 Mtr., ja noch unweit der Confluenz mit dem Bakhoy nur 300 Mtr. breit ist, erreicht der von zahl=
reichen Inseln besetzte Bakhoy an einzelnen Stellen bis zu 800 Mtr. Breite und 10 Mtr. Tiefe; seine Zuflüsse sind meist 100—120 Mtr. breite und 1—2 Mtr. tiefe Rinnsale. Der Charakter des Bakhoy wechselt jedoch sehr häufig, bald breitet er sich weit aus und wälzt große Wassermengen ab=
wärts, bald schrumpft er wieder auf 60 Mtr. zusammen und stürzt seine 0·5—2 Mtr. tiefen Gewässer über Felsen=
riegel, welche zuweilen, wie jene bei Billy, 16 Mtr. hoch sind. Das Thal des Bakhoy ist wie jenes des Senegal verhält=
nißmäßig eng und von isolirten, mauerähnlich abfallenden und bizarr geformten Tafelbergmassen begleitet, welche der

Landschaft den Charakter eines Labyrinthes geben, in welchem
die Flüsse die Wege weisen. Das Gefälle des Bafing ist
namentlich in der zweiten, unteren Hälfte ein sehr bedeu=
tendes; es beträgt zwischen der Mokaiafara=Furth und
Bafulabe (182 Km.) nicht weniger als 154 Mtr.*)

Für den landschaftlichen Charakter Senegambiens sind
die sogenannten Marigots bezeichnend, es sind dies 10 bis
40 Mtr. breite Wasser=Rinnsale mit schlammigem oder san=
digem Grunde, trägem, schleichendem Laufe, die zur Trocken=
zeit versiegen, während sie zur Regenzeit nicht nur durch
den Niederschlag in der nächsten Umgebung, sondern auch
durch den Ueberfluß der größeren Flußläufe gespeist werden
und dann das nächste Land unter Wasser setzen.

Die vereinigte Wassermenge des Bafing und Bakhoy
welche bei Bafulabe zwischen 30—36 Mtr. hohen Ufern
nach Nordwesten abfließt, und eine wechselnde Breite von
450—800 Mtr. und 1½—6 Mtr. Tiefe besitzt, stürzt sich
auf der 115 Km. langen Strecke bis Medine über 34 Schnellen
und Fälle, worunter der 16 Mtr. hohe Fall von Guina,
der 7 Mtr. hohe Malembelefall und die Felu=Katarakte
oberhalb Medine selbst ein großartiges Bild gewähren;
letztere setzen der Schiffbarkeit des Senegal eine Grenze.
Unterhalb Medine erweitert sich das Thal des Senegal zu=
sehends, der Strom, dessen Breite zwischen 500—900 Mtr.
schwankt, empfängt bei Kayes (bekannt als Station der
projectirten Senegalbahn) aus dem besonders steil zum Fluß=
thal abfallenden Hochlande von Kaarta den letzten rechts=

*) Bayol, Voyage au pays de Bamako. Bull. de la Soc. de
Géogr. Paris 1881. II, p. 25 u. ff. Compte rendu des Séances de la
Soc. de Géogr. Paris 1882. Nr. 12, p. 270. Das Vordringen der Fran=
zosen vom Senegal zum Niger. Peterm. Mittheil. 1882, S. 296 u. ff.

seitigen Nebenfluß von einiger Bedeutung, den Tarakole,
welcher seinerseits wieder den Kirigul aufnimmt. 120 Km.
unterhalb Medine vereinigt sich der Senegal mit seinem
Schwesterfluß, dem Faleme und verläßt sein Berggebiet, das
in landschaftlicher Hinsicht mit Ausnahme von Futa-Tjallon
den westlichsten Theil jenes breiten Savannengürtels umfaßt, der sich quer durch Afrika bis an die Abhänge des
abessinischen Hochlandes hinzieht. Nördlich und westlich der
Faleme-Mündung sieht sich der Fluß beiderseits von wasser-
und vegetationsarmen Wüsten umgeben, aus denen er keinen
nennenswerthen speisenden Zufluß erhält (auf dem rechten
Ufer ist der Marigot Kaëdi, am linken Ufer der den Guyen-
See bildende Marigot Bunun bemerkenswerth), im Gegentheile vereinigen sich alle Factoren, um die Wassermasse des
Senegal zu vertheilen. Bei dem geringen Gefälle windet
sich der Strom in zahllosen Krümmungen durch die 20 bis
50 Km. breite Thalebene, spaltet sich wiederholt in zwei und
mehr Arme (so bei Matam, Salbé u. s. w.), bildet zahlreiche
Seiten- und Hinterwässer, welche zur Schwellzeit des Stromes
die ganze Thalebene inundiren, während der Hauptstrom
bei häufiger Inselbildung selbst nahe an seiner Mündung
1500 Mtr. Breite nicht übersteigt. Durch die Abzweigung eines
Armes am linken Ufer bei Salbé, welcher sich erst oberhalb
Dagana wieder mit dem Strom vereinigt, wird die 180 Km.
lange Insel Morfil gebildet, deren Breite zwischen 1—20 Km.
schwankt. Unter 14° 20' westl. L. v. Gr. erreicht der
Senegal seine höchste nördliche Breite, wendet sich nun
nach Westen, wird aber, kaum 15 Km. von der Küste entfernt, zu einer letzten scharfen Wendung nach Südsüdwest
gezwungen, und mündet in einer haffartigen, durch eine
Barre versperrten Lagune unterhalb St. Louis.

In einer der jüngsten geologischen Perioden scheint der letzte Abschnitt des Unterlaufes und die Mündung des Flusses in westlicher Richtung erfolgt zu sein, wofür der bis $17\frac{1}{2}°$ nördl. Br. reichende von Salinen und Lagunen besetzte Küstensaum spricht, das Vorrücken der Dünen der benachbarten Astotwüste muß dann die ursprüngliche Mündung versandet und den Strom zur heutigen Mündung abgedrängt haben. Im letzten Abschnitte seines Unterlaufes theilt sich der Senegal in fünf Arme, welche sich oberhalb St. Louis wieder vereinigen.*)

Das Gefälle des Stromes, der ein Gebiet von 440.500 Qu.=Km. entwässert, scheidet die Thalstrecke und Bergstrecke sehr scharf wie bei wenigen anderen Strömen Afrikas, wie dies die folgenden Zahlen zeigen. Es beträgt nämlich:

	die Seehöhe	b. Entfern. zwischen	das Gefälle	pr. Km.
	Mtr.	Km.	Mtr.	Mtr.
der Bafing=Quelle .	710	520	575	1·1
von Bafulabe . .	135	115	68	0·6
„ Medine . .	67	545	57	0·1
„ Podor	10	265	10	0·028
der Senegal=Mündung	0			

Dank der durch den langjährigen Gouverneur von Senegambien, General Faidherbe geförderten Durchforschung dieser französischen Colonie ist das Regime des Stromes durch längere Jahre beobachtet worden, so daß wir mittlere Werthe für Schwellzeit und Höhe besitzen. Daß die Wasser

*) Le fleuve de Senegal par M. Aube. Rev. mar. et colon. 1864 p. 266. u. ff. — Carte du Senegal, de la Faleme et de la Gambie. (Depôt de la Marine Nr. 1883) 1 : 895.000. — Von H. Kiepert zu einer Karte von Senegambien (Zeitschr. der Gesellsch. für Erdkunde Bd. 1, Taf. 1) bearbeitet.

menge, welche zur Regenzeit im Berglande von Futa-Djallon und Fuladugu (Manditétékru-Berge u. s. w.) zur Erde fällt, sehr bedeutend ist, beweist die Schwellhöhe des Senegal zu Medine, wo sie zwischen 16—20 Mtr. schwankt. Ent- sprechend der Regenzeit, welche von der ersten Hälfte des Juni bis Mitte October währt, erreicht der Strom Ende März bis Mitte April (je nach der Lage des Beobachtungs- ortes) seinen tiefsten Stand, beginnt Ende Mai zu steigen (ein Beweis, daß im Quellgebiete des Bafing die Regenzeit schon Mitte Mai eintritt) und erreicht Anfangs bis Ende October seinen höchsten Wasserstand, welcher bei Bakel 14 Mtr., zu Matam $9\frac{1}{2}$ Mtr., zu Podor 6 Mtr. und zu Dagana 4·4 Mtr. über Null beträgt. Bis Podor reicht die Fluth des Oceans.*)

So präsentirt sich der Senegal bei einer gesammten Lauflänge von 1435 Km. und einem directen Abstande von Quelle und Mündung zu 780 Km. als einer der wenigen Ströme Afrikas, welche auf ihrem ganzen Unterlaufe dem Verkehr offen stehen; leider hindert das ungesunde Klima der ganzen Küste zwischen St. Louis und Gorée die völlige Ausnützung dieser durch den Strom gebotenen Vortheile.

Der zweite Fluß, nach dem Senegambien benannt wird, der Gambia, ist in jeder Beziehung dem Senegal unter- geordnet, namentlich sein Lauf (740 Km.) und sein Strom- gebiet (182.050 Qu.-Km.). Seine als Ba-Dimma bekannte Quelle liegt nördlich der Falemequellen gleichfalls im Berg- lande von Futa-Djallon in circa 1000 Mtr. Seehöhe; er fließt zunächst in nordwestlicher Richtung bis zur Einmün- dung des rechtsseitigen Nebenflusses Nerico, wendet sich

*) Borius, Recherches sur le Climat du Sénégal, Paris 1875. — Aube, Le fleuve du Sénégal, Rev. mar. et col. 1864, pag. 266.

sodann nach Westen und mündet nach einem mäanderartig
gewundenen Laufe in einem 5—20 Km. breiten Aestuarium
unter 13⁰ 28' nördl. Br. in den Ocean. Im Oberlaufe
erhält der Fluß aus dem Berglande Tangue, welches in
den Pics Tangue und Sundumaly 2500—3000 Mtr. hoch cul=
miniren soll, zahlreiche Zuflüsse, stürzt über mehrere Schnellen
und Cascaden herab, wird jedoch oberhalb der Nerico=
mündung bei Bady schiffbar, obwohl noch unterhalb dieses
Landungsplatzes der Fluß an mehreren Stellen seiner
geringen Tiefe und seines felsigen Bettes halber der Schiff=
fahrt Schwierigkeiten bereitet. An der Mündung des ihm
aus der Landschaft Bondu zugehenden 23 Mtr. breiten und
2·2 Mtr. tiefen Nerico hat der Gambia bereits 137 Mtr.
Breite und 1—3 Mtr. Tiefe und strömt bis Yarbutenda
zwischen 10 Mtr. hohen steilen und felsigen Ufern mit
reißender Strömung westwärts. Bei Barrakonda verengt
sich das Fahrwasser des Flusses durch einen mächtigen im
Flusse liegenden Felsen auf 5 Mtr. und 0·9 Mtr. Tiefe.
Dann aber strömt der Fluß, sich stetig erweiternd, unge=
hindert bis zum Ocean, dessen Fluth bis Fort Georgstown
aufwärts dringt und die Beschiffung des Flusses mit
größeren Schiffen ermöglicht.*) Auf dem linken Ufer ist
der auf dem Nordabhange des Tangue=Pics entspringende
27 Mtr. breite und 1 Mtr. tiefe Gray=River der bedeutendste
Zufluß; am rechten Ufer ist nächst dem Nerico noch der Wallia
zu erwähnen; die Schwellzeit entspricht jener des Senegal, die
Schwellhöhe schwankt bei Georgstown zwischen 5—8 Mtr.

Zwischen Gambia und der Nigirmündung münden in
den Atlantischen Ocean eine große Zahl von Wasserläufen,

*) V. S. Gouldsbury's Expedition zum oberen Gambia.
Peterm. Mittheil. 1882, S. 290 und Tafel 13.

welche ihrem Charakter und ihrer geringen Lauflänge nach
als Küstenflüsse bezeichnet werden müssen. Die Mehrzahl
unter ihnen (circa 60 Percent) muß in dem engen Rahmen
dieser Schrift unerwähnt bleiben, ihre Lauflänge überschreitet
in wenigen Fällen 150 Km., und auch als Communications-
wege entbehren sie jeder Bedeutung. Was aber diesen
sowohl als auch den 32 größeren Flüssen der Küste von
Ober-Guinea (Sierra-Leone-, Pfeffer-, Elfenbein-, Gold- und
Sclavenküste) einen eigenthümlichen hydrographischen Charakter
verleiht, ist ihr meist senkrechter Verlauf zur Küste und die
Natur ihrer Mündungen. In dieser Hinsicht macht sich ein
scharf ausgeprägter Unterschied zwischen den Flüssen nördlich
und südlich der Scherbro-Insel geltend.

Zwischen Cap Verde und der Scherbro-Insel beobachten
wir durchwegs eine Reihe größerer und kleinerer, bald einfacher, bald complicirter Aestuarien, bald von einem
einzigen oder von paarweise fließenden Küstenströmen gebildet, theils von Inseln besetzt, oder aber sind solche in
kleinen Archipelen den Aestuarien vorgelagert, und dem entsprechend auch eine relativ reich gegliederte Küste. Zwischen
der Scherbro-Insel (beziehungsweise Manna-Point des Fest-
landes) und dem Nigirdelta hingegen finden wir fast durchwegs einfache oder haffartige Mündungen.

Die Erklärung für diesen Gegensatz bietet uns die
Configuration des Terrains einerseits und der Charakter
der Flüsse andererseits. Die erste Gruppe von Flüssen
nördlich von Manna-Point hat ihre Quellen im Hochlande
von Futa-Djallon bis zur Leoneküste herab, dessen Ausläufer vielfach (namentlich an der Sierra-Leoneküste) steil
zum Meere selbst abfallen, sonst aber eine Reihe von flachen
Küstenebenen freilassen. Sämmtliche Flüsse nun haben

hier ein sehr kurzes Thalgebiet und in ihrem Berggebiete ein sehr starkes Gefälle und starke Strömung, die sich selbst im Flachlande nur wenig mäßigt. Die Folge davon ist, daß die Flüsse in ihrem Unterlaufe sich rasch ausbreiten, die Ufer immer mehr abbröckeln und ungeheure Mengen von festen Sinkstoffen dem Meere zuführen, infolge dessen das Meer an der ganzen Küste zwischen den oben bezeich= neten Punkten bis auf 300 Km. und mehr Entfernung von der Küste die durchschnittliche Tiefe von 183 Mtr. nicht überschreitet. Während nun die Flüsse südwärts an der Erweiterung ihrer Mündung arbeiten, gesellt sich die eben hier (daher auch die Bezeichnung der Sierra=Leoneküste) sehr heftige Brandung hinzu, welche landeinwärts an der Aus= nagung der Flußmündungen arbeitet.

Wesentlich anders liegen die Verhältnisse zwischen der Elfenbein= und der Sclavenküste. Hier läßt der Abfall des Kongplateaus eine durchschnittlich 200—250 Km. breite flache Küstenterrasse frei, welche die zahlreichen kleinen von der nächst höheren Hochlandsterrasse herabkommenden Flüsse mit mäßigem Gefälle und schwacher Strömung durchfließen und ihre Sedimente in Strandlagunen ablagern, welche die ganze Küste säumen und aus welchen sie meist durch eine schmale Mündung dem Ocean zugehen. Die Bildung der Strandlagunen wird ihrerseits durch Mangrovewälder be= günstigt, welche die Küste vor der Abbröckelung durch die Brandung schützen. Der Verlauf der hundert=Faden=Linie an dieser Küste zeigt am deutlichsten die Rolle dieser Strand= lagunen als Sammelbecken der Sedimente der kurzen Fluß= läufe. Einzelne dieser Strandlagunen, wie z. B. die Avon= Lagune, Ahuanga=Gi=, Amya=, Songo=, Tendo=Lagune 2c., bedecken 500—2500 Qu.=Km. Fläche, ihre Tiefe übersteigt aber selten 12 Mtr. (meist schwankt sie zwischen 2 bis 10 Mtr.).

Unter den 32 größeren Flußläufen, deren Länge zwischen 200 und 500 Km. schwankt, ist von Nord nach Süd bez. Ost vorgehend, zunächst der Casamance zu nennen, ihm folgt der Rio Geba mit einem 20 Km. breiten Aestuarium. Im Oberlaufe durchfließt er als Diaube zwei kleine Landseen und ist 100 Km. weit aufwärts schiffbar. Der folgende Rio Grande oder Bolola, dessen Aestuarium vielfache Einbuchtungen besitzt, entspringt aus mehreren Quelladern am steilen Abfalle des Hochlandes von Futa-Djallon in der Landschaft Labi und fließt in einem nördlich culminirenden Bogen nach Westen, erreicht schon bei Delabah im Oberlaufe als Großer Tomine 64 Mtr. Breite und 0·7 Mtr. Tiefe, nimmt auf beiden Seiten zahlreiche Gebirgsbäche auf, deren einer bei Tuba einen prächtigen 46 Mtr. hohen Wasserfall bildet. Bei Sampapulla ist der Fluß schon 90 Mtr. breit und 3½ Mtr. tief, bei Bubah, bis wohin die Fluth reicht, ist es ein Strom von 3—400 Mtr. Breite. Schiffbar ist der Rio Grande nur 100 Km. von der Mündung aufwärts; im Oberlaufe zwischen 12—15 Mtr. hohen stellenweise senkrechten Felsenufern eingeschnitten, stürzt er über mehrere Felsenbarrièren und bildet Schnellen und Fälle. Der folgende Rio Cassini (im Oberlaufe Koli, an der Mündung Karambal genannt) ist, ebenso wie der ihm benachbarte Cogon oder Kasafara, ein im Unterlaufe 200 Mtr. breiter und 4—12 Mtr. tiefer Fluß; unbedeutender sind der Rio Nuñez, an dessen Unterlaufe zahlreiche Factoreien liegen und der bis zum französischen Posten Boke schiffbar ist, und der Rio Pango trotz seines circa 310 Km. langen Laufes. Der folgende Kekulo, im Unterlaufe Konkuran genannt, entspringt in der Landschaft Labi zwischen den Quellen des Faleme und Gambia, vereinigt sich mit dem 40 Mtr. breiten, 2 Mtr. tiefen, in tief eingeschnittenem Felsenbette über Stromschnellen dahinschießenden Kakriman und bildet nach 320 Km. langem Laufe, nur 25 Km. vor seiner Mündung, den Bumiafall, so daß er gänzlich un= schiffbar ist. Der große Scarcies oder Kolantong und kleine Scarcies, letzterer mit einer Deltamündung, der in die Fnrabai bei Frectown als Rio Sierra Leone mündende Rokelle, dessen Quelle mit jener des kleinen Scarcies am Westabhange der wasserscheidenden Pelimehkette liegt, und der in größter Nähe der Nigirquelle Tembi entsprin= gende Kamaranka sind die letzten bedeutenden Flußläufe der ersten Gruppe mit ästuarischer Mündung.*)

Unter den Flüssen der oberen Guineaküste verdient zunächst der an seiner Mündung 800 Mtr. breite und 2 bis 3¹⁄₂ Mtr. tiefe Sewe genannt zu werden; ihm folgen nach Osten der St. Pauls=River, welcher auf der obersten Stufe des Kong entspringt und nach einem ca. 400 Km. langen Lauf bei Monrovia, der Hauptstadt der Negerrepublik Liberia, mündet. Der Cestos=River und der unweit Cap Palmas mündende Cavally=River haben eine einfache Mündung. Der folgende Assini oder Komba mündet bereits nicht mehr direct ins Meer, sondern in die große Ahy=Lagune, welche mit der östlicheren Tendo=Lagune in Verbindung

---

*) Siehe: V. S. Gouldsbury's Expedition zum oberen Gambia. Peterm. Mittheil. 1882, Taf. 13. — Berminck's Expedition nach den Nigirquellen. Peterm. Mittheil. 1880, Taf. 12. De l'Atlantique au Niger part le Foutah-Djallon. Par A. Olivier. Vic. de Sanderval. Paris 1882. — Gaboriaud, Mon voyage au Foutah-Djallon. Bull. de la Soc. de Géogr. commerc. Paris 1881—82. IV. pag. 17—26.

steht, welche den Tendo (Tando) aufnimmt. Der Assini
sowohl, dessen Quellen am Südabfalle der Saraga=Berge auf
dem Kong liegen, als auch der Tendo haben im Unterlaufe
meist eine Tiefe von 2—7 Mtr. Die beiden benachbarten
Flüsse, der Ankobra und Prah, namentlich der erstere,
sind als goldführend in neuerer Zeit das Ziel europäischer
Unternehmungslust. Ihre Mündung an der Goldküste ist
eine einfache. Der Prah, der Hauptfluß des Aschantireiches,
nimmt noch den Berun und Ofun auf; in seinem Gebiete
findet sich ein kleiner Landsee (Echuy.*)

Der entwickeltste und mächtigste Fluß dieser Küste ist
der Volta, im Oberlaufe Adire genannt. Er entspringt in
den Saraga=Bergen, nimmt den Senni und mehrere kleine
Zuflüsse auf, von denen einer einen kleinen See (Bonro)
durchfließt, und mündet nach ca. 500 Km. langem Laufe in
eine Lagune, in welche gleichfalls der Toschie und Ewue
münden. In die große Ahuanga=Lagune mündet der
Kamoschar, während der 100 Mtr. breite und 4—10 Mtr.
tiefe Wehmi die Verbindung mit der Jkorodu=Lagune her=
stellt, in welche der aus der Landschaft Yoruba herab=
kommende Ogun mündet.**) Die Schwellzeit aller dieser
Flüsse fällt in die Monate April bis October, und erreichen
dieselben meist im letzteren Monate ihren höchsten Stand,
wo sie ihre Ufer überfluthen und das ohnehin sumpfige
Küstenflachland inundiren. Das von allen diesen Flüssen
zwischen Gambia und Nigir entwässerte Gebiet bedeckt eine

---

*) Die Goldfelder von Waffa v. E. Behm. Peterm. Mittheil.
1880. S. 175.
**) Map of the British Territories at the Gold and Selave Coasts
1 : 200,000.

Fläche von 977.150 Qu.-Km. und ist zur Hälfte Savanne, zur anderen Hälfte Wald- und Culturland.

Zwischen der Nigir-Mündung und dem nächstwichtigen Strome der Guineaküste, dem Ogowe, strömen auf einem 307.650 Qu.-Km. großen, meist von dichtem Urwald und üppigen Savannen bedeckten Gebiete sieben größere Flüsse von 100—550 Km. Lauflänge dem Atlantischen Ocean zu, welche zum überwiegenden Theile in dem noch unerforschten Innern des Gebietes der nordäquatorialen Wasserscheide, die südlichen in der nördlichen Fortsetzung des westafrikanischen Schiefergebirges ihre Quellen haben. Entsprechend der Lage ihres Quellgebietes in dem Calmengürtel oder in der Nähe desselben, zeigen die Flüsse eine doppelte Schwellperiode und zwar während oder nach den beiden Aequinoctien im April und October (mit 3—4wöchentlichen Schwankungen der Termine). Der dem Nigir nächste und einer der bedeutendsten ist der 300 Km. weit aufwärts schiffbare Croßriver oder Djone, an der ästuarischen Mündung Old Calabar im Unterlaufe Lo und Mayo genannt, dessen Quellen nach allen Erkundigungen im Hochlande ca. 550 Km. von der Biafra-Bai entfernt liegen. Die bedeutende Wassermenge in seinem nahezu 1600 Mtr. breiten Bette charakterisirt ihn als einen Bergstrom und deutet zugleich auf die großen Niederschlagsmengen hin, die in seinem Quellgebiete fallen. Er umfließt in einem großen Bogen und in vielfach gewundenem Laufe das Massiv des Camerun-Gebirges im Norden und mündet in südlicher Richtung in die Biafra-Bai.*) Von dem isolirten vulcanischen Massiv des Camerun-Gebirges strömen mehrere wasserreiche Flüsse herab, von welchen der Rio del Rey an

---

*) Ascent of the Old Calabar. Proc. R. Geogr. Soc. 1882. p. 94.

seiner Mündung in die Biafra-Bai ein breites Aestuarium
bildet. Im Osten des Camerun-Gebirges fließt aus den Owa-
Bergen und einem kleinen Landsee (Lake Richards) gespeist
der Mungo-River in einer Deltamündung gleichfalls in eine
große Bucht der Biafra-Bai zwischen Cap Camerun und
Suellaba-Point. Sein unmittelbarer Nachbar, der Camerun-
River, an dessen inselreichem Unterlaufe die großen britischen
Palmöl-Factoreien liegen, durchbricht den Rand des Hochlandes etwa 70 Km. landeinwärts in zwei großen Katarakten, dem Borum- und Bocno-Katarakt, und steht an
seiner Mündung durch mehrere Seitenarme mit dem Delta
des Mungo-River in Verbindung;*) nahe seiner Mündung
geht ihm auf dem rechten Ufer der Abo zu. In seiner
nächsten Nähe (südlich) mündet der Lungasi, ein 90 bis
187 Mtr. breiter Fluß, der in den Bergen von Lungasi
(10° 30' östl. v. Gr.) entspringt und Katarakte bildet.
Ein ca. 20 Km. breites Delta bildet der Edea-River, dessen
nördlicher Arm (Quaqua) in die vorerwähnte Bucht, der
südliche aber, die Insel Malimba bildend, in die offene
Biafra-Bai mündet. Alle diese Küstenströme haben in
ihren breiten Mündungen 4—15 Mtr. Tiefe und sind bis
zum Hochlandsrande schiffbar, leider ist ihr Oberlauf durchwegs unbekannt, dürfte aber nach den Erkundigungen der
Missionäre Comber, Greenfell und Roß in der Landschaft Rufum oder Lufum zu suchen sein.

Der nächste Fluß, den man an dieser westäquatorialen
Küste kennt, ist der ca. 300 Km. südlich des Edea mün-

*) Comber, Exploration inland from Mount Cameroons, Proc.
R. Geogr. Soc. 1879, p. 225 und Karte: The Vicinity of Mount
Cameroons, Map of the Cameroons District to illustrate the paper
by G. Greenfell. Proc. R. Geogr. Soc. 1882.

bende, von Jrabier 1875 im Unterlaufe erforschte Eyo
oder Benito, welcher unter 1° 35' nördl. Br. nach vor=
wiegend westlichem Laufe mündet und schon 20 Km. von der
Küste entfernt die Jobe=Fälle bildet. Der ihm südlich fol=
gende, in die Corisco=Bai als über 2000 Mtr. breiter Fluß
mündende, am Unterlaufe die sumpfigen Ufer zur Schwell=
zeit weit überschwemmende Muni entsteht aus zwei Fluß=
läufen, dem eigentlichen Muni oder Utamboni, der in den
Ukubi=Masei=Bergen (dem westlichen Hochlandsrande) ent=
springt, bald darauf einen prächtigen Wasserfall und später
eine große Insel bildet, und dem Utongo, welcher in der
Cordillera Paluviola entspringt und die große Manambe=
Insel bildet. Ihr Lauf ist sehr kurz und überschreitet bei
dem längern Muni nicht 140 Km. An Wasserläufen ist dieses
äquatoriale Gebiet ungemein reich, eine Unzahl kleiner Flüß=
chen strömt theils direct ins Meer, theils in die bisher
genannten Flüsse.

Der Gabun, den man lange Zeit als einen mächtigen
Strom anzusehen geneigt war und dessen Quellen man weit
ins Innere verlegen wollte, ist eigentlich nur ein 67 Km.
langes, 3—18 Km. breites Aestuarium, das von zahlreichen
kleinen Flüssen gebildet wird, unter welchen der Como und
namentlich der südlichere, der Rembue, die bedeutendsten
sind. Die Wassertiefe in dieser riesigen Süßwasserbucht be=
trägt 3—18 Mtr., seine sumpfigen Uferlandschaften gehören
zu den ungesundesten von gefährlichen Sumpffiebern heim=
gesuchten Gegenden Afrikas.*)

Länge und Regime zeichnen den nächsten Wasserlauf der
äquatorialen Westküste, den Ogowestrom, besonders aus. Er

---

*) Friederichsen, Karte des Handelsgebietes von West=
Äquatorialafrika 1 : 780.000

ist ein typisches Beispiel eines Plateaustromes, dessen ganzes Stromgebiet im Bereiche des Calmengürtels liegt. Obwohl das von ihm entwässerte Gebiet, zum überwiegenden Theile Urwald, Buschwald und üppigstes Grasland, nur circa 304.100 Qu.=Km. umfaßt und der Ogowe eine Gesammt=länge von 850 Km. besitzt (directer Abstand von der Quelle zur Mündung ca. 570 Km.), so zeigt er sich im Unterlaufe als ein großer Strom, der zur Schwellzeit 45—50.000 Kbmtr. Wasser per Secunde dem Ocean zuführt und deshalb, so lange man seine Quellen nicht kannte, mit dem fernen Nülle in Zusammenhang gebracht wurde.*)

Heute ist sein großes Wasservolumen zur Schwellzeit durch die Lage seines Stromgebietes vollkommen erklärt. Der Ogowe entspringt auf dem 800 Mtr. hohen Plateau auf der Binnenseite des westafrikanischen Schiefergebirges unter 3° südl. Br., das die dreifache Wasserscheide zwischen Congo und den Flüssen der Loangoküste bildet, fließt vorerst in einem tiefeingeschnittenen Bette nach Nordwest und Norden, später nach Aufnahme seines ersten größeren Nebenflusses auf dem rechten Ufer, der Passa mit der Lela, in großen halbkreis=förmigen Windungen in hauptsächlich nordwestlicher Richtung bis zur Einmündung des Jvindo (nahe dem Aequator), dessen Wassermenge ihn zur Annahme einer fast rein westlichen Richtung zwingt, die er bis zu dem Punkte beibehält (11° östl. L. v. Gr.), wo ihn die innerste Kette des westafrika=nischen Schiefergebirges nach Süd= und Südwest ablenkt, worauf er nach Durchbruch des äußersten Hochlandsrandes in westsüdwestlicher, später nordwestlicher Richtung in einem

---

*) F. Czerny, Die Entdeckungsgeschichte der Gabun= und Ogowe=länder und die Ogowequellen. Zeitsch. d. Gesellsch. f. Erdkunde. Berlin, XI. Bd. S. 238—241.

breiten vielarmigen Delta zwischen 0° 30' und 1° 30' südl.
Br. in den Ocean mündet.*)

Bis zum Durchbruche durch den äußersten (westlichen)
Hochlandsrand ist der Fluß ein rascher, ungeberdiger Bergstrom, der nur streckenweise zu jeder Jahreszeit bis zur
Mündung der Passa schiffbar ist. Nach ca. 120 Km. langem
Laufe stürzt das Wasser des jungen Flusses in einem zur
Trockenzeit 20 Mtr. breiten Bette in den Pubara-Fällen in
mehreren Absätzen 40 Mtr. tief herab (der eigentliche Fall
ist 15 Mtr. hoch), erweitert sich unterhalb dieses Falles zu
100 Mtr. Breite und nimmt nun unterhalb der französischen
Station Franceville (120 Mtr. über dem Meere) die gleichfalls 100 Mtr. breite, mit reißender Strömung einfallende
Passa auf. Auf einigen Kilometern unterhalb dieser Confluenz zeigt der Ogowe, welcher auf linker Seite den 60 Mtr.
breiten Libumbi aufnimmt, flache und sumpfige Ufer, bald
aber wieder tost er in felsigem Bette zwischen Steilufern
auf 90 Mtr. eingeengt, über eine Reihe von Schnellen (ca.
15 Km.), erweitert sich durch Aufnahme des Nconi und des
150 Mtr. breiten Schebe (am rechten Ufer) bis zu 600 Mtr.,
verengt sich aber bald wieder auf 60 Mtr. und stürzt sich
über die Katarakte von Dume und über eine Reihe von
Schnellen bei Bundschi, nach deren Ueberwindung der 100 bis
400 Mtr. breite Fluß mit einer Geschwindigkeit von 2 Mtr.
in der Secunde bis zur Einmündung des Jvindo strömt
und nebst mehreren kleinen Inseln die größere Saburé-

*) Sav. de Brazza, Expédition sur les cours supérieures de
l'Ogooué de l'Alima etc. Bull. de la Soc. Géogr. Paris 1879, I. p. 113
und Karte. — Carte prov. des Itinéraires de Mr. de Brazza dans
l'Ogooué 1880—1883. Compte rendu des séances Nr. 13 und Bull.
1881, II., p. 515.

Insel bildet. Der Jvindo, dessen Lauflänge von Compiègne auf ca. 350 Km. geschätzt wird, bildet selbst wieder in seinem Unterlaufe mehrere Schnellen.

Bis Lope, auf einer Strecke von ca. 160 Km., stürzt der 100—200 Mtr. breite Ogowe, zwischen Steil= ufern, welche streckenweise zur Schlucht sich verengen, über eine Reihe von Schnellen und über den 8 Mtr. hohen Bue= oder Fare=Fall und auch unterhalb Lope ist sein Bett, das sich bald auf 1000 Mtr. (bei der Leledi-Insel) erweitert, bald auf 100—80 Mtr. verengt (Thor der Okanda), noch voller Felsen (Fetisch-Felsen), Schnellen, Sandbänke, bei sehr häufiger Inselbildung, welche das Fahrwasser sehr beschränkt, so daß er der Schifffahrt mit größeren Schiffen die größten Schwierigkeiten entgegensetzt und mit Dampfern überhaupt nur bis zur Nguniö-Mündung befahren werden kann. Auf der Strecke zwischen Lope und dem Durchbruche durch den Hochlandsrand nimmt der Ogowe auf dem rechten Ufer noch den Okono auf, einen ca. 150 Mtr. breiten Fluß, dessen Quellen unter ca. 2⁰ nördl. Br. liegen dürften, auf dem linken Ufer unterhalb der Jvindo-Mündung den Lolo und oberhalb Lope den Ofue, und endlich im Unterlaufe unter 10⁰ 35′ östl. L. v. Gr. seinen bedeutendsten Neben= fluß, den Nguniö oder Ouango auf.*)

An der Mündung 600 Mtr. breit, verengt sich der Nguniö bald auf 360 und 200 Mtr.; der circa 430 Km. lange Fluß entspringt an dem Westabhange der Sierra= Complida und fließt in vorwiegend nordwestlicher bis nörd= licher Richtung dem Ogowe zu; in seinem Oberlaufe bildet er nach Aufnahme des Uano auf dem rechten und des

---

*) Die neueren Forschungen am Ogowe. Peterm. Mittheil. 1878. S. 106 u. ff. Karte Tafel 7.

Ovigui auf dem linken Ufer eine Reihe von Fällen, von welchen die obersten Nagoschifälle und die Fugamo- oder Eugéniefälle 3—4½ Mtr. Fallhöhe besitzen, während der untere Sambafall nur mehr 0·6 Mtr. Höhe besitzt. Oberhalb dieser Fälle ist der Ngunié nur 137—100 Mtr., im Mittellaufe bei Muendi nur mehr 50—60 Mtr. breit und 0·7—1·5 Mtr. tief.

Nach dem Durchbruche des äußeren Hochlandsrandes erweitert sich der Ogowe rasch zu 800—1500 Mtr. Breite und ist von zahlreichen Inseln besetzt, von welchen zum Beispiel die Asange-Insel circa 15 Km. lang und 3—4 Km. breit ist. Die Tiefe des Stromes ist indessen gerade hier, wo der Strom das Schwemmland seines Unterlaufes erreicht hat, sehr variabel und zur Trockenzeit stellenweise nur 0·8 bis 2 Mtr., zur Schwellzeit hingegen steigt der Fluß um 4—5 Mtr. Zwischen Lope und der Okonomündung ist die Tiefe des Ogowe größer und schwankt zwischen 3—5 Mtr. im Fahrwasser.

Unter 9⁰ 48′ östl. L. v. Gr. spaltet sich der Strom in zwei Arme, von welchen der südlichere als Uango in den großen Strandsee Cama oder Nconi fließt und aus diesem, der noch überdieß durch den Rembo gespeist wird, als Fernando-Vaz in den Ocean mündet. Durch mehrere Verzweigungen steht dieser Arm des großen Ogowe-Deltas (120 Km. lang, 70 Km. breit, circa 4800 Qu.-Km. groß) mit dem Hauptarme in Verbindung, welcher später neuerdings sich in drei Mündungsarme spaltet, von welchen der mittlere als Ogowe in die Nazareth-Bai, der südliche als Nango-nange (Rio Mexias) südlich der Lopez-Insel und der nördliche als Gauge gleichfalls in die Nazareth-Bai mündet, durch zahlreiche Seitenarme untereinander in Verbindung stehen. Zur Trockenzeit sind diese Mündungsarme des Ogowe auf schmale, durchschnittlich nur 1—2 Mtr. tiefe Wasseradern zusammengeschmolzen, die sogar durch Felsen und Sandbänke in ihrer Benützung als Verkehrsweg gestört werden; zur Schwellzeit hingegen besitzt der Hauptstrom vor seiner Verzweigung 2500 Mtr. Breite und 7—20 Mtr. Tiefe bei einer Strömung von 2—2·4 Mtr. in der Secunde und behält sogar noch bei der Fluth an der Mündung süßes Wasser. Unter den Mündungsarmen ist für Seeschiffe nur ein Zweigarm des Hauptstromes, der Nazareth prakticabel.

Für die Wasserfülle des Stromes zur Schwellzeit sprechen eine Reihe seeartiger Hinterwässer und Seitenwässer, welche den Strom in seinem Unterlaufe, namentlich am linken Ufer begleiten, und unter welchen der Jonanga-Eliva (See) und Anenge-Eliva 450 (100) Qu.-Km. Fläche bedecken und von Inseln besetzt sind.

Der Regenvertheilung im Calmengürtel entsprechend, zeigt der Ogowe eine deutlich ausgesprochene, zweifache Schwelle, kurz nach den Aequinoctien im April und October und tiefste Wasserstände kurz nach den beiden Solstitien im Juli und Jänner.

Zwischen Ogowe und Congo nimmt der Ocean von der Loangoküste auf einem Gebiete von circa 200.100 Qu.-Km. mehrere Flüsse auf, welche theils in der Randkette des ostafrikanischen Schiefergebirges, theils aber und unter ihnen der bedeutendste, der Kuilu, auf dem Hochplateau im Innern zwischen dem Congo und der Küste entspringen. Die Mündung dieser Flüsse ist theils einfach, theils, durch die zahlreichen Strandlagunen an dieser Küste bedingt: haffartig oder, wie beim Kuilu, ein Aestuarium. Die kleineren,

13*

wie Sette, Njanga u. s. w., übergehend, beginne ich mit dem Kuilu, der aus der Vereinigung zweier Flüsse, des Lalli und Niari, entsteht *) und von welchen der Niari bei einer Breite von 80—90 Mtr. im Mittellaufe auf mehr als 200 Km. Länge vollkommen schnellenfrei sein soll. Der Schifffahrt und der Verbindung der Küste mit dem Hinterlande setzt jedoch der Unterlauf des Kuilu, in welchem er den Hochlandsrand durchbrechen muß, unübersteigliche Schwierigkeiten entgegen, denn hier, oberhalb Mayombe, strömt die Wassermenge des 80—200 Mtr. (nahe der Mündung bis 560 Mtr.) breiten Flusses in einer stellenweise bis 6 Mtr. engen Rinne zwischen 16 und 50 Mtr. hohen senkrechten Steilufern über zahlreiche Klippen und Stromschnellen (Durchbruch von Gotu und Katarakte von Bumina) mit reißender Strömung hin. Zur Trockenzeit fließt der 1—2 Mtr. tiefe Fluß nur mit 1·3 Mtr. Strömung in der Secunde, zur Schwellzeit hingegen ist das ganze Thal von Bumina von 5—6 Mtr. tiefen, tosenden Wassermassen erfüllt.**) Nach circa 330 Km. langem Laufe mündet der Kuilu unter 4° 25' südl. Br. in den Ocean. Auch der nächstfolgende im Oberlaufe Lundima genannte Loema bildet bei dem Durchbruche durch das Hochland die Insesa-Katarakte und ist daher nur auf einer geringen Strecke seines Unterlaufes schiffbar. Er mündet durch die Chissambo-Lagune. Der südlichste dieser Küstenflüsse endlich und der kleinste ist der Loango-Luz oder Tschiloango, welcher oberhalb der Faktorei Landana mündet.

---

*) Siehe den Bericht Brazza's über seine letzte Forschungsreise. Compte rendu des séances de la Soc. de Géogr. Paris. Nr. 13.

**) Pechuel-Loesche, Das Kuilugebiet. Peterm. Mittheil. 1877, S. 10. — Die Grundlagen der Karte von der Loangoküste von P. Güßfeldt. Peterm. Mittheil. 1876, S. 141 und Karte.

Südlich des Congo bis zum Quanza gehen dem Atlantischen Ocean nebst zahlreichen kleinen Küstenflüßchen sieben größere Flüsse zu, welche zusammen ein Gebiet von 205,000 Qu.=Km. entwässern, das im Osten von der Congo-Wasserscheide begrenzt wird. Es sind dies der Lelundo, Brize oder Ambrizette, Losche oder Bamba, Honzo, Lifune, Dande und Bengo. Ihre Quellen liegen theils auf der obersten Plateaustufe des Hochlandsrandes (Bango=Gebirge, Zombo=Plateau), theils nahe der Küste am Westabfalle des Hochlandes, der sich hier in Angola in drei Terrassen gliedert. Bei vorwiegend westlicher Laufrichtung in tief eingeschnittenen Betten, zeigen die Flußläufe einen deutlichen Parallelismus, namentlich im Unterlaufe; ihre Lauflänge schwankt zwischen 350 Km. (Brize) und 180 Km. (Honzo). Im Oberlaufe meist nur 12—15 Mtr. breit, erreichen sie nahe der Mündung eine wechselnde Breite von 300 bis 600 Mtr. Ihres großen Gefälles, der geringen Tiefe und raschen Strömung halber, sowie auch bei dem Umstande, daß ihre Mündungen von Barren versperrt sind, haben sie für die Schifffahrt keine oder nur geringe Bedeutung. Die meisten unter ihnen bilden beim Verlassen der obersten Hochlandsstufe Fälle und Schnellen, die großartigsten aber der Brize, welcher, obwohl zur Trockenzeit im Oberlaufe nur 14—16 Mtr. breit, einen 46 Mtr. hohen senkrechten Fall über das Zombo=Plateau bildet, und unmittelbar darauf noch weitere 91 Mtr. in mehreren senkrechten Absätzen herabstürzt. Nach den Schilderungen der Entdecker dieser Fälle (Arthingtonfälle), der Missionäre Comber und Hartland, sollen dieselben einen großartigen und imposanten Anblick bieten.*)

*) Arthington Falls of the River Brije. Proc. R. Geogr. Soc. 1881, pag. 99. — Brief account of recent Journeys in the Interior of

Als Fluß an und für sich selbst sowohl, und auch durch seine Schiffbarkeit mit Dampfbooten auf 240 Km. Länge seines Unterlaufes nimmt der folgende Quanza unter den Flüssen der Westküste Afrikas nach den großen Strömen Congo, Nigir, Senegal und Ogowe den nächsten Rang ein. Er ent= wässert ein Gebiet von 303.000 Qu.=Km. und hat bei einem directen Abstande der Quelle von der Mündung zu 630 Km. eine Lauflänge von 940 Km. Seine Quelle liegt auf dem die südäquatoriale Hauptwasserscheide des Continents tragenden Hochlande im Süden von Bihé, und zwar im Mussombo=See, der circa 30 Qu.=Km. Fläche bedeckt, unter 13° 35′ südl. Br.*) und circa 1650 Mtr. Seehöhe liegt. Bis 12° südl. Br. nord= östlich und nördlich fließend, wendet sich der Quanza sodann nach Nordwesten und unterhalb der Cuischimündung (9° 45 südl. Br.) nach Westen, um in vielfach gewundenem Laufe und nach Beschreibung eines großen nördlich gerichteten Bogens südlich von San Paolo de Loanda zu münden.

Unter 12° südl. Br. hat der Fluß eine Breite von 50 bis 60 Mtr. bei 3 Mtr. Tiefe, und strömt über eine Reihe von Schnellen und Katarakten, darunter einige von 5 bis 10 Mtr. Höhe, in tief eingeschnittenem Bette, nimmt links den 101 Mtr. breiten, 3 Mtr. tiefen und einen Kataraft bildenden Coquema, den Cuio und Cutato, rechts den gleich= falls einen Kataraft bildenden Cuime und den 250 Km. langen, auf der sumpfigen Hochebene des Kioko=Plateaus,

---

Congo. By T. J. Comber. Proc. R. Geogr. Soc. 1881, pag. 20. — Die südliche Hälfte des Congobeckens. Karte red. von R. Kiepert. 1 : 300.000. Beiträge zur Entdeckungsgeschichte Afrikas. III. Heft. — Chavanne, Karte von Central=Afrika 1 : 5,000.000.

*) Die Forschungen von B. Capello und R. Ivens im Gebiete des Quanza und Quango. Peterm. Mittheil. 1880, S 347.

im Westen der Cuangoquelle, entspringenden, 60—70 Mtr. breiten Luando auf und stürzt in einer Breite von 600 Mtr. unter 9° 55' südl. Br. über den von Schütt entdeckten imposanten Kaiserin=Augusta=Fall. Unmittelbar südlich von Dondo, der Grenze der Schiffbarkeit des Cuanza, bildet derselbe, nachdem er noch am linken Ufer den Tamba und Gango aufgenommen, den großen und kleinen Cambambefall, wird unterhalb Dondo 200 Mtr., später bis 500 und 600 Mtr. breit, und bildet an beiden Ufern zahlreiche Seitenwässer und Lagunen, welche er zur Schwellzeit füllt.

Am rechten Ufer geht ihm unterhalb Dondo der Mucozo und unterhalb Massangano der auf der von kleinen Landseen bedeckten Hochebene zwischen der Sierra de Catanho und dem Bangogebirge unter 8° 10' südl. Br. entspringende Lucalla zu, welcher bis 9° südl. Br. südöstlich und südlich fließt, sich dann nach West und Südwest wendet, unterhalb Lußchilo einen 24 Mtr. hohen, prachtvollen Fall bildet und nach Aufnahme des Lutete und Luinha nach 330 Km. langem Laufe in den Cuanza mündet.*) Das Gefälle des im Unterlaufe 2—4 Mtr. tiefen Cuanza, dessen Mündung durch eine Barre verlegt wird, ist sehr bedeutend und beträgt bis Dondo 1580 Mtr. oder mehr als 2 Mtr. per Km. bei gleicher Vertheilung. Entsprechend der Gliederung des Bodens in Angola und Benguela in den durch Höhe und Vegetation charakterisirten Terrassen ist die Hälfte seines Stromgebietes Savannenland, die andere, und zwar untere Hälfte, Busch=

*) Erman, Begleitworte zu O. Schütt's Karte des Rio Cuanza. Ztschrft. d. Ges. f. Erdkunde. Berlin, Bd. 13, S. 373 und Taf. 7 u. 8. — Deutsche Aufnahmen in Angola. Red. von R. Kiepert. Ztschrft. d. Ges. f. Erdkunde. Berlin, Bd. 15, Taf. 6. — Alexanderson, On the Riv. Quanza Journ. R. Geogr. Soc. Vol. 46, pag. 428 und Karte.

und Waldland. Die Schwellzeit des Flusses, sowie aller Flüsse südlich des Congo bis zum Cunene, diesen mit inbegriffen, ist eine einfache und fällt in die Monate April und Mai nach Beendigung der großen Regenzeit, d. h. dann erreichen die Flüsse ihren höchsten Stand, nachdem sie im October zu schwellen begonnen haben.

Zwischen Quanza und dem nächstfolgenden bedeutenden Flusse der Westküste, dem Cunene, gehen aus einem Gebiete von 281.000 Qu.-Km. dem Ocean, nebst zahlreichen kleinen Küstenflüssen, folgende größere Flußläufe in der Reihenfolge von Norden nach Süden zu: Longa, Kuvo (im Oberlaufe Kukwewi), Egypto, Catumbella, Cororoto, Carunjamba und Coroca. Es sind dies 160—320 Km. lange Flüsse, deren Quellen auf dem westlichen Hochlandsabfalle liegen (Serra Andrade Corvo, Serra da Neve, Serra de Chella) und mit großem Gefälle und rascher Strömung in tief eingeschnittenem Laufe dem Ocean zugehen, ohne selbst im Unterlaufe auf nennenswerthe Strecken schiffbar zu sein.

Der Cunene, welcher ein Gebiet von 272.000 Qu.-Km. entwässert, entspringt aus mehreren Quelladern am Südost-abhange der Serra Andrade Corvo und der steppenartigen Hochebene von Ambamba, fließt zunächst in südlicher und südwestlicher Richtung bis Luceque, wendet sich hierauf nach Südosten, um aber bald wieder in südwestlicher Richtung die Durchbruchsstelle durch den Hochlandsrand zu erreichen und sodann in westlicher Richtung nach 830 Km. langem Laufe mit einfacher, durch eine Barre versperrter Mündung sich in den Ocean zu ergießen. Er empfängt hauptsächlich auf dem rechten Ufer aus den Bergzügen des Hochlandes zahlreiche Zuflüsse, von denen ein Theil zur Trocken-zeit versiegt, die meisten jedoch permanent Wasser führen.

Unter ihnen sind der Canhungamua, 30 Mtr. breit, 4 bis 5 Mtr. tief, der Quando, im Oberlaufe schon 20 Mtr. breit, 1·8—3 Mtr. tief, und dadurch merkwürdig, daß er in der Nähe des Dorfes Pessenge unter ungeheueren Granit=blöcken verschwindet und auf 1600 Mtr. Länge unterirdisch läuft, der Catapi, der Culovar und der 270 Km. lange Cacolovar, im Unterlaufe 80—100 Mtr. breit, die bedeu=tendsten.

Sie alle haben, wie der Cunene selbst, bei der beträchtlichen Seehöhe ihrer Quellen ein beträchtliches Gefälle und reißende Strömung, und stürmen in ihrem felsigen Bette rasch abwärts, bis sie den Cunene erreicht haben. Dieser oberhalb der Mündung des Canhungamua 20 Mtr. breite, 1·8 Mtr. tiefe und zwischen bewaldeten Ufern süd=wärts strömende Fluß erreicht schon bei Porto do Fende 113 Mtr. Breite und 6 Mtr. Tiefe (zur Schwellzeit bis 229 Mtr. breit), und bildet oberhalb dieses Ortes Strom=schnellen, 16 Km. südlicher die Fälle von Quiverequeto. Selbst noch im Unterlaufe, von Fort Humbe abwärts, ist der Cunene zur Trockenzeit voller Schnellen und schrumpft bis auf 200 Mtr. Breite und 1·4 Mtr. Tiefe zusammen, so daß Schiffe nur zur Zeit des Hochwassers circa 100 Km. aufwärts dringen können. Die Strömung des Flusses ist selbst im Unterlaufe noch 1·8 Mtr. in der Secunde.*) Auf dem linken Ufer geht dem Cunene der River Cutanda zu, welcher den kleinen Var=See entwässert, und schließlich der Rio Kalude, welcher nach den Erkundigungen der Missionäre im Ovampolande den Abfluß des überfließenden Wassers aus

---

*) Serpa Pinto, »Wanderung quer durch Afrika«. 1. Bd. S. 67—72. Die Karte zu diesem Werke: Tropical South Africa showing the Explorations of Major Serpa Pinto.

der Etoscha-Salzpfanne zur Regenzeit aufnehmen soll, die ihrerseits wieder mit dem Onondova-See und dadurch mit dem Cubango in Verbindung gebracht wird, wodurch das Gebiet des Ngami-Sees den Charakter eines abflußlosen Beckens einbüßen würde. Ich komme noch auf die nähere Erörterung dieser Frage zurück.

Das Küstengebiet zwischen dem Cunene und Oranje, das westliche Ovampoland, Kaoko und Herero, ebenso das Damara- und Namaqualand mit einem Flächeninhalt von 367.150 Qu.-Km. (hydrographisches Gebiet) bietet in mannigfacher Hinsicht ein Analogon zu dem Gebiete der Küstenflüsse des Mittelmeeres östlich von Gabes, ja in mancher Hinsicht ist die Wasserarmuth noch schärfer ausgesprochen, da auf dem circa 100 Km. breiten Küstenstriche zwischen der Walfischbai und Cap Frio infolge des kalten, nach Norden gehenden Meeresstroms, Regen zu den seltensten Erscheinungen (seine Staubregen abgerechnet) gehört, und auch auf den beiden höheren Terrassen des Hochlandes, sowie im Innern dieser Bergländer die Gewitterregen, welche vom November bis Mai fallen, in den einzelnen Jahren an Zahl und Dauer großen Schwankungen unterliegen. Die zahlreichen Flußbetten, welche sich mit starkem Gefälle zum Meere herabschlängeln, sind bei der sandigen Beschaffenheit des Bodens daher selbst zur Regenzeit nur im Oberlaufe für kurze Zeit wasserführend; in den regenlosen Küstengürtel gelangt fast nie fließendes Wasser herab. (Vor 12 und 20 Jahren führte der Kuisib noch zur Regenzeit eine schwache Wasserader zur Walfischbai, seither versiegt er schon vorher im Sande, so daß die von mehreren Reisenden und Forschern ausgesprochene Ansicht einer zunehmenden Dürre in Südafrika für die letzten 20—30 Jahre thatsächlich erhärtet wird.)

Unter solchen Umständen haben die auf den Karten als Hoarusib, Hoanib, Uniab, Huab, Omaruru oder Eisib, Tjoachaub (Swakop), Kuisib und Tjuntab verzeichneten Flüsse nur den Charakter und Werth periodischer Regenflüsse, die nur selten bis zur Mündung in den Ocean wasserführend bleiben.*) Einzelne unter diesen Flußläufen, wie z. B. der Tjoachaub, haben eine Länge bis zu 360 Km. Ebenso wie in den Wadis der Sahara und Nordafrikas überhaupt, stößt man auch hier unter dem Sande der Flußbetten auf Wasser, das den Bewohnern dieses Gebietes das Tränken ihrer Heerden gestattet, und der die Flußthäler umsäumenden Vege= tation von Mimosen und den spärlichen Culturen das Fort= kommen ermöglicht.

Der südlichste der größern, dem Atlantischen Ocean tribu= tären Flüsse, der Oranje, ist trotz seines 1,083.050 Qu=Km. umfassenden Stromgebietes und seiner Gesammtlauflänge von beiläufig 1860 Km. (bei 1220 Km. langem, directen Abstande der Quelle von der Mündung) für den Verkehr vollkommen bedeutungslos, da seine Mündung durch eine Barre derart versperrt wird, daß Schiffe in den Fluß nicht einlaufen können. Auch ist die Wassermenge des Flusses zur Trockenzeit eine so geringe, daß der Oranje selbst im Unter= laufe ohne Schwierigkeit auf zahlreichen Furthen durchschritten werden kann. Die Erklärung für diese relative Wasserarmuth des Oranje bietet die geographische Lage seines Stromgebietes. Von seiner Gesammtfläche entfallen circa 550.000 Quadrat= Kilometer auf die Kalahari=Wüste (beziehungsweise Steppe), 390.000 Qu.=Km. auf das Steppenland in Klein=Namaqualand,

*) Hereroland, Land und Leute. Peterm. Mittheil. 1878. S. 306. — Dandelmann, »Zur Klimatologie des Hererolandes«. Zeitschrift der österr. Gesellschaft für Meteorologie. 13. Bd. S. 417.

Buschmannland, Griqualand, Oranje-Freistaat und Transvaal und nur der kleine Rest von 143.050 Qu.-Km. auf
Buschland, Wald und Culturland im Quellgebiete des Stromes
und seiner Nebenflüsse Vaal und Hartriver. In klimato-
logischer Hinsicht durchfließt der Oranje zwei gänzlich verschiedene Gebiete, nämlich das Gebiet der tropischen Regen
der südlichen Halbkugel mit Sommerregen (Sommer der
südlichen Halbkugel, die Monate September bis März
umfassend), und das Gebiet der subtropischen Winterregen.
Im ersteren liegt das Quellgebiet des Oranje und seiner
Nebenflüsse Vaal und Hartriver, Modderriver u. s. w., das
letztere durchschneidet er in seinem Unterlaufe und in ihm
liegen die linksseitigen Nebenflüsse vom Mittellaufe des
Stromes abwärts. Im Quellgebiete des Oranje übertreffen
die Regenmengen des Jahres jene der Westküste mit Winterregen beträchtlich, und damit steht auch der Charakter der
Nebenflüsse des Oranje im Ober- und Mittel- oder Unterlaufe in Zusammenhang.

Der Oranje oder Kai Garib, im Oberlaufe Nu Garib
genannt, entspringt als Noka Sinku aus mehreren Quellen
am Südwestabhange der culminirenden Partie der Drakenberge (zwischen Mont aux Sources bis Giants Kop) in
circa 2400—2500 Mtr., durchfließt mit reißender Strömung
und großem Gefälle ein ziemlich breites Hochthal in südwestlicher Richtung, wendet sich unterhalb Bethesda nach
Westen und verfolgt in stark gewundenem Laufe und stellenweise zwischen Steilufern eingeschnittenem Bette, bis zur
Einmündung des Vaal, eine nordwestliche Richtung, wird
durch diesen wieder nach Südwest abgelenkt, wendet sich unterhalb der Brackmündung neuerdings nach Nordwesten bis
22° östl. L. v. Gr. und von da ab nach Westen, in welcher

Richtung er unter Beschreibung dreier großer nordwärts
gerichteter bogenförmiger Krümmungen, deren letzte fast bis
28° südl. Br. hinaufreicht, unter 28° 40' südl. Br. in den
Atlantischen Ocean mündet. Das beträchtliche Gefälle des
Stromes, der den Continent in seinem südlichsten Theile,
und daher das Hochland vom östlichen Binnenrande bis zum
Atlantischen Ocean durchfurcht, bringt es mit sich, daß er
an mehreren Stellen Fälle bildet, welche die Benützung
des Stromes zur Schifffahrt nur auf kleinen Strecken gestatten,
umsomehr als sein Bett auf der ganzen Strecke seines Laufes
reich an Felsblöcken und Klippen ist. Das Gesammtgefälle
vertheilt sich derart, daß der Strom im Oberlaufe bis
Hopetown (1134 Mtr. hoch) 2·2 Mtr., im Mittellaufe bis
unterhalb des großen Aukurubies-Falles 0·8 Mtr. und im
Unterlaufe 1 Mtr. Gefälle per Kilometer Lauflänge zeigt.*)

Außer zahlreichen Wirbeln und kleinen Schnellen bildet
der Oranje unterhalb Hopetown einen Fall, und namentlich
den 46 Mtr. hohen Aukurubies-Fall oberhalb der Mündung
des Hygap. Zur Trockenzeit, also zur Zeit unseres nord-
hemisphärischen Sommers (in den Monaten Juli, August,
September) ist der Oranje bei Bothas Trift, unterhalb
Colesberg, nur 35—70 Mtr. breit und sehr seicht, unterhalb Hopetown erweitert sich der Fluß auf 250 Mtr. und
schneidet sein Bett immer tiefer in den Boden ein, malerische
Schluchten bildend, die an einzelnen Stellen, wie an der
Zendlingsdrift, von 3—600 Mtr. hohen Uferklippen eingesäumt werden, zwischen welchen das im Mittellaufe durchschnittlich 1·5—2·5 Mtr. tiefe Wasser des Stromes brausend

---

*) Siehe das Blatt 72 von Stieler's Handatlas: »Das Cap-
land«. 1 : 5,000.000.

hinburchschießt. Zur Schwellzeit in den Monaten Jänner bis April erreicht der Oranje schon im Mittellaufe 400 bis 500 Mtr. Breite, im Unterlaufe an einzelnen Stellen 700 bis 800 Mtr. Breite (an der Mündung 2400 Mtr. breit) und bis 11 Mtr. Tiefe, und wälzt mit starker Strö= mung eine beträchtliche Wassermenge dem Ocean zu.

Von seinen Nebenflüssen sind nur die im Gebiete des Oberlaufes einmündenden permanente Wasserläufe, so der Vaal, welcher nach 680 Km. langem Laufe unterhalb Hopetown mündet und seinerseits wieder am rechten Ufer den Hartriver unterhalb Klipdrift im Griqualande, den Mooiriver unterhalb Potschefstroom und den Klipriver, auf dem linken Ufer den Wilgeriver, Valscheriver, Vetriver und den Mobberriver aufnimmt. Der Vaal, im Unterlaufe 300 bis 400 Mtr. breit und zur Schwellzeit ein brausender Bergstrom mit starkem Gefälle, zur Trockenzeit ein schmaler, seichter, fast überall zu durchwatender Wasserlauf, entspringt am binnenländischen Abfalle der Drakenberge (und zwar der nördlichen unter dem Namen Verzamelberge gekannten Partie) im südöstlichen Transvaal und fließt in vielfachen Krümmungen westlich, später südwestlich dem Oranje zu. Seine dunkelgelb bis braungelb gefärbten Fluthen stürzen sich zwischen der Mündung des Mooiriver und Hebron über 33 kleinere Stromschnellen und einen 7·5 Mtr. hohen Fall, weshalb der Fluß, welcher meist in 10—13 Mtr. tief einge= schnittenem Bette strömt, selbst für kleine Fahrzeuge unschiffbar ist;*) nichtsdestoweniger ist er an einzelnen Stellen so tief, daß der Uebergang nur mittelst Fähren bewerkstelligt werden kann.

*) Mauch, »Reisen im Innern Südafrikas«. Peterm. Mittheil. Ergzhft. 37.

Von seinen Zuflüssen am linken Ufer, welche sämmtlich
auf den Abhängen der das Basutoland im Nordwesten
umrahmenden Berge (Witteberge u. s. w.) entspringen und
die Hochebene des Oranje-Freistaates in nordwestlicher und
westlicher Richtung durchfurchen, ist der Moddderriver der
bedeutendste. Zur Trockenzeit ziemlich wasserarme und seichte
Rinnsale, schwellen sie zur Zeit der Sommerregen der südlichen Halbkugel mächtig an, überfluthen oft die Umgebung
und geberden sich überhaupt als entfesselte Gebirgs- und
Regenströme. (Im Moddderriver wurde schon manches Jahr
ein plötzliches Anschwellen um 10—12 Mtr. beobachtet.)
Die zahlreichen rechtsseitigen Zuflüsse aufwärts des Harts-
river, deren Quellen auf dem Hooge Veld (Hohes Feld im
südlichen Transvaal) liegen, haben, wie ihre Bezeichnung
als Spruit anzeigt, den Charakter periodischer Regenströme,
so zum Beispiel Maquasi Spruit, Schoen Spruit u. s. w.
Auf dem rechten Ufer nimmt der Oranje weiterhin den
Caledonriver oder Magokara auf, dessen Quellen im Gebirgs-
winkel zwischen den Wittebergen und den Malutibergen liegen
und der in südwestlichem Laufe bei Bethulien mündet. Endlich nimmt der Oranje den seine zweite Quelladers zu nennen-
den Cornet-Spruit auf.

Auf dem linken Ufer gehen dem Oranje als permanente
Rinnsale der Stormbergriver, der Zuurbergriver, der Zeekoe-
river zu, deren Quellen, wie die Namen andeuten, in den
Storm-, Zuur- und Schneebergen des südafrikanischen Hoch-
landsrandes liegen und die in nördlicher Richtung nach kurzem
Laufe in den Oranje fallen. Selbst diese schrumpfen zur
Trockenzeit im Juli auf minime Wasserfäden ein.

Außer diesen permanent wasserführenden Nebenflüssen
empfängt der Oranje noch eine Reihe größerer und kleinerer

periodischer Flüsse, unter welchen jene am rechten Ufer mün=
denden den ganzen westlichen Theil der Kalahari bis zum
22. Grad südl. Br. und in das Damaraland hinauf, und
Groß=Namaqualand entwässern. Der längste unter ihnen, der
Nosob(=Hygap), aus dem schwarzen und weißen Nosob entstehend,
entspringt in östlicher Nachbarschaft des Tsoachaub im Herero=
lande, fließt in südöstlicher und südlicher Richtung und
erreicht den Oranje unterhalb des Aukurubies=Falles, das
heißt das Flußbett ist bis dahin zu verfolgen. Südlich des
Wendekreises spaltet sich das Flußbett in zwei Arme, Oup
und Nosob, und bildet eine große Insel. Er nimmt am
rechten Ufer aus den östlichen Randbergen von Groß=Namaqua=
land den Blaakriver, am linken Ufer den von den Ausläufern
des Hohen Feldes herabkommenden Molapo und den in
den Kamanibergen entspringenden Kurumanriver mit dem
Moschowa auf, Flüsse, von welchen der Molapo allein im Ober=
laufe noch im Juli eine schmale Wasserader führt, und im Mittel=
laufe gleichfalls eine große Insel bildet. Auf seiner gesammten
Laufentwicklung von circa 1050 Km. ist der Hygap kaum
auf ein Drittel der Länge im Stande, die Wassermenge
nach den Gewitterregen des südhemisphärischen Sommers
abwärts zu führen; was der Sandboden nicht aufzusaugen
vermag, verdunstet in unglaublich kurzer Zeit; nur in den
Vley's genannten flachen Seebecken, oder richtiger gesagt
Pfannen, vermag sich das Wasser einige Zeit zu erhalten,
und laugt das Salz des Thonbodens aus. Denselben
Charakter besitzt der Große Fischfluß oder Aub, dessen Quellen
im Siebels=Gebirge liegen, und der den Goagib auf dem
rechten Ufer aufnimmt. Nach heftigen Gewitterregen füllt
sich dann das Strombett in dem steinigen Namaqualande
leichter, als im Sand= und Thonboden der Kalahari, und

vermag das Wasser noch als schwacher Strahl den Oranje zu erreichen. Auf dem linken Ufer empfängt der Oranje gleichfalls im Mittel- und Unterlaufe eine große Anzahl solcher periodischer Rinnsale, welche die obersten Terrassen des südafrikanischen Hochlandes nördlich der Roggeveld- und Nieuweveldberge entwässern. Das bedeutendste, weil längste, ist der große Hartebeestriver, welcher aus dem oberen und unteren Zakriver gebildet wird, und aus den Karreebergen den Cliphant, auf linker Seite den Klaver aufnimmt.

Zwischen Oranje und Cap Agulhas endlich entsendet der Westrand des südafrikanischen Hochlandes einige Wasser- läufe zum Ocean, welche zusammen ein Gebiet von ungefähr 153.220 Qu.-Km. entwässern, zum größten Theile jedoch eben- falls nur periodisch Wasser führen, und zwar im Gegensatze zum Oranje und seinen Nebenflüssen zur Zeit des südhemi- sphärischen Winters in den Monaten April bis October, da die Westküste des Caplandes bis zur obersten Terrasse des Hochlands hinauf Winterregen hat. Der bedeutendste Wasser- lauf dieses Gebietes ist der am Winterhoek entspringende Cliphantriver, welcher in nordwestlicher, nahe der Mündung südwestlicher Richtung fließt, im Unterlaufe 50—120 Mtr. Breite besitzt und am rechten Ufer den Doornriver (ein periodisch gefülltes Flußbett) aufnimmt. In die St. Helena- bai endlich geht noch der in den Drakensteenebergen entsprin- gende Bergriver, ein kleines Flüßchen, das nur in den Winter- monaten der südlichen Hemisphäre sein Bett voll ausfüllt.

Wenn wir die dem Atlantischen Ocean im weiteren Sinne tributären Ströme und Flüsse Afrikas nochmals über- blicken, so tritt wohl sofort die Rolle und dominirende Stellung des Congo klar hervor. Wenn auch leider sein Unterlauf als Verkehrsader für immer unpraktifabel bleiben wird, so

bietet er allein die erfolgversprechende Basis für die Erschließung desjenigen Theiles von Afrika, der für die Gestaltung der Weltwirthschaft künftiger Generationen schwer in
die Wagschale fallen wird.

Gebiet des Indischen Oceans.

Den brei tief in das Innere des Continents eingreifen-
den Stromsystemen der atlantischen Westküste (Nigir—Congo
—Oranje), steht an der Ostküste ein einziger Strom, der
Tschambesi gegenüber, dessen Quellgebiet bis in die Nähe der
Westküste vorgeschoben erscheint. Der Gliederung des südafrikanischen Hochlandes entsprechend, entwickelt sich das
Stromnetz des Tschambesi an der Südseite jener mächtigen
und jedenfalls geologisch sehr alten Bodenschwelle, welche
ich als die südäquatoriale Wasserscheide bezeichnet habe.
Durch die Stellung der ein Erhebungscentrum bezeichnenden
Matoppo- und Maschonaberge wurde der Tschambesi zur Beschreibung seines gegenwärtigen Laufes genöthigt, der ein
wagrechtes S bildet. Zweifellos mußte in einer früheren geologischen Epoche das obere Barotsethal ein großer See
gewesen sein, der durch die Hebung des Bodens zum Abflusse gebracht wurde. Daß diese Hebungserscheinung an
vielen Stellen die Erdkruste tief spaltete, zeigt der Mosi oa
tunia oder Victoriafall des Tschambesi, noch großartiger aber
die große Bruchspalte, in welcher der Nyassasee eingebettet
liegt, dessen Fluthen sich durch das Hochland zum Tschambesi
Bahn gebrochen haben.

Das Stromgebiet des Tschambesi, eine Fläche von
1,430.000 Qu.=Km. umfassend, dehnt sich von 9° bis
20° 30' südl. Br. aus, fällt daher ganz in den Bereich der
tropischen Regen, und deshalb participirt auch das Wald=

und Culturland an der Gesammtfläche des Stromgebietes mit mehr als 50%, das Busch- und Savannenland mit 38%, während der Rest auf Steppen und Wüsten im Süden des Tschobe-Cuando und am Nordabfalle der Matoppoberge fällt.

Die Wasserscheide des Tschambesi ist im Norden vom Plateau der Kioko bis zu den Tschigambobergen im Nordwesten des Nyassasees mit jener des Congo identisch. Von hier verläuft sie in einer stark gekrümmten Linie nach Osten auf das Kondeplateau und die Livingstoneberge am Ostufer des Nyassasees, wo sie sich nach Süden wendet und auf der culminirenden Stufe des das Seeufer umrahmenden Hochplateaus nach Süden über die Somba-, Milandsche- und Clarendonberge, zur Mündung des Quilimane-Armes zieht. Im Westen zieht die Wasserscheide vom Kiokoplateau in südöstlicher Richtung durch das Gebiet des Luchajes und Mukassequeres in einem flachen Bogen nach dem sandigen, von kleinen Süßwasserlachen bedeckten Plateau (Land der tausend Teiche) und geht unter 20° südl. Br. auf den Kamm der Matoppoberge über, wendet sich später nach Osten und erreicht in einer stark gekrümmten Linie, über die Gorongozo- und Nyamongoberge, das Delta des Stromes.

Der Tschambesi entspringt, soweit wir gegenwärtig über sein Quellgebiet unterrichtet sind, aus mehreren Quellen, von welchen die beiden westlichen sich zum Loembwa, die östlichen sich zum Liba vereinigen, welche beide sich ihrerseits wieder unter 12° 15′ südl. Br. vereinigen und als Liba oder Tschambesi nach Südosten fließen. Der Loembwa-Quellarm entwässert die auf der sumpfigen Hochfläche von Lovale gelegenen Seen, Dilolo und Kisumadschi, zwei kleine Seebecken von circa 20—50 Qu.-Km. Fläche, und

14*

in circa 1100—1200 Mtr. Seehöhe gelegen.*) Nach den Mittheilungen Cameron's, dessen Reiseroute von der Liba=quelle (Kisenga) bis Peho fast immer der Wasserscheide zwischen Congo und Tschambesi folgt, geht hervor, daß das Terrain so wenig differenzirt ist, daß zur Regenzeit die große Hochfläche einem Sumpfe gleicht, aus welchem das Wasser sowohl nach Norden zum Kassai (Congo), als auch nach Süden zum Dilolo=See abfließt; desgleichen weiter östlich bei Kisenga, wo das Wasser der Hochfläche sowohl zum Liba und seinen Nebenflüßchen, als nach Norden zum Lulua geht.**) Der Lotembwa sowie der Liba mit dem Luvua sind nahe ihrer Quelle zur Trockenzeit 10—15 Mtr. breite und 1 bis 2½ Mtr. tiefe, mit mäßiger Strömung durch die leicht=gewellte Hochebene fließende Wässer, nach ihrer Vereinigung auf 60—70 Mtr. Breite gewachsen, erreicht der junge Strom, immer noch mit mäßiger Strömung durch eine fruchtbare Ebene sich hinschlängelnd, nach Aufnahme des Loema und des Lungo e ungo auf dem rechten, des Makonda und des Liambei (Tschambesi) auf dem linken Ufer nach ca. 460 Km. langem Laufe 201 Mtr. Breite, bei großer stellenweise 5—6 Mtr. übersteigender Tiefe und 0.4 Mtr. Strömung in der Secunde. Schon oberhalb der Einmündung des Liambei treten die Ausläufer der Monakadjeberge in steilen Abfällen an das linke Ufer und bilden eine Reihe parallel von Ost

---

*) Die Angabe Livingstone's zu 1420 Mtr. (1445) für den Dilolo=See scheint mir entschieden zu groß, und ist mit den Seehöhen von Katende, Kisenga an der Libaquelle und Peho an der Lumedschi=quelle nicht in Einklang zu bringen. Ich habe die Seehöhe des Dilolo=Sees zu 1215 Mtr. angenommen, indem ich das Mittel aus der Seehöhe von Katende, Kisenga und Peho berechnete.

**) Cameron, Across Africa. London 1877.

nach West verlaufender Basaltwälle, welche theilweise auch
den Fluß durchsetzen und ihn zur Bildung der Sibumba-
schnellen nöthigen. Unterhalb des Ortes Libonta theilt sich
der Tschambesi in drei Arme und bildet eine große, circa
35 Km. lange, und zahlreiche kleinere Inseln, unterhalb welcher
der wieder vereinigte Strom 600 Mtr. Breite erreicht. Von
zahlreichen meist die Mitte des Strombettes einnehmenden
Inseln besetzt, strömt der Tschambesi, welcher von der Liambei-
confluenz bis zur Nhengomündung nach Südsüdwest fließt,
wieder in südsüdöstlicher Richtung zwischen hohen Basaltufern dahin, und tritt unterhalb Sioma in die Kataraktenregion seines Oberlaufes, wo er auf einer Strecke von circa
140 Km. über fünf größere Fälle und Katarakte und 40 bis
50 Schnellen hinabtost.

Das erste dieser Hindernisse, die der Strom zu besiegen
hat, ist der durch Basaltriffe gebildete 13 Mtr. hohe Gonha-
sall, der sich in drei Fälle gliedert (zwei nahe den Ufern
und einer in der Mitte des Stromes, während auf den
zwischenliegenden Abschnitten das Wasser in zahlreichen kleinen
Cascaden über die Klippen stürzt). Mit 2·5 Mtr. Strömung
in der Secunde eilt der Tschambesi weiter zwischen hohen und
steilen Basaltufern, oft auf 100 Mtr. und weniger eingeengt,
über zahlreiche Schnellen und zwei große Katarakte von
zusammen 56 Mtr. Fallhöhe, besänftigt sich etwas bei
Manungo, wo er auf eine kurze Strecke schiffbar und 200 Mtr.
breit ist, und stürzt 914 Mtr. breit, durch drei Inseln in
vier Arme getheilt, über den großen Kallekatarakt und bald
darauf, nachdem er ununterbrochen durch Stromschnellen in
Aufruhr erhalten wird, über den 2 Mtr. hohen Bombwe
katarakt, welchem nebst mehreren Schnellen (Busso) noch drei
kleinere Katarakte (Mambwe) in 320 Mtr. Entfernung folgen,

über welche der in zwei Arme (200 Mtr. und 293 Mtr. breit)
gespaltete Strom hinabstürzt, neuerdings über eine Reihe
von Schnellen (Matschikunga und Lukanda) tost und endlich
über den letzten großen Katarakt von Catima-Moriro
hinabstürzt.

Der Fesseln entledigt, durchströmt der von zahlreichen
Inseln besetzte, 274—400 Mtr. breite und 6—13 Mtr.
tiefe Strom eine fruchtbare 30—40 Km. breite Thalebene,
mit 0·8—1 Mtr. Strömung in der Secunde, bis zur Einmündung des Tschobe (Cuando). Hier beginnt neuerdings
eine Reihe von Stromschnellen, um den von dem Gonhafalle
ab vorwiegend südöstlich bis ostsüdöstlich fließenden Strom
im ruhigen Laufe zu stören. 60 Km. östlich der Tschobe-
mündung wendet sich der Strom scharf nach Süden und
stürzt nun in einer Breite von 1808 Mtr., durch zwei größere
Inseln in drei Abschnitte getheilt, über eine 119 Mtr. hohe
senkrechte Wand in die Tiefe in einen oben 100 Mtr.,
unten circa 44 Mtr. breiten und 1600 Mtr. langen Spalt,
aus welchem der Strom mit großer Wucht durch einen in
die über 130 Mtr. hohen Felsenwände im Zickzack führenden Canal nach Osten hin abfließt. Es ist hier nicht der
Ort, um auf eine Schilderung dieses auf der Erdoberfläche
wenige oder keinen Rivalen besitzenden Falles einzugehen,
ich verweise auf die Darstellungen von Livingstone,
Baines, Mohr, Holub, Serpa Pinto, Oates u. s. w.,*)

*) Siehe Livingstone, Missionary travels and researches in
South Africa, London 1857. — Baines, Explorations in South
West Africa. London 1864. — Chapman, Travels in the Interior of
South Africa, London 1866. — Mohr, Nach den Victoriafällen des
Zambeïi, Leipzig 1875. — Holub, Sieben Jahre in Südafrika, Wien
1881. — Serpa Pinto, How I crossed Africa, London 1881. —
Oates, Matabeleland and the Victoria Falls, London 1881.

welche alle versucht haben, dieses großartige Naturschauspiel bild=
lich wiederzugeben, ohne indeß die Totalität der Scenerie zu
umfassen, die sich vielleicht auch nicht wiedergeben läßt. Ich
muß mich hier auf einige hydrographische Daten beschränken.

Im Hauptfall des Mosi oa tunia oder Victoriafall,
400 Mtr. vom rechten Ufer entfernt, stürzt sich der Strom
senkrecht in die größte Tiefe von 119 Mtr. Der westliche Arm
des Stromes bildet einen 60 Mtr. breiten Fall von 79·5 Mtr.
senkrechter Höhe, der östliche Theil des Falles gliedert sich
hingegen in mehr als ein Dutzend kleiner Katarakte, über
welche das Wasser in mehreren Abschnitten in die Tiefe
fällt. Etwa die Hälfte der Felsenmauer wird durch diese
Fälle und zahlreichen kleinen Wassersäulen verdeckt, der
übrige Theil ist jedoch durch die wogenden Wassernebel und
Dünste, welche bis über 200 Mtr. hoch aus dem gähnenden
Schlunde aufsteigen, sichtbar. Zwischen hohen und steilen
Felsufern strömt der Tschambesi in vorwiegend östlicher Rich=
tung bis Wankies Kral, wo er nach einer nördlichen Krümmung
sich immer entschiedener nach Nordosten wendet. Der Strom
wechselt auf dieser Strecke häufig seine Breite, welche zwischen
55 Mtr. und 400 Mtr. schwankt, und bis zu den Kansalo=
schnellen, an der Mündung des Longwe ist seine Strömung
mäßig (0·8—1·4 Mtr. in der Secunde), so daß er der
Schifffahrt kein Hinderniß entgegensetzt, selbst die genannten
Schnellen sind zur Schwellzeit des Flusses ganz ungefährlich.
Oberhalb der Mündung des Sanyati bildet der Tschambesi
die Nakabeleschnellen und verengt sich in der nun folgenden
von Steilufern gebildeten Karibaschlucht an einzelnen Stellen
bis auf 55 Mtr., und fließt mit rascher, bis zu 2·5 Mtr.
in der Secunde sich steigernder Strömung durch dieselbe
hindurch. Noch innerhalb der Schlucht wendet sich der Strom

nach Nordnordost, welche Richtung er, auf 200—550 Mtr.
erweitert und von zahlreichen Inseln besetzt, bis zur Ein=
mündung des Kafukwe (Kafue) beibehält und von hier ab
in ostnordöstlicher, später östlicher Richtung bis zur Ein=
mündung des Luia fließt.

Stetig an Breite zunehmend (an der Loangwamündung
800 Mtr., bei der Nyamasusuinsel 1097 Mtr. breit) und
3—9 Mtr. tief, ist sein Lauf jedoch nicht von Störungen
frei; so wird der Strom durch den Kariwuafall oberhalb
Zumbo, die Kakolole=Schnellen (unter circa 32° östl. L. v. Gr.)
unterbrochen, wodurch die Strömung auf dieser Strecke bis
2 Mtr. in der Secunde beträgt, östlich der Pajozimündung
tritt der Strom in eine von Syenit= und Granitwänden
gebildete Felsenenge, und bildet auf einer Strecke von 50 Km.
eine Reihe von Fällen und Schnellen, welche mit dem 9 Mtr.
hohen und 46 Mtr. breiten Morumbawafall beginnt, worauf
der Strom, sich stellenweise bis auf 396 Mtr. erweiternd,
über die Kebrabasa= (Tschikaronga=, Kondidzoa= und Schimaze=)
Schnellen, 46 Mtr. tief, hinabjagt und sich gleichzeitig nach
Südosten wendet. Unter 34° östl. L. v. Gr. durchbricht der
Tschambesi in der Lupata=Enge, welche von 183—213 Mtr.
hohen senkrechten Felsen gebildet wird, 2—300 Mtr. breit
und über 10 Mtr. tief, bei 2 Mtr. Strömung in der
Secunde, den äußersten Ostrand des ostafrikanischen Hoch=
landes, erweitert sich bald darauf bis zu 1000 und 1200 Mtr.
und spaltet sich als inselreicher Strom, südwestlich fließend.
unterhalb der Schiremündung in die zwei Hauptarme seines
Delta, den Kuama oder Luabo und den Kwakwa, von welchen
nur der erstere zu jeder Zeit schiffbar ist, während der
Kwakwa zur Trockenzeit sich in eine Reihe von seeartigen

Wasserstellen auflöst, deren Verbindungscanäle oft genug verstopft werden.*)

Bei Mazaro an der Abzweigung des Mutuarmes erreicht der von großen Inseln besetzte Strom über 2000 Mtr. Breite, der Hauptarm Luabo an seiner durch eine Barre gesperrten Mündung 3200 Mtr. Breite. Innerhalb des 105 Km. langen und 140 Km. breiten, circa 8000 Qu.-Km. bedeckenden Deltas verbinden mehrere Flußarme die beiden Mündungsarme, von welchen der Luabo 120 Km., der Quelimanearm (Kwakwa) 190 Km. Länge besitzt.

Das Gefälle des Stromes von der Quelle bis zur Mündung des Hauptarmes Luabo (Tschambesi) vertheilt sich wie folgt. Es beträgt:

	die Seehöhe von in Mtr.		die Entfernung zwischen in Km.	das Gefälle Mtr.	per Km.
Dilolosee	1215				
Lialui	1018		510	197	0·38
			555	213	0·39
Garteninsel an der Fallkante des Victoriafalls .	795				
			135	307	2·28
Wankie's Kral	488		365	200	0·57
Kafukwemündung . .	288		500	163	0·33
Luiamündung	125		275	85	0·31
Tschemba	40		330	40	0·12
Luabomündung	0				

Während seines 2660 Km. langen Laufes (directer Abstand der Quelle von der Mündung 1750 Km.) erhält der Tschambesi auf beiden Ufern zahlreiche Zuflüsse, die sich gruppenförmig anordnen, so daß mit Ausnahme des Unterlaufes

*) A map of Eastern Aequatorial Africa by Ravenstein prepared by order of Roy. Geogr. Soc. London 1882.

abwechſelnd nur eine Uferſtrecke ſolche größere Zuflüſſe erhält.
Auf dem rechten Ufer erhält der Tſchambeſi zunächſt den auf
der Waſſerſcheide (Kiokoplateau) entſpringenden und durch
den Luvaloſe verſtärkten Loema (im Oberlaufe Lumedſchi
genannt), einen nahe der Mündung 150 Mtr. breiten, hell=
braunes Waſſer führenden Fluß. Oberhalb Libonta mündet
der aus dem Nordweſten vom Cangalaplateau herabkommende
523 Km. lange und kataraktenfreie Lungo e ungo, ein im
Mittellaufe bis 250 Km. breiter Fluß, unterhalb Libonta
der 94—100 Mtr. breite, 3·5 Mtr. tiefe Nhengo, deſſen
Ufervegetation herrliche Laubgänge über dem Waſſer bildet.*)

Von kleinen Zuflüſſen abgeſehen, erhält der Tſchambeſi
erſt wieder öſtlich des 25°. öſtl. L. v. Gr. unterhalb Im=
palera den 366 Mtr. breiten Tſchobe, im Ober= und Mittel=
laufe Cuando genannten Strom, deſſen Quelle 1362 Mtr.
hoch in einem Sumpfe liegt und der ſeinerſeits wieder auf
ſeinem 900 Km. langen und meiſt ſchiffbaren Laufe am linken
Ufer den Cubangui, Cutſchibi und Tſchikului, Wäſſer,
welche im Oberlaufe 15—25, im Mittellaufe aber ſchon
50—90 Mtr. breit, 4—6 Mtr. tief und bis zum Oberlaufe
hinauf ſchiffbar, am rechten Ufer den Caungo, Dima und
Loengwe aufnimmt. Von Linianti ab theilt ſich der Cuando,
nunmehr Tſchobe, in zwei Arme, welche eine große Inſel
bilden. Hier fließt der 3—6 Mtr. tiefe Fluß zwiſchen flachen
und ſumpfigen Ufern, von Seitenwäſſern eingeſäumt, durch
eine breite Ebene, welche er zur Schwellzeit weit über=
fluthet.**)

*) Serpa Pinto, How I crossed Africa. London 1881. Vol. I,
pag. 267.

**) Bradshaw, Notes on the Chobe River. Proc. R. Geogr. Soc.
1881. S. 208 und Karte.

Nach einer größeren zuflußarmen Strecke münden zunächst das Pandamatenka= und Dalaflüßchen nahe dem 27.⁰ östl. L. v. Gr., der 250 Mtr. breite Guay, welcher mit seinem hauptsächlichen Nebenflusse, dem Schangani in den Matoppobergen entspringt und auf seinem 360 (380) Km. langen Laufe die von lichten Buschwaldbeständen bedeckten Savannengebiete der Banyai und Matabele bewässert. Unter den Zuflüssen des Guai und Schangani, welche ebenso wie diese selbst in 1000—1200 Mtr. Seehöhe entspringen, im Oberlaufe meist kleine Cascaden und Schnellen bilden und zur Trockenzeit meist durchwatbare 10—25 Mtr. breite Wasserläufe sind, erwähnen wir den Umkhosi, welcher in den Bembesi und durch diesen in den Guay geht, den Bubi und Ukwele, welche der Schangani aufnimmt.*)

Im Osten des Guay folgen der Lahola, Longwe und Bume, und am Eingange zur Karibaschlucht begegnen wir dem Sanjati, einem 366 Mtr. breiten, 4—6 Mtr. tiefen Flusse, welcher aus der Vereinigung des Umjati mit dem Umfuli entsteht, welch' letzterer 274 Mtr. breit, über den Beaconsfield=Fall herabstürzt (17⁰ 15′ südl. Br.) und dessen zahlreiche Zuflüsse auf dem goldquarzreichen Nordwestabfalle der Maschouaberge entspringen, während die Quellen des Umnjati auf dem Kaalveld bis zu den Umtigesabergen liegen. Alle diese Flüsse, deren Oberlauf einen auffallenden Paralle=lismus zeigt, haben der Abdachung des Matoppohochlandes entsprechend, einen nordwestlichen Lauf, erst der folgende, Pangame, fließt in nahezu nördlicher Richtung und mündet oberhalb Zumbo.

*) Selous, Journeys in the Interior of South Central-Africa. Proc. R. Geogr. Soc. 1881, S. 169 mit Karte. — Selous, Recent Explorations in Mashuna-Land. Proc. R. Geogr. Soc. 1881, pag. 352.

Der nächste bedeutende Nebenfluß des Tschambesi, der Luenja (Aruenja) entsteht aus der Vereinigung des Gaweresi, des Aruenja und Pankatze, Flüsse, welche auf der Serra Ignangani (deren Reichthum am goldhaltigen Quarzen erst in neuester Zeit durch d'Andrade's Mission bekannt wurde) und ihrer östlichen Fortsetzung entspringen, und, obwohl 50—100 Mtr. breit, Cascaden und Schnellen bilden. In nordöstlicher Richtung fließend, nimmt der Aruenja im Unterlaufe den gleichfalls in der genannten Serra ent= springenden Mazoe und die 200 Mtr. breite Luia auf und mündet unterhalb Tete nach circa 340 Km. langem Laufe. Oestlich des Aruenja empfängt der Tschambesi noch den Tschi= bibo, Sankatsi und Mupa, drei 50—120 Mtr. breite Flüsse, welche aus den Bergen von Gorongozo in nord= östlicher bis östlicher Richtung dem Strome zugehen.*)

Auf dem linken Ufer nimmt der Tschambesi südlich des zur Regenzeit 250 Mtr. breiten und moosgrünes Wasser führenden Libaflusses den 50 Mtr. breiten Kabompo, den 150 Mtr. breiten Liambei, ferner die Parallelflüsse Lumbe, welcher 90 Mtr. oberhalb seiner Mündung einen 30 Mtr. hohen Fall bildet, Joco und die 40 Mtr. breite 5—6 Mtr. tiefe, von zahlreichen Inseln besetzte Madschila nach 120—290 Km. langem Laufe auf, welch letztere durch den Laumba verstärkt wird und östlich von

*) H. Kuss, Notes sur la Géographie des quelques régions voi= sines du Zambèze. (Mit Karte.) Bull. de la Soc. de Géogr. Paris 1882. S. 265. — Mauch. Reisen im Innern von Süd=Afrika. Peterm. Mit= theil. Ergzhft. 37, S. 45. — Captain Paiva d'Andrade's. Zambeze= Expedition 1881. Proc. R. Geogr. Soc. 1882, pag. 372. — Captain d'An= drades. Journey to Maxinga and the Mazoe. Proc. R. Geogr. Soc. 1882, pag. 417.

Scheschefe, der Residenz des Marutje=Mambundaherrschers, mündet.

Es folgen nun die kleinen Nebenflüsse Umgwezi (60 Mtr. breit, 1 Mtr. tief), Kalamo (50 Mtr. breit) und Zongwe und nördlich des 16. Breitengrades südl. Br. der an der Mündung 320 Mtr., weiter aufwärts 229 Mtr. breite und 4—5 Mtr. tiefe Kafukwe, dessen Quellen als Loange am Südabfalle des Lukingahochlandes (der Wasserscheide) liegen sollen und der den Baba=Aihiva=See im Lande der Maschu= kulumbe entwässern soll. Im Osten folgt der Tschongwe, ein 46 Mtr. breiter Fluß, der auf dem Manikaplateau entspringt, der Loangwa, ein wasserreicher Strom, der aus dem Hoch= lande von Tschibale herabkommt und nach circa 600 Km. langem, südwestlichem bis südlichem Laufe bei Zumbo mündet. Schon unter 12° 45′ südl. Br., wo ihn Livingstone über= schritt, ist der Fluß, welcher sowohl von dem Lokingahoch= lande, als auch aus dem Masituhochlande (Kirkberge) zahl= reiche Zuflüsse erhält, 91 Mtr. breit und 2·3 Mtr. tief, bildet mehrere Katarakte und Schnellen und erreicht im Unterlaufe bis 280 Mtr. Breite.

Nach Aufnahme mehrerer kleiner Nebenflüsse, wie Pajozi, Luia (37 Mtr.), breit Mavuzi und des 70 Mtr. breiten Revugo empfängt der Tschambesi schon nahe seinem Delta seinen zweitmächtigsten Nebenfluß, den Abfluß des Nyassaces, den Schire. Der Nyassaee, zwischen 9° 30′ und 14° 28′ südl. Br., 33° 52′ und 35° 21′ östl. L. v. Gr. in 503 Mtr. Seehöhe in das ostafrikanische Hochland ein= gebettet, bedeckt eine Fläche von 36.832 Qu.=Km. Seine Längsachse verläuft fast meridianal (unter einem Winkel von 12°) und mißt 550 Km., seine Breite wechselt von 25 Km. im südlichen Theile (zwischen Ngombo=Head und

Tjenga=Point) bis 91 Km. im nördlichen Theile unter 10° südl. Br.*)

Die Ufer des Flusses sind meist wenig gegliedert, nur an der Ostküste zwischen 11 und 12° südl. Br. sowie nament= lich im Süden greift der See weit ins Land und bildet tiefe Buchten, im Süden die durch die Livingstonia=Halbinsel getrennten beiden Buchten, wovon die östliche auch als Ndogo= bucht bekannt ist und durch welche der Schire dem See entströmt. Im Norden läuft der See in eine stumpfe Spitze aus und hat an der Westseite ebene, von großen Sümpfen bedeckte Ufer. Das nordöstliche Ufer, dort, wo die bis über 3500 Mtr. hohen Livingstone=Berge sich aufthürmen, fällt mauerartig mehrere hundert Meter tief zum See herab, auch am Westufer fällt das Masituhochland stellenweise steil zum See ab, auf größeren Strecken jedoch bleibt ein 2—10 Km. breites, ebenes Vorland frei, auf welchem sich die Ansied= lungen der Eingebornen ausbreiten. Der See ist verhältniß= mäßig inselarm, nur in der südlichen Hälfte tauchen einige Inseln, so die Dikomo=, Tschisamulu=, Mambe= und Domwe= Insel, über die Oberfläche des sehr tiefen Sees. (Im südlichen Theile wurden Tiefen bis zu 183 Mtr. gemessen.)

In diesen großen ostafrikanischen Hochlandssee münden zahlreiche kleine Flüsse, welche von dem Hochlande von

*) Livingstone. A map of a portion of Central-Africa 1874. — J. Stewart. The second circumnavigation of Lake Nyassa. Proc. R. Geogr. Soc. 1879, pag. 289. — Laws. Journey along part of the western side of Lake Nyassa. Proc. R. Geogr. Soc. 1879, pag. 305. — Stewart. Lake Nyassa and the Water Route to the Lake Region of Africa. Proc. R. Geogr. Soc. 1881, pag. 257 mit Karte. — J. Thomson. To the Central-African Lakes and Bak. London 1881. — Young. Nyassa. London. 1878. — Stewart. Observations on the western Side of Lake Nyassa. Proc. R. Geogr. Soc. 1880, pag. 428 mit Karte.

Konde, der Masitu und den hohen Gebirgen der Ostküste herabströmen; so im Norden der Lufira, der 75 Mtr. breite Dschumbaka, Rombasche und Rukuru, am Westufer der Rikuru, Lunia, Loangwa, der 60—90 Mtr. breite, im Unter= laufe inselreiche Bua, der durch den Diampwe verstärkte über 80 Mtr. breite Lintippe. Am Südufer gehen dem See über 20 kleinere Flüßchen zu, am Ostufer zahlreiche kleine, meist in Cascaden herabstürzende Wasserläufe. Wie der Tanganjika zeigt auch der Nyassasee ein periodisches Fallen und Steigen nach regenarmen und regenreichen Jahren, und erreicht die Amplitude des Wasserstandes bis 4 Mtr.

Aus der Ndogobucht strömt das Wasser des Sees als Mopango oder Schire nach Süden und durchfließt den kleinen Pemalombwe=See. Schon nach 60 Km. wendet sich der Fluß nach Südwesten und später Süden und bildet eine Reihe von Schnellen und Fällen, nämlich die Pampaze=, Pamafunda=, Katschimbia=, Morewa=, Tezaneschnellen, die großen Murchisonfälle (Pampatamanga, Pakapikira und Mamwira), wobei er den Hochlandsrand auf einer 70 Km. langen Strecke durchläuft. Der Fesseln des Hochlandes ent= ledigt, erweitert sich der Schire bald zu 90—100 Mtr. Breite, durchfließt eine breite sumpfige Thalebene in südsüdöstlicher Richtung und mündet nach 420 Km. langem Laufe, in welchem er ein Gefälle von 490 Mtr. überwindet, in den Tschambesi. *)

Der Tschambesi beginnt, der Regenzeit im südhemi= sphärischen Winter entsprechend, im December zu schwellen, und erreicht namentlich im Oberlaufe noch im selben Monat ein secundäres Maximum, steigt (mit geringen Schwankungen)

*) Kirk. Notes on the gradient of the Zambesi and the Level of Lake Nyassa. Journ. R. Geogr. Soc. Vol. 35, pag. 167.

im Unterlaufe continuirlich bis April und erreicht in der
ersten Hälfte des Monats April seinen höchsten Stand,
worauf er bis im October fällt und dann am niedrigsten
steht. Die Schwellhöhe des Flusses ist sehr verschieden; sie
beträgt im oberen Thale 3 Mtr., wobei die 48 Km. breite
Thalebene weit überschwemmt wird, in der Barotse steigt
der Fluß um 4—5 Mtr. und erreicht 1600 Mtr. Breite,
wobei er die waldreiche Ebene am Nordufer ebenso wie der
Tschobe überfluthet. In den Kebrabasaschnellen schwillt der
Strom sogar um 24 Mtr., an der Mündung überfluthet
er das Deltaland auf mehrere Kilometer Breite, namentlich
wenn sich die Fluth noch aufwärts staut, welche bis in die
Nähe von Tschueja reicht.*) Obwohl der Strom bei Hoch=
wasser unterhalb der Victoriafälle bis zu den Kebrabasa=
schnellen und jenseits derselben bis zur Mündung schiffbar
ist, so hat er doch eben wegen dieser Unterbrechung und der
durch die Victoriafälle gezogenen Schranken als Verkehrs=
aber nur geringe Bedeutung.

Während des Druckes der letzten Bogen dieser Schrift
erfuhr die Hydrographie Afrikas, beziehungsweise unsere
Kenntniß über dieselbe durch einen Brief des unermüdlichen
Forschungsreisenden W. Junker**) eine wichtige und tief=
greifende Bereicherung. Sie betrifft eine brennende Tages=
frage der afrikanischen Geographie: das Uelle=Problem. Wohl
ist durch die vorläufigen Andeutungen des Forschungs=
reisenden die Frage nicht endgiltig gelöst, da die Angaben

---

*) Terrenos adjacentes aos Rios Zambese e Chire. Mappa
coordenado par A. de Moraes Sarmiento 1877—1880. 1 : 460.000.
   **) Ein Brief Dr. Junker's über den Uelle. Das Ausland
Nr. 44, S. 865.

nicht auf Autopsie beruhen; doch ist anzunehmen, daß
Dr. Junker seinen Ausspruch nur auf Indicien stützt, deren
Wahrscheinlichkeit und Werth er an Ort und Stelle am
besten beurtheilen kann. Nach der Andeutung Junker's,
daß der Uëlle unstreitig der Oberlauf des Schari ist,
während der Aruwimi Stanley's mit einem Flusse Nepoko
identisch sein dürfte, der weit im Osten und im Süden der
Mangbattu entspringt und nach Westen fließt, scheint der
Lauf des Uëlle westlich von Bakangai eine entschieden westliche bis nordwestliche Richtung einzuhalten. Bis zum Ein-
treffen der von Junker in Aussicht gestellten Berichte über
seine letzten 1881/82 unternommenen Reisen zum Häupt-
ling Bakangai (Bakangoi Miani's) und deren geographischen
Resultaten muß man sich vorläufig mit dieser kurzen unbe-
gründeten Andeutung begnügen. Jedenfalls werden die
nächsten Nachrichten uns die Lösung mancher hydrographischer Einzelfragen bringen. Als vorläufige Berichtigung muß
erwähnt werden, daß durch Junker's Mittheilungen zunächst die Darstellungen des Dr. Potagos über den Uëlle
fast vollständig widerlegt werden. Weiters erfahren wir,
daß der Name „Uëlle" kein Eigenname des Flusses ist,
sondern daß dieses Wort nur eine allgemeine Bezeichnung
eines großen Gewässers bei den A'Sandeh-Stämmen ist,
ebenso wie die Bezeichnung „Majo" bei den Mangbattu-
Völkern, und wahrscheinlich der Name „Makua" bei den
Stämmen im Westen der Mangbattu.

Junker theilt vorläufig mit, daß der Nomajo Schweinfurth's der bedeutendste Zufluß des Uëlle aus Süden ist,
auf einer Strecke von etwa 10 Tagereisen (ca. 200 Kilometer) dem Uëlle annähernd parallel verläuft und 4 Tagereisen westlich von Bakangai's Residenz, im Lande der

A'Babua, in den Uëlle mündet. Junker nennt diesen Neben=
fluß des sog. Uëlle, Bomokandi und überschritt auf seiner
Reise zu Bakangai mehrere bedeutende Zuflüsse desselben,
wie Pokko, Telli u. A.

Fast gleichzeitig mit diesen Mittheilungen Junker's
trifft die Nachricht von der Existenz eines großen, an Fläche
dem Mwutan gleichkommenden, wenn nicht größeren Sees
im Südwesten, beziehungsweise Süden des Uëlle ein. In
einem Schreiben Lupton Beys, des Verwalters der Bahr
el Ghasal=Mudirieh, an Dr. Emin Bey, den Gouverneur
der ägyptischen Aequatorialprovinz, theilt dieser Folgendes
mit:*) Rafai Aga, einer seiner Stationschefs im Gebiete der
Niamniam, war im Februar 1882 von einer langen Reise
zurückgekehrt, die er von Dem Bekir (einer Seriba im
Gebiete der Sjere unter 6⁰ 56' nördl. Br. und 26⁰ 20'
östl. L. v. Gr.) aus gegen Südwesten unternommen hatte,
über welche derselbe Nachstehendes berichtet. Er ging von
Dem Bekir 6 Tage südwestlich nach der Station Seriba
ed Doleb, dann 4 Tage südsüdwestlich nach der Seriba
Bengier, dann 2 Tage südwestlich nach der Seriba Naren=
dima, und weitere 2 Tage in südwestlicher Richtung brachten
ihn an den Bahr el Makwar, welcher sich mit dem Uëlle
vereinigt, aber dreimal so groß ist wie dieser. Der Makwar
ist voll großer Inseln, welche ein Stamm kupferfarbener
Neger Namens Basango bewohnt. Er überschritt den Fluß,
betrat ein Land Barboa und ging noch 10 Tagereisen
weiter in südsüdwestlicher Richtung. Von seinem fernsten
Punkte war der See noch 4 Tagereisen gegen Südwest

*) Eine Post aus dem ägyptischen Sudan. Briefe von
Dr. Emin Bey, Lupton Bey und Dr. W. Junker. Peterm.
Mitthlgn. 1882. S. 422—428.

entfernt. Dieser von den Bewohnern des Landes Bur „Key el aby“ genannte See wird mittelst großer Boote befahren, die aus einem einzigen Baumstamm gefertigt sind, aber manchmal bis zu 60 Menschen tragen. Rafai erhielt im Lande der Barboa Perlen und Kauris, welche dieselben von den Negern an der Westseite des Sees erhandeln. Diese Perlen und Kauris kamen nach Aussage der Neger von Westen, wogegen die Händler Sklaven und Elfenbein aus den ihnen benachbarten Ländern wegführen.

Die Existenz eines größeren Sees in diesem Gebiete ist übrigens schon 1871 von Miani*) als Ghango und in neuerer Zeit von Buchta avisirt worden. Miani versetzt den See unter 2—3⁰ nördl. Br. und 26--28⁰ östl. L. v. Gr. Construirt man das Itinerar Rafai Agas unter der Annahme eines mittleren Werthes von 25 Kilometer per Tagereise, so käme der See circa in 1⁰ 50′ nördl. Br. und um 2 Längen-grade westlicher zu liegen. Die Ueberschreitungsstelle des Bahr el Makwar würde unter derselben Voraussetzung ca. unter 4⁰ 10′ bis 4⁰ 25 nördl. Br. und 25⁰ bis 25⁰ 30′ östl. L. v. Gr. liegen. Vergleicht man diese Positionen mit der Lage des Uëllelaufes, der auch die Bezeichnung Makua hat,**) so wird man zu der Annahme geführt, daß der Bahr el Makwar nur der weitere Lauf des Makua oder Uëlle ist. Damit ist aber in der Frage der Zugehörigkeit des Uëlle nach einem der beiden Stromsysteme: Schari oder Congo nichts gewonnen, denn über die Gestaltung des weiteren Laufes zwischen 25⁰ und 17⁰ östl. L. v. Gr., also

---

*) Miani Viaggio al Monbuttu. — Carta delle Scoperte di Miani nell' Africa centrale 1 : 2,000.000.

**) Siehe: Chavanne, Karte von Central-Afrika. Wien, A. Hartleben. 1881.

auf einer Strecke von über 900 Kilometer, sind die ver=
schiedensten Annahmen zulässig, umsomehr als die verticale
Gliederung des Terrains sehr einfach ist. Indem ich jeder
gewagten Conjunctur ausweiche, die sich auch auf keine
positiven Daten stützen könnte, sei damit der Stand der
Angelegenheit fixirt. Die Differenzen in den Schwellzeiten
des Uëlle und Schari nach den Beobachtungen Junker's,
Barth's und Nachtigal's, welche ich bei Erörterung der
Uëlle=Frage (Seite 130—143 dieser Schrift) herorgehoben
habe, harren noch ihrer Erklärung. Sie mußten, da alle
anderen Momente für die Entscheidung der Frage als irre=
levant sich erwiesen haben, Bedenken gegen die Identität
des Uëlle und Schari erregen.

Da diese Differenzen aber sich auf zwei ganz ver=
schiedene Epochen beziehen, die Schwellzeiten sowohl als
auch der Eintritt und die Dauer der Regenzeiten selbst im
äquatorialen Afrika großen Schwankungen unterliegen, so
liegt die Möglichkeit einer Identität des Uëlle mit dem
Schari ebenso nahe, als jene mit dem Congo. Die ganz
isolirte Beobachtung Owerweg's und Barth's, daß der
Komobugu Joo im September trocken und erst im November
seinen höchsten Wasserstand erreiche,*) harrt noch der Auf=
klärung, ebenso wie die Feststellung des höchsten Wasser=
standes des Tsade. Besäßen wir über letzteren mittlere und
zuverläßige Daten, so hätte sich die Argumentation noth=
wendig ändern müssen.

Bei den riesigen Fortschritten der Erforschung Afrikas
kann die Lösung aller dieser Fragen nicht mehr lange auf
sich warten lassen, und wird es dann möglich sein, ein

---

*) Barth, Reisen u. s w. IV. Bd. S. 21.

ziemlich vollständiges Bild der Hydrographie Afrikas zu gewinnen.

Die beigegebene hydrographische Uebersichtskarte, welche die Hauptstromgebiete durch verschiedene Farbentöne und die Wasserscheiden der einzelnen Secundär-Stromgebiete durch rothe Linien zur Darstellung bringt, zeigt den Uëlle als Tributär des Congo. Sollte sich der Uëlle als Tributär des Schari erweisen, so würden die Zahlen für das Gebiet des Atlantischen Oceans und des abflußlosen Gebietes der Sahara und des mittleren Sudan sich dahin verändern, daß ersteres eine Fläche von nur 15,327.050 (jenes des Congo 2,941.050), hingegen jenes der abflußlosen Gebiete überhaupt eine Fläche von 7,692.490 (Schari 1,800.000, Tsadebecken 2,085.000) Qu.-Km. bedecken müßte.